데이터 삽질 끝에
UX가
보였다

데이터 삽질 끝에 UX가 보였다

스타트업 전문 프로덕트 디자이너가 들려주는 현실 데이터 드리븐

초판 1쇄 발행 2025년 7월 31일

지은이 이미진(란란) / **펴낸이** 전태호
펴낸곳 한빛미디어(주) / **주소** 서울시 서대문구 연희로2길 62 한빛미디어(주) IT출판2부
전화 02-325-5544 / **팩스** 02-336-7124
등록 1999년 6월 24일 제25100-2017-000058호 / **ISBN** 979-11-6921-415-5 93000

책임편집 홍성신 / **기획·편집** 이윤지
디자인 표지 김재석, 박정우 내지 박정우 / **전산편집** 다인
영업마케팅 송경석, 김형진, 장경환, 조유미, 한종진, 이행은, 김선아, 고광일, 성화정, 김한솔 / **제작** 박성우, 김정우

이 책에 대한 의견이나 오탈자 및 잘못된 내용은 출판사 홈페이지나 아래 이메일로 알려주십시오.
파본은 구매처에서 교환하실 수 있습니다. 책값은 뒤표지에 표시되어 있습니다.
홈페이지 www.hanbit.co.kr / **이메일** ask@hanbit.co.kr

Published by HANBIT Media, Inc. Printed in Korea
Copyright © 2025 이미진 & HANBIT Media, Inc.

이 책의 저작권은 이미진과 한빛미디어(주)에 있습니다.
저작권법에 의해 보호를 받는 저작물이므로 무단 복제 및 무단 전재를 금합니다.

지금 하지 않으면 할 수 없는 일이 있습니다.
책으로 펴내고 싶은 아이디어나 원고를 메일(writer@hanbit.co.kr)로 보내주세요.
한빛미디어(주)는 여러분의 소중한 경험과 지식을 기다리고 있습니다.

스타트업 전문 프로덕트 디자이너가 들려주는
― 현실 데이터 드리븐 ―

데이터 삽질 끝에
UX가
보였다

이미진(란란) 지음

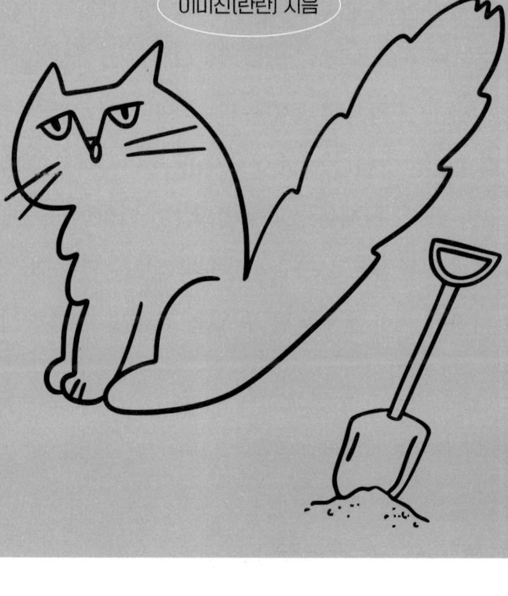

제12회 브런치북
종합 부문 대상작

한빛미디어

지은이 소개

지은이 이미진(란란)

프로덕트 디자이너로 7번의 스타트업을 거치며 육수 같은 인사이트를 대량 보유 중이다. 17년 전 웹 디자이너로 시작해 UX/UI 디자이너, 프로덕트 오너, 프로덕트 디자이너까지 다양한 역할을 경험하며 살아왔다. 스타트업에서 느낄 수 있는 성취감과 충족감이 좋아 스타트업만 다니다 보니 어느새 많은 인사이트가 생겨 이제는 나누고자 한다. 현재는 스타트업의 1인 디자이너에게 사수가 되어 '비즈니스 관점으로 프로덕트를 바라보는 역량'과 '데이터로 UX/UI 디자인 의사결정을 할 수 있는 역량'을 체득하게 돕는 <란란클래스>를 운영 중이다.

- 브런치: brunch.co.kr/@lanlan77
- 스레드: threads.com/@ux.lanlan
- 이메일: lanlan.class@gmail.com

추천의 글

책을 펼치자마자 반가운 이름들을 만났습니다. 데이터 앞에서 길을 잃고 헤매던 '아홉'과 '초록' 그리고 그들 곁에서 함께 고민했던 저의 모습이 투영된 인물 '경수'까지. 저자와 함께했던 두 번의 시간 동안 나눴던 치열한 대화와 고민의 순간들이 생생하게 떠올라 깊은 감회에 젖었습니다.

먼저 분명히 말하고 싶습니다. 이 책은 '디자이너를 위한 데이터 활용법' 그 이상입니다. 프로덕트를 만드는 우리 모두를 위한 필독서이자 가장 현실적인 생존 전략 가이드입니다.

이 책에서 가장 빛나는 장점은 '무엇을 할 것인가(What)'보다 '왜 해야 하는가(Why)'를 먼저 묻는다는 점입니다. 실무에서는 수많은 기능 요구사항과 수정 요청이 쏟아집니다. 이때 '목적과 목표'라는 단단한 기준 없이 표류하다 보면 팀은 방향을 잃고 결국 누구도 만족하지 못하는 결과물을 만들게 됩니다. 저자는 바로 이 지점을 파고듭니다. 프로젝트의 배경을 정의하고, 날카로운 목적을 세우고, 측정 가능한 목표를 설정하는 과정이야말로 '데이터 기반 문제 해결'의 진짜 시작임을 책 전반에 걸쳐 증명합니다. 이는 디자이너뿐만 아니라 제품의 방향을 책임지는 프로덕트 매니저(PM)와 프로덕트 오너(PO)에게도 가장 필요한 통찰입니다.

이 책이 유용한 또 다른 이유는 '데이터가 없는 현실'에서 출발하기 때문입니다. 많은 이론서가 잘 정제된 데이터가 있다는 이상적인 전제에서 시작하지만 이 책은 스타트업의 민낯을 정면으로 마주합니다. 흩어져 있는 정보, 통일되지 않은 기준, 다른 팀의 무관심 속에서 디자이너가 어떻게 데이터를 '발굴'하고 '요청'하며 스스로 '정제'해 나가는지를 보여줍니다. 저자가 육수같이 우려낸 노하우들은 화려한 이론이 아니라 실제 현장에서 피땀 흘려 얻어낸 값진 지혜의 결정체입니다.

책 속의 '아홉'은 좋은 프로덕트 디자이너가 어떻게 성장하는지를 보여주고 '경수'는 그런 디자이너와 어떻게 협업하며 비즈니스 목표와 연결하는지를 보여주는 최고의 사례입니다. 저자와 저는 함께 일하며 '사용자 경험'과 '비즈니스 성과'가 대립하지 않는다는 것, 잘 설계된 사용자 경험이 비즈니스의 지속 가능한 성장으로 이어진다는 것을 확인해왔습니다. 이 책에는 바로 그 과정의 모든 것이 담겨 있습니다.

그래서 저는 이 책을 UX/UI 디자이너와 프로덕트 디자이너는 물론이고 PM, PO 그리고 이제 막 팀을 꾸려가는 스타트업의 대표님들께도 강력히 추천합니다. 이 책을 통해 당신의 팀은 '어떻게 협업해야 하는지' '무엇을 기준으로 의사결정해야 하는지'에 대한 공통의 언어를 갖게 될 것입니다.

저자와 함께 일했던 시간은 저에게도 큰 성장의 기회였습니다. 그 치열했던 고민의 흔적이 이렇게 한 권의 책으로 엮였다는 사실이, 동료로서 그리고 책 속 인물로서 자랑스럽기 그지없습니다.

이 책은 당신의 막막함이 결코 당신 탓이 아니었음을 증명하고 앞으로 나아갈 수 있는 가장 현실적인 지도를 선물해줄 것입니다.
- '냥냥북스' PM 구경수 드림

카카오페이 프로덕트 매니저 8년 차 **김PM**

데이터 기반으로 의사결정을 해본 경험은 없지만 이직을 준비하다 보면 채용 JD$^{\text{Job Description}}$에 빠지지 않고 등장하는 역량이라 늘 부담감이 있었습니다. 데이터 분석 도구를 배우려고 시도해보기도 했고 GA 강의나 UX 리서치 방법에 대한 책도 읽어보았습니다. 하지만 제가 겪어온 주먹구구식, 시스템 없이 돌아가는 야생 같은 실무 환경에 바로 적용할 수 있는 강의나 책은 좀처럼 찾기 어려웠습니다.

그런 점에서 이 책은 야생 같은 실무 환경 속에서 나만의 기준을 어떻게 세워야 할지 짚어주는 정말 좋은 책이라는 생각이 들었습니다. 오랜 시간 돈과 시간을 들이고도 돌파하지 못했던 영역이었는데 이 책이 저에게는 하나의 돌파구가 되어줄 것 같습니다.

데이터 기반 의사결정에 익숙하지 않은 저도 당장 실무에 적용할 수 있겠다고 느낀 부분은 5장 '목적과 목표 확인'이었습니다. 지금까지 실무에서 받아본 기획서 중 배경, 목적, 목표가 명확히 정리된 경우는 많지 않았습니다. 설령 기획서에 그런 항목이 있더라도 사람마다 그 기준이 달라 애매하게 느껴질 때가 많았습니다. 저는 주로 포트폴리오를 작성할 때 배경, 목적, 목표를 정리해봤는데 '도대체 뭐가 배경이고, 뭐가 목적이고, 뭐가 목표지?' 하고 혼란스러운 경우가 많았습니다. 그런데 이 책에서 바로 배경, 목적, 목표, 할 일을 어떻게 구분해야 하는지 명확하게 알려주어 정말 반가웠습니다. 혼자서 정의하고 프로젝트를 진행하거나 디자인 포트폴리오를 작업할 때 크게 도움이 될 것입니다.

또한 8장 '내부 사용자 데이터 해석에 정확성을 높여줄 시장 조사'도 인상 깊었습니다. 특히 'UX 관점의 시장 데이터로 내부 데이터를 해석하는 10단계'는 실제 업무에 바로 적용할 수 있는 사례들로 설명되어 있어서 실용적이었습니다. 비록 수치 데이터가 준비되어 있지 않아 10단계를 다 적용하기는 어렵더라도, 그동안 벤치마킹이나 뇌피셜에 기대어 진행하던 디자인 작업에서 벗어나 이제는 더 설득력 있는 근거를 만들 수 있을 것 같다는 기대가 생겼습니다. 사례들도 구체적이고 현실적이라 프로덕트만 바꾸면 금방 적용할 수 있을 것 같아서 읽는 내내 실무에 적용해보고 싶다는 기대감에 설레는 마음이 들었습니다.

저는 데이터 분석 관련 강의나 UX 리서치 이론은 찾아봤지만 그것을 실무에 치열하게 적용해보려 고민한 경험은 부족합니다. 그래서 이 책에서 알려주는 모든 내용을 온전히 받아들이기에는 경험적으로 한계가 있어 아쉬운 마음도 남습니다. 하지만 실제로 현장에서 저보다 훨씬 더 깊은 고민을 해본 사람이라면 이 책의 내용은 정말 피가 되고 살이 될 것이라는 생각이 들었습니다.

그래서 저는 이 책이 지금 당장 모든 내용을 완벽히 이해하지 못하더라도 계속해서 참고하게 될 책이라고 느꼈습니다. 이론과 현장 사이의 간극을 좁혀주는 매우 현실적인 가이드였기 때문입니다. 데이터 기반 사고를 시작하고 싶은 저 같은 디자이너에게도 실무에 바로 적용해볼 수 있는 인사이트가 가득합니다.

그동안 부담스럽게만 느껴졌던 '데이터 기반 의사결정'이 이 책을 통해 오히려 기대되는 영역으로 다가왔습니다. 앞으로 이 책을 곁에 두고 실무에 하나씩 적용해보면서 저만의 기준을 차근차근 만들어가려 합니다. 실무와 이론 사이에서 고민하는 디자이너라면 저처럼 이 책에서 분명히 큰 울림과 실질적인 해답을 얻게 될 것이라 확신하며 자신 있게 추천드립니다.

인하우스 UX/UI 디자이너 6년 차 **김도연**

저는 UX 디자인으로 밥 벌어먹고 산 지 꼬박 3년째인 주니어 디자이너입니다. 이 책을 읽고 나서 한참 동안 생각에 잠겼습니다. 3년 차 주니어 UX/UI 디자이너로서, 특히 혼자 일하며 체계를 세우고 디자인 시스템을 만들어온 제게 이 책은 마치 지난 시간의 복기이자 앞으로 나아갈 방향을 가리키는 지도처럼 느껴졌습니다.

스타트업의 속도감 있는 환경에서는 수치나 정량 지표보다 감과 경험에 기대는 일이 많습니다. 또한 사용자 목소리를 모아도 그걸 구조화하지 못한 채 판단에만 의존하는 경우가 정말 많습니다. 그런데 이 책을 읽으면서 그것이 디자이너로서의 '판단력'이 아니라 단지 데이터 해석 역량 부족에서 오는 한계였다는 점을 자연스럽게 인정하게 되었습니다. 단계별 설명이 추상적이지 않고 실제 필드와 맞닿아 있는 책입니다. 이론을 나열한 것이 아니라 디자이너가 겪는 진짜 시행착오와 실수를 중심으로 단계가 나뉘어 있어 실용적으로 와닿았습니다.

무엇보다 '성장의 속도'보다 '방향'에 주목하자는 메시지가 공감되었습니다. 주니어 시기에는 종종 나만 뒤처지는 것 같고 성과 없는 시도들이 허무하게 느껴지곤 했습니다. 이 책은 그런 저를 괜찮다고 따뜻하게 안아주는 듯했습니다. 모르는 게 당연하다고 위로해주신 덕분에 '보이는 성장을 넘어, 보이지 않는 성숙'으로 나아가고 싶어졌습니다.

저처럼 혼자 일하면서 방향을 잃은 디자이너 혹은 성장의 다음 발걸음 앞에서 머뭇거리는 분들에게 이 글이 큰 나침반이 되어줄 거라 믿습니다. 저는 이 책을 곁에 두고 필요할 때마다 다시 펼쳐보려고 합니다.

스타트업 프로덕트 디자이너 3년 차 **장세현**

데이터 초보자, 아니 데이터란 개념도 잘 몰랐던 제게 이 책은 단비와 같았습니다. 학원에서 UX/UI 디자인과 기획 이론을 배우긴 했지만 그것만으로는 실무에 대응하기 어려웠습니다. 이론은 알지만 어떤 상황에서 어떤 방법을 써야 하는지 감조차 잡히지 않았기 때문입니다.

사수도 없고, 물어볼 데도 없고 대표님은 매일 갈대처럼 흔들리는 상황에서 이 책은 제가 겪은 수많은 기획 상황들을 그대로 짚어주며 왜 그런 일들이 발생하는지, 그럴 땐 어떻게 대처해야 하는지 차근차근 설명해주었습니다. 특히 사용자의 목소리를 듣는 구체적인 방법과 그걸 기획에 반영하는 과정이 단계별로 명확하게 정리돼 있어 읽는 동안 머릿속에 체계가 잡히는 느낌을 받았습니다. 그리고 모호한 단어나 표현이 없어서 정말 잘 읽혔습니다.

막연했던 기획에 자신감이 생겼고 제 안의 UX 나침반이 비로소 작동하기 시작한 기분입니다. 이 책에 나오는 단계들만 그대로 따라가도 데이터에 근거한 기획, 사용자 중심 디자인을 실천할 수 있을 것입니다.

스타트업 프로덕트 디자이너 1년 차 **김유수**

책을 읽지 않던 제가 순식간에 몰입해서 읽은 책입니다. 꼭 봐야 한다는 압박감이 아니라, 정말 재미있고 계속 보고 싶어서 읽었습니다. 읽는 내내 도파민이 뿜뿜 나오는 기분이었어요. 이 책은 인생 드라마입니다. '아홉'과 '초록'의 이야기를 따라가다 보면 너무 공감되고, 화나고, 재밌어서 아침에 일어나 머리를 말리면서, 출근길에, 출근하고, 업무 중에, 집에서 자기 전에 보고 있는 저를 발견하고 놀라곤 했습니다. 그럴 수 있었던 이유는 무엇을 몰랐는지도, 뭘 알고 싶은지도, 뭘 알아야 하는지도 몰랐던 저에게 이 책이 방향을 알려줬기 때문입니다. 안 되는 걸 되게 하려고 애써온 제 자신을 위로해줬습니다.

일하는 매 순간 '내가 잘하고 있는 걸까?'라는 질문만 반복하며 버텼습니다. 에이전시에서는 부품처럼 일하며 1년을 보냈고 큰 꿈을 안고 들어간 사수도 PM도 PO도 없는 스타트업에서는 개발자 셋과 함께 무인도에 던져진 기분이었습니다. 어떻게든 배는 띄웠지만 어디로 어떻게 가야 할지 알 수 없었습니다. 그렇게 방향도 나침반도 없이 표류하던 저에게 이 책은 사수이자 동료이자, 무엇보다 선장처럼 항로를 함께 그려준 책입니다.

그동안 저는 대표님의 요구사항과 다양한 고객 CS에 휘청이며 막연한 감에 기대 디자인을 해왔습니다. '사용자를 위한 디자인'을 한다고 믿었지만 지금 생각해보면 사실은 나 자신의 감각과 경험에만 의존한, 나를 위한 디자인이었던 것 같습니다. 그럼에도 불구하고 우리 프로덕트를 사용해준 사용자들에게 지금은 고맙고 또 미안한 마음이 듭니다. 불완전한 기준과 어설픈 구조 속에서도 그들이 남긴 경험과 흔적은 결국 우리 서비스를 더 나은 방향으로 이끌고 있었습니다.

이 책은 어렵고 거창한 이론서가 아닙니다. 이상적으로는 모두가 '데이터를 봐야 한다'고 말하지만 현실은 데이터를 볼 수조차 없는 여건 속에서 감과 피드백 사이를 오가며 매일 불안하게 결정하는 디자이너가 많습니다. 이 책은 그런 현실을 소름 돋을 만큼 정확히 짚어냅니다.

지금 당장 실무에 적용할 수 있는 기준과 사례 그리고 혼자 치열하게 싸워온 프로덕트 디자이너의 고민과 시행착오가 고스란히 담긴 실전서입니다. 이상과 현실 사이에서 외롭게 버티는 디자이너를 위한, 진짜 생존 매뉴얼이라고 말할 수 있습니다. 기준 없이 헤매고 내가 뭘 모르는지도 모른 채 매일 혼자 불안하게 디자인을 결정하고 있다면 이 책이 가장 든든한 동료가 되어줄 겁니다.

이상은 너무 멀고 현실은 날마다 벽처럼 다가올 때, 이 책은 무너질 듯 버티던 저에게 처음으로 방향이라는 걸 알려준 존재였습니다.

스타트업 프로덕트 디자이너 3년 차 **최지영**

시작하며

"그럼에도 불구하고 포기하지 않고

나 혼자라도 사용자 중심으로 디자인하고 싶다면"

2019년쯤이었던 것 같습니다. 채용 공고는 온통 UX/UI 디자이너만 찾고 있었고 어느새 경력만 차버린, 애매한 능력의 웹 디자이너인 저로서는 갈 곳이 없다고 느꼈습니다.

'사용자 경험 디자인? 그동안 나름 사용자 입장을 고려해 디자인했지만 결국 내 관점에 불과했고… 앱 디자인은 해본 적도 없는데… 나, 다시 취업할 수 있을까?'

2008년부터 약 10년간 웹 디자이너로 일해온 저는 별다른 경쟁력을 갖추지 못한 채 무인도에 표류된 기분이 들어 막막했습니다.

'막막해한다고 해결되는 게 있나. 공부하자.'

그렇게 UX/UI를 공부하기 시작했고 우연히 '데이터 드리븐 UX'라는 개념을 알게 되었습니다.

'내 디자인이 정말 사용자를 위한 것이었을까?'

저는 이 질문에 자신 있게 답하지 못해 늘 답답했습니다. 그런데 그 갈증을 해소할 수 있는 길이 있다는 걸 알게 된 순간, 저는 꼭 데이터 기반으로 일하는 조직에 들어가고 싶어졌습니다.

몇 달을 준비해 포트폴리오를 만들어 데이터 드리븐으로 일한다는 작은 스타트업에 입사했습니다. 하지만 막상 들어가 보니 그곳은 이름만 데이터 드리븐이었을 뿐, 실제로는 데이터를 거의 활용하지 않았습니다. 아마도 만들고 싶은 제품이 정해져 있었기에 당장은 데이터 기반의 의사결정이 필요하지 않았던 것 같습니다. 하지만 그건 그 회사의 사정이고, 저는 여전히 데이터 기반으로 일하고 싶었죠. 그래서 이직을 반복했습니다. 정말 그런 조직을 찾고 싶었으나 현실은 이상과 달랐습니다.

매번 면접에서 확인했음에도 막상 들어가 보면 달랐습니다. 저 혼자 모든 것을 감당해야 하거나, 리더가 바뀌면서 의사결정 구조가 변하기도 했습니다. 마음이 맞는 동료를 만나 기뻤던 것도 잠시, 그 동료가 떠나면 상황은 원점으로 돌아갔습니다.

처음엔 '내가 부족한가?' 싶어 밤새 GA와 같은 사용자 데이터 수집 도구를 익히고 다른 회사의 사례도 찾아봤습니다. 그러다 결국은 이렇게 생각하게 됐습니다.

> "이상과 현실 사이의 간극은 결국 내가 메워야 하는 것이구나."

그 순간부터 저는 현실을 받아들이기로 했고 혼자서도 할 수 있는 방법을 끊임없이 찾기 시작했습니다. 때로는 외롭고 지치기도 했지만 포기하지 않고 계속 우물을 팠더니 점점 제가 속한 환경이 바뀌기 시작했습니다. 제 가치도 함께 상승해 연봉도 눈에 띄게 올랐습니다. 2년 만에 연봉의 앞자리가 세 번 바뀌었고, 사이닝 보너스와 스톡옵션, 현금성 복지까지 더하면 네 번이나 바뀐 셈이었습니다.

그로부터 6년이 지난 지금 요즘의 UX/UI 디자이너, 프로덕트 디자이너 채용 공고에는 어김없이 이런 문구가 적혀 있습니다.

- **정량/정성 데이터 기반 문제 정의 역량**
- **데이터 기반 UX 개선 경험**
- **사용자 리서치를 통한 인사이트 도출**

어느새 디자이너에게 데이터 기반 의사결정 역량은 이제 선택이 아닌 필수가 되어 있었습니다. 더 나아가 비즈니스 관점까지 함께 요구되고 있습니다. 이런 역량을 갖춘 사람만이 채용의 문을 통과할 수 있게 된 것이죠.

그렇다면 현실도 그 역량을 제대로 펼칠 수 있는 환경이 필수여야 합니다. 하지만 아쉽게도 현실은 여전히 몇 년 전 제가 겪었던 상황과 크게 다르지 않은 것 같습니다.

여전히 대부분의 스타트업에는 데이터 분석가도, 유저 리서처도 없습니다. 정제된 데이터도 없고 프로젝트의 목표는 흐릿하며 같이 토론할 팀원이 없는 경우가 대부분입니다. 그런 환경 속에서 결국 UX/UI 디자이너 또는 프로덕트 디자이너는 그 공백을 채우기 위해 혼자서 우물을 파기 시작합니다. 문제를 정의하고, 지표를 고르고, 사용자의 흔적을 더듬으며 추정해봅니다. 그러나 사용자를 깊이 이해하고자 하는 그 시도는 때때로 '회사 사정도 모르고 오버하는 사람'이라는 오해로 돌아오기도 합니다.

스타트업의 창업자 역시 난감합니다. '프로덕트 디자이너에게 데이터로 의사결정하는 역량을 요구해야 한다'고 듣긴 했으나 사실 본인들도 디자이너의 그 능력을 어떻게 써야 하는지 잘 모릅니다.

창업자는 단지 시장의 어떤 문제를 바꾸고 싶다는 열망 하나로 스타트업을 시작했지만 회사 운영은 생각보다 어렵습니다. 제품 출시는 계획보다 늦어지고 고객 반응도 생각보다 별로인 것 같습니다. 투자금은 빠르게 없어지는데 월급 주는 날과 월세 내는 날은 왜 그렇게 빨리 돌아오는지 하루하루가 울고 싶습니다. 결국 초조해진 창업자는 기능 중심으로 업무를 분배하기 시작하고 디자이너에게 세세한 작업을 지시합니다. 하지만 디자이너는 내 마음도 모른 채 자꾸 사용자 타령만 하니 둘 사이의 거리는 점점 멀어져만 갑니다.

이 둘 모두에게 안타까운 점은 '사용자를 이해하려는 노력' '그를 위한 데이터 활용' '데이터 기반 디자인 의사결정'이 회사의 성공에 얼마나 중요한지 아무도 제대로 알려주지 않았다는 것입니다. 그래서 그 간극은 좀처럼 좁혀지지 않습니다. 그리고 여전히 많은 디자이너가 과거의 저처럼 그 간극을 혼자서 메우고 있습니다.

이 책은 그래서 썼습니다. 제 경험과 노하우가 세상을 바꾸지는 못

하더라도, 오늘도 혼자서 우물을 파고 있을 누군가에게 도움이 되지 않을까 싶어 '나 같은 게 뭐라고'라는 생각은 떨쳐내고 썼습니다.

이상적인 환경이 아닌 현실에서 살아남아야 하는 디자이너들을 위해, 아무도 도와주지 않지만 '그럼에도 불구하고 나 혼자라도 사용자 중심으로 디자인 하고 싶다'고 생각하는 디자이너들을 위해 썼습니다.

이 책은 데이터 분석가도, 분석 도구도, 정제된 데이터도, 협업자도 없는 현실 속 디자이너가 혼자서도 사용자 데이터를 수집하고, 정리하고, 해석하고, 인사이트를 얻고, 문제를 정의하고, 솔루션 방향을 정하고, UX 흐름에 반영하고, UI 디자인까지 할 수 있는 방법을 담은 가장 현실적이고 구체적인 가이드입니다.

복잡한 수식도 통계 이론도 없습니다. 어려운 개념은 최대한 쉽게 풀었고 모든 내용은 '현실에서 진짜 쓸 수 있는가?'를 기준으로 풀어냈습니다. 현실과 동떨어진 원론적인 이야기, 방법론, 추상적인 말은 모두 걷어내고 실무에서 만날 수 있는 장면과 예시를 담았습니다. 예시 속 주인공인 '아홉'과 '초록'은 과거의 저이기도 하면서 동시에 지금의 당신이기도 합니다. 이들의 이야기를 따라가다 보면 디자이너가 왜 사용자 데이터를 봐야 하는지 그리고 그것이 왜 결국 나의 무기가 되는지를 알게 될 것입니다.

그리고 실패도 함께 다룹니다. '이런 상황에선 이런 한계가 있었다' '이럴 땐 이렇게 타협했다'는 아름답지 않은 현실적인 이야기도 담았습니다. 때로는 '그런 곳에서는 떠나야 한다'고 말하기도 합니다. 나의 최선이 환경의 한계를 넘을 수 없다는 사실, 그 조언은 이 책 전반에 걸쳐 조용히 반복됩니다.

이 책은 실무에서 '어디까지 혼자 할 수 있는지' 그리고 '혼자서도 어떻게 설계해낼 수 있는지'를 기록한 생존형 UX 가이드입니다. 실제로 제가 겪은 좌절과 시행착오, 실패와 깨달음을 바탕으로 썼습니다. '이상과 현실 사이에서 빡친 사람'이 그럼에도 살아남고자 했던 몸부림의 기록이고 성장통의 흔적입니다. 그 흔적을 따라가다 보면 어느새 당신도 데이터를 통해 문제를 정의하고, 사용자 경험을 디자인하고, 나아가 자신의 디자인을 '설명할 수 있는 디자이너'가 되어 있을지도 모릅니다.

완독을 목표로 하고 쓰지 않습니다. 책상 위에서 필요할 때마다 펼쳐보며 현실에서 사용할 수 있는 무기가 되기를 바랍니다. 밑줄을 긋고, 페이지를 접어 너덜너덜해질 때까지 곁에 있어 주는 책, 그리고 언젠가는 더 이상 볼 필요가 없게 되는 책. 그것이 이 책이 꿈꾸는 자리입니다.

읽는 내내 혼자라는 생각이 조금은 덜어지고 '이 정도면 나도 할 수 있겠다'는 용기가 마음속에 자라나길 바랍니다. 이상과 현실 사이에서 화가 나고 실망스러워도 '그럼에도 불구하고 포기하지 않고 나 혼자라도 사용자 중심으로 디자인하고 싶은 당신'에게, 세상이 바뀌지 않더라도 당신의 자리는 바뀔 수 있다는 가능성을 보여 주는 증거가 되길 바랍니다.

이미진(란란)

목차

지은이 소개 · 004
추천의 글 · 005
시작하며 · 014

PART 1 　제대로 알기

CHAPTER 1　데이터 기반 UX가 어려운 것은 당신 탓이 아니다

01 할 수 있는 것만 해도 충분한데 그걸 몰라서 어렵다 · 027
02 UX와 데이터에 절대적인 정답이 없어서 어렵다 · 030
육수 같은 인사이트 나는 이 문제를 이렇게 해결했다 · 034

CHAPTER 2　우리 회사에 데이터가 없는 이유

01 데이터의 형태가 다르기 때문이다 · 041
02 회사의 현실 때문에 그렇다 · 045

03 내가 필요한 데이터를 남이 알아서 챙겨주지 않아서 그렇다 048
육수 같은 인사이트 나는 이 문제를 이렇게 해결했다 052

CHAPTER 3 UX/UI 디자이너, 프로덕트 디자이너가 알아야 할 진실

01 데이터에는 답이 아닌 사용자에게 던지는 질문이 담겨 있다 065
02 사용자의 목소리가 모두 정답은 아니다 076

PART 2 이것부터 확인하기

CHAPTER 4 비즈니스 모델 확인

01 사용자를 제대로 정의하기 089
02 우리 서비스는 어떻게 돈을 벌고 있나? 098

CHAPTER 5 목적과 목표 확인

01 데이터는 프로젝트 배경, 목적, 목표, 할 일에서 나온다 109
02 프로젝트 배경만 알 수 있을 때:
'임시 목적'을 설정해서 데이터 방향 잡기 133
03 프로젝트 배경, 목적, 목표를 모두 알 수 없을 때:
회사의 존재 이유로 데이터 감 잡기 143

CHAPTER 6 데이터의 정제 상태 확인

01 데이터의 정제 상태를 디자이너가 알아야 하는 이유   153
02 정량 데이터를 정제해보자   156
03 정성 데이터를 정제해보자   166

PART 3 이미 있는 데이터 활용하기

CHAPTER 7 데이터는 의외의 곳에 숨어 있다

01 다른 직군이 가지고 있는 데이터를 요청하는 방법   187
02 관리자 페이지에 숨어 있는 데이터를 확인하는 방법   203
03 자주 묻는 질문에 숨어 있는 데이터의 정체   215
04 남이 설정해놓은 GA4에 숨겨져 있는 사용자 데이터   230

CHAPTER 8 내부 사용자 데이터 해석에 정확성을 높여줄 시장 조사

01 디자이너의 시장 조사는 달라야 한다   247
02 UX 관점의 시장 조사가 내부 데이터 해석의 정확성을 높여주는 이유   258
03 디자이너의 시장 조사가 어려운 이유   261
04 UX 관점의 시장 조사 방법   274

PART 4 사용자에게서 직접 데이터 확보하기

CHAPTER 9 설문조사와 사용자 인터뷰

01 설문조사와 사용자 인터뷰의 쓸모와 차이	317
02 빠르게, 많이 모으는 타깃 사용자 정량·정성 데이터: 설문조사	321
03 사용자도 모르는 사용자 속마음 데이터: 사용자 인터뷰	340
04 인사이트 도출하기	366

마치며　　　　　　　　　　　　　　　　　　　　　　　　　　　399

PART 1
제대로 알기

CHAPTER 1

데이터 기반 UX가 어려운 것은 당신 탓이 아니다

01
할 수 있는 것만 해도 충분한데 그걸 몰라서 어렵다

- 데이터 기반의 의사결정을 통해 가설을 검증하며 지속적으로 프로덕트를 개선해본 경험이 있는 분
- 데이터 기반으로 사용성을 평가/개선해 본 경험이 있는 분
- 정성적, 정량적 데이터를 통해 주도적으로 사용자의 문제를 발견하고 솔루션을 제시할 수 있는 분
- 고객이 필요한 것을 정량적 혹은 정성적 데이터를 기반으로 구체적으로 파악한 경험이 있는 분
- 기존 데이터를 분석해 UX/UI 개선점 도출 및 실행이 가능한 분
- 데이터 기반의 분석적 사고 및 문제 해결 능력으로 성과를 낸 경험이 있는 분

프로덕트 디자이너 또는 UX/UI 디자이너 채용 공고에서 볼 수 있는 자격 요건입니다. 많은 기업이 데이터 기반의 의사결정이 가능한 분을 원하고 있습니다. 이런 내용을 보면 나에게 그런 역량이 없는 것처럼 느껴져 자꾸 움츠러들지만 그럴수록 제대로 읽어야 합니다. 눈을 크게 뜨고 다시 한번 읽어봅시다. '데이터 기반의 의

사결정을 통해' '데이터를 통해' '데이터를 기반으로' '데이터를 분석해'라고 써 있습니다. 이 말은 데이터를 다루라는 말이 아니라 데이터를 활용하라는 말입니다. 즉 '직관이 아닌 근거를 기반으로 디자인하고 그 근거를 만드는 데 데이터를 활용하라'는 뜻이 내포되어 있는 것입니다.

UX에서 사용자 데이터 활용은 기술과 전문성보다는 조합과 지혜의 영역입니다. 데이터 분석 언어나 관련 도구를 다루지 못해도 문제없습니다. 엑셀이나 구글 스프레드시트, 피그마, 노션과 같은 도구만 다뤄도 충분합니다. 요즘은 챗GPT도 이용할 수 있죠. 그마저도 어려우면 포스트잇을 벽에 붙여가며 조합해도 됩니다. 계산이 필요할 때는 계산기로 덧셈, 뺄셈, 곱셈, 나눗셈만 해도 충분합니다. 사실 저도 그 정도만 합니다. 필요한 데이터가 있다면 그 데이터를 추출해줄 수 있는 동료에게 부탁하는 것도 방법입니다(이는 7장에서 다룹니다). 기술은 필수 조건이 아닙니다. 다만 익혀두면 내가 원하는 것을 누군가에게 부탁하지 않아도 언제든지 확인할 수 있다는 장점이 생길 뿐입니다.

그러니 너무 어렵게 느낄 필요는 없습니다. 우리는 이미 일상에서 데이터 기반으로 의사결정을 하고 있습니다. 날씨를 확인하고 우산을 챙긴다거나 맛집 블로그의 리뷰를 보고 식당을 선택하는 등 우리의 많은 행동이 데이터에 근거해 이루어집니다. UX 디자인을 할 때도 일상생활에서 목적에 맞게 데이터를 활용하듯 사용자에 맞는 데이터를 보고 의사결정을 내리면 됩니다.

기업이 데이터를 기반으로 디자인할 수 있는 사람에게 원하는 것은 '제 생각에는…'이 아닌 '사용자의 구매 패턴과 재방문 패턴을 봤을 때…'로 디자인을 시작하는 능력입니다. 수단이 되는 데이터를 잘 활용하여 근거 있는 디자인이 가능한 사람을 원하는 것입니다.

우리 서비스를 이용하는 사용자의 발자취를 따라가며 내가 할 수 있는 것만 해도 충분합니다. 사용자가 이 페이지에 들어와서 얼마나 머물렀는지, 어느 정보를 유심히 봤는지, 어느 구간에서 주로 빠져나가는지 등을 확인하면 됩니다. 그리고 '이 정보를 보다가 왜 그냥 나갔을까?' '이 구간에서 오래 머물렀는데 왜 그냥 나갔을까?'와 같은 질문을 하고 답을 내면 됩니다. 나에게 주어진 데이터를 이 과정에서 활용만 해도 '데이터 기반의 의사결정'을 하는 것입니다.

나에게 주어진 데이터가 없다고요? 그 또한 괜찮습니다. 지금 내가 할 수 있는 것만 해도 충분합니다. 어차피 데이터 활용이라는 것은 '누가' '어떻게' 활용하냐에 따라 달라집니다. 이는 결국 정답이 없다는 말과 같습니다. 내가 할 수 있는 것이 회사 어드민에 들어가 고객 정보를 보는 것이든, 구글에서 사용자를 검색하는 것이든 뭐든 괜찮습니다. 내가 활용할 수 있는 데이터를 조합하여 지혜를 발휘하여 인사이트를 낸 뒤 그것을 근거로 디자인하면 됩니다. 중요한 것은 '내 생각에는…'으로 디자인을 시작하는 것이 아닌 '우리 서비스 사용자들이 남긴 리뷰에서 추출한 요구사항을 봤을 때…'와 같이 시작하기 위해 데이터를 이용하면 된다는 점입니다. 움츠러들지 마세요. 누구든 지금이라도 당장 할 수 있습니다.

02
UX와 데이터에 절대적인 정답이 없어서 어렵다

혹시 UX와 데이터 관련 강의, 서적, 아티클 등을 열심히 봐도 속 시원한 정답을 찾지 못했나요? 그건 당신의 잘못이 아닙니다. UX와 데이터에는 절대적인 정답이 없습니다. 수학 공식처럼 '이럴 땐 이렇게 풀면 정답이 나옵니다'와 같은 공식이 있으면 참 좋을 텐데 잘 없습니다. 여기에는 세 가지 이유가 있습니다.

첫째, UX와 데이터가 사람을 중심으로 하기 때문입니다.

먼저 UX를 보겠습니다. UX에서 U는 User, 즉 사용자입니다. 사람은 각기 다른 경험과 생각의 맥락을 가진 독특한 존재입니다. 같은 서비스를 사용하더라도 사람마다 느끼는 감정과 행동은 다를 수밖에 없죠. 한 사람에게 직관적으로 보이는 인터페이스가 다른 사람에게는 복잡하게 느껴질 수 있습니다. UX는 사용자의 다양성을 반영해야 하므로 단일한 정답을 제시하기 어렵습니다.

UX에서 X는 eXperience, 즉 경험입니다. 경험은 주관적이며 사람의 과거 경험, 현재 상황 그리고 개인적인 감정 상태에 따라 달라집니다. 동일한 서비스를 두고도 한 사람은 '편리하다'고 느끼는 반면 다른 사람은 '불편하다'고 느낄 수 있습니다. UX에서 경험의 본질은 다양성과 유동성에 있기 때문에 절대적인 정답이 존재할 수 없습니다.

다음으로 데이터를 보겠습니다. 우리가 쫓는 데이터는 사람이 남긴 흔적입니다. 앞서 살펴봤듯이 사람은 독특한 존재이기 때문에 시간, 환경, 상황에 따라 행동과 감정이 끊임없이 변합니다. 아침에 듣고 싶은 음악과 저녁에 듣고 싶은 음악이 다른 것이 사람입니다. 또한 사람은 모두 저마다의 가치관과 특성이 있습니다. 10명의 사용자가 있다면 각기 다른 10개의 흔적이 남기 마련이죠. 이렇듯 UX와 데이터는 모두 사람을 중심으로 하기에 절대적인 정답이 없습니다.

둘째, 데이터는 활용하기 나름이고 UX는 결정하기 나름이기 때문입니다.

데이터는 존재하는 것 자체만으로는 의미가 없습니다. 그저 사실을 알게 되는 것뿐입니다. 접속자 수가 몇 명인지, 특정 페이지에서 이탈한 사람 수가 몇 명인지, 회원가입 후 물건을 구입하기까지 며칠이 걸렸는지 등 모두 사실일 뿐입니다. 이걸로는 아무것도 할 수 없습니다. 사실을 엮어 조합하고 지혜를 발휘하여 해석해야 합니다. 그것이 활용입니다. 이 활용은 누가 하느냐에 따라서도 다르고 무엇을 기준으로 하느냐에 따라서도 다릅니다.

UX도 마찬가지입니다. '사용자에게 어떤 경험을 줄 것인가'에 대해 다양한 아이디어와 의견이 제시되면 그중 무엇을 선택할지 결정해야 합니다. 어떤 결정을 할지, 누가 할지에 따라서도 결과는 달라집니다.

셋째, 애초에 데이터는 답이 아닌 가설 증명의 도구이기 때문입니다. 가설을 세울 수 있는 다양한 가능성을 제시할 뿐 유일한 답을 제시하지는 않습니다.

예를 들어 특정 페이지의 이탈률을 확인한다고 가정하겠습니다. 그런데 유독 특정 버튼의 클릭률이 높습니다. 이건 데이터로 확인할 수 있는 사실입니다. 데이터는 거기까지입니다. 정말 중요한 것은 이 사실을 기반으로 가설을 세우고 그 가설을 증명하며 최선의 답을 찾는 것입니다. '이 페이지에 접속한 사용자 수보다 클릭 수가 더 많다. 이는 클릭을 통해 얻고자 하는 것을 얻지 못해서이다'라는 가설을 세울 수도 있고 '이 버튼을 클릭했을 때 나오는 인터랙션이 타깃 사용자에게 매력적으로 느껴져 또 클릭하고 싶게 만들어서이다'라는 가설을 세울 수도 있습니다. 이렇듯 다양한 가능성을 열어주는 것이 데이터입니다. 이러니 데이터를 기반으로 의사결정하는 것이 어려울 수밖에 없죠(앞서 '데이터를 어렵게 생각하지 말라'고 말했지만 데이터 활용 과정이 어렵지 않다고 말한 것은 아닙니다).

아무리 생각해봐도 당신 탓은 아닙니다. "데이터 기반의 디자인이 어려운 것은 내 탓이 아니다"라고 입 밖으로 소리 한 번 내고 다음으로 이어가보겠습니다. 안 해도 괜찮습니다. 하지만 해보세요. 내 탓이 아님을 나 스스로에게 들려주면 자책을 안 하게 되어 마음이 편안해집니다. 차라리 속 시원하게 욕하면서 공부할 수 있습니다. 그래서 전 자주 했습니다. 다시 한번 말씀드립니다. UX와 데이터에는 절대적인 정답이 없습니다. '우리 서비스'에 맞는 답이 있을 뿐입니다.

육수 같은 인사이트

나는 이 문제를 이렇게 해결했다

:

저는 '데이터'라는 단어가 너무 무서웠습니다. 숫자 감각이 약하고 남보다 이해하는 속도가 느린 점이 한몫 하는 것 같습니다. 처음에는 무엇부터 공부해야 할지 몰라 데이터의 기초를 배울 수 있는 온라인 강의를 들었습니다. 그 강의는 저에게 많은 것을 알려주었지만 아이러니하게도 데이터를 알수록 두려움이 더 커졌습니다. 내생에 처음 보는 통계 지식, 처음 들어본 데이터 분석 도구, 단 한 번도 해본 적 없는 퍼널funnel 설계 및 분석 등 알면 알수록 내가 모르는 게 너무 많구나 싶었기 때문입니다.

이 지식의 갭을 아무리 빨리 채워도 1년은 넘게 걸릴 것만 같았습니다. 그래서 취업도 미루고 공부에 매진했습니다. 무엇을 먼저 공부해야 할지 몰라 무작정 책을 보기 시작했죠. 데이터 통계, 고객 분석, 마케팅, 비즈니스, 데이터 사이언티스트 등에 관련된 책을 미친 듯이 봤습니다. 그런데 이상했습니다. 아무리 공부해도 불안함이 가시질 않았고 뭔가 잘못된 것 같았습니다. 그래서 달리던 것을 잠시 멈추고 저에게 질문을 던졌습니다.

제일 먼저 '나는 왜 데이터가 무서운가?'라는 근본적인 질문부터 시작했습니다. 이때 다섯 번의 '왜?'를 통해 문제의 본질을 파악할 수 있는 '5 whys 방법'을 이용했습니다. 데이터 활용을 공부하며 알게 된 방법론인데 역시 무엇이든 배워두면 쓸모가 있습니다.

5 whys 방법론으로 알아본 '나는 왜 데이터가 무서운가?'

	질문	답변
why 1	왜 나는 데이터가 무서운가?	데이터는 복잡하고 이해하기 어려운 숫자나 그래프들로만 이루어진 것 같아서 두려웠다.
why 2	왜 나는 복잡한 숫자와 그래프가 두려운가?	숫자에 약하고 숫자 감각도 부족해서 그걸 제대로 이해할 수 없을 것 같아서 불안했다.
why 3	왜 수학과 숫자 감각이 없으면 데이터를 이해할 수 없는가?	데이터를 다루려면 수학적 계산과 복잡한 분석 능력이 꼭 필요한 것 같았고 그걸 잘 못할 것 같아서 겁이 났다.
why 4	왜 그 요구에 겁이 났는가?	데이터는 전문가만 다룰 수 있는 고급 기술인데 내가 그들을 따라가려면 더 많은 지식과 능력이 필요하기 때문이다.
why 5	왜 내가 데이터 전문가를 따라가야 하는가?	데이터를 다루려면 전문가처럼 고급 기술을 사용해야만 한다고 생각했기 때문이다.
여기까지 오니 알게 된 것	아, 내가 데이터 전문가를 따라가야 한다고 생각했구나. 나는 데이터 전문가가 아니야. 그러니까 그들처럼 하려고 애쓸 필요가 없구나.	

이렇게 5번의 왜를 거치고 나니 제가 데이터 전문가들을 따라가야 한다고 생각했음을 알게 되었습니다. 저는 데이터 전문가가 아니라는 사실, 그렇기에 그들처럼 하려고 애쓸 필요가 없음을 깨달은 것이죠. 여기서 멈추지 않고 한 번 더 5 whys 방법을 이용했습니다. 이번에는 '그래서 어떻게 해야 하는가?'를 얻기

위해서였습니다.

5 whys 방법론으로 알아본 '그래서 어떻게 해야 하는가?'

	질문	답변
why 1	왜 나는 데이터 전문가를 따라가지 않아도 되는가?	나는 데이터 전문가가 아니라 사용자 경험을 설계하는 UX/UI 디자이너다. 따라서 대규모 통계 분석을 할 정도로 복잡한 수학이나 분석 능력이 필요하지 않다.
why 2	왜 복잡한 분석을 할 필요가 없는가?	내가 다루는 데이터는 사용자 행동과 문제를 이해하기 위한 것이기 때문이다. 복잡하게 계산하지 않아도 데이터를 통해 사용자의 불편한 점과 필요한 점을 알아낼 수 있다.
why 3	왜 사용자의 행동과 문제를 이해하는 데 복잡한 계산이 필요하지 않은가?	사용자 행동 데이터는 관찰과 간단한 분석만으로도 충분히 의미를 도출할 수 있기 때문이다. 예를 들면 사람들이 특정 버튼을 클릭하지 않은 경우, 클릭 데이터와 사용자가 남긴 피드백을 함께 보면 문제를 추정할 수 있다.
why 4	왜 관찰과 간단한 분석만으로도 충분할까?	사용자의 행동 문제는 핵심 지표를 관찰하거나 간단한 도구를 사용해도 충분히 드러나기 때문이다. 예를 들면 클릭률이나 페이지 이탈률 같은 데이터를 보면 사용자가 어디에 멈추고, 무엇을 어려워하는지 알 수 있다. 이를 VOC(Voice of Customer) 데이터와 결합하기만 해도 문제의 원인을 합리적으로 추정할 수 있다.
why 5	왜 수학적 계산이나 복잡한 기술이 없이도 데이터를 사용할 수 있을까?	내 역할은 데이터로 문제를 정의하고 이를 해결할 수 있는 디자인을 만드는 것이기 때문이다. 복잡한 계산 대신 사용자 입장에서 데이터를 해석할 수 있는 능력이 더 중요하다.

> **여기까지 오니 알게 된 것**
>
> 사용자 경험을 디자인하는 나에게는 사용자의 문제를 파악하는 것이 더 중요하구나. 그렇기에 내가 공부해야 할 것은 통계학이나 데이터 추출 언어가 아닌 사용자 그 자체였어. 사용자를 이해하고 관찰하기 위해 데이터를 활용하면 되는 거야.

두 번째 5 whys를 마친 뒤 놀라운 변화가 일어났습니다. 제가 아무리 공부해도 불안함이 가시지 않았던 원인을 알게 되었습니다. 그동안 목적 없는 공부를 하고 있던 것이었습니다. 사용자 경험을 디자인하는 저에게는 사용자의 문제를 파악하는 것이 중요합니다. 그렇기에 제가 공부해야 할 것은 통계학이나 데이터 추출 언어가 아닌 사용자 그 자체였던 것이죠. 사용자를 이해하고 관찰하는 데 데이터를 활용하면 되는 것이었습니다.

저는 여전히 숫자 감각이 부족하고 새로운 것을 이해하는 데 많은 시간을 씁니다. 하지만 이는 사용자를 이해하기 위해 데이터를 활용하는 것과 별개입니다. 물론 숫자 감각이 높으면 당연히 좋습니다. 도구도 알면 알수록 좋고 데이터 추출과 처리를 할 수 있는 언어도 배우면 좋습니다. 말 그대로 '하면 더 좋은 것'입니다. 저는 그것보다 '반드시 해야 하는 것'에 집중했습니다. 바로 데이터 속에 담긴 '사용자는 왜?'를 유추하는 능력을 습득하는 것입니다. UX 디자이너는 '사용자의 행동 이유'를 데이터에서 찾아내고 디자인에 반영해야 합니다. 이는 인간에 대한 이해가 바탕이 되어야 합니다. 심리학, 행동 경제학, 뇌과학과 같이 인간의 행동을 이해하는 학문에 관심을 기울이고 꾸준히 배웠습니다. 그리고 논리력을 키웠습니다. 고등학생 때 『논리야, 놀자』라는 책을 가방에 넣고만 다녔던 것이 후회되었지만 늦게라도 열심히 했습니다.

디자이너는 대부분 '디자인'에서 파생된 공부만 합니다. 물론 필요합니다. 디자인의 역사도 중요하고 폰트 선정도 중요합니다. 아름다움을 표현하는 것, 복잡한 정보를 시각화하는 것은 디자이너의 근본 역량이기에 기본적으로 습득해야 합니다. 또한 표현과 협업을 위해 관련 도구를 다루는 능력도 필요합니다. 그러나 '데이터 드리븐 역량'을 키우고 싶다면 다른 시야가 필요합니다. 저는 '인간에 대한 이해'를 바탕에 두고 '논리력'을 채움으로써 데이터 뒤에 숨겨진 사용자의 '왜'를 찾을 수 있었습니다.

혹시 당신도 지금 데이터를 다뤄야 한다는 말에 분석 전문가가 되어야 한다고 오해하고 있다면, 그래서 내가 감당할 수 없는 영역처럼 느껴진다면 제가 썼던 방식인 '5 whys' 방법론을 이용하여 두려움의 진짜 원인을 하나씩 파헤쳐보세요. 그러면 디자이너가 데이터를 보는 이유가 데이터 분석 그 자체에 있는 것이 아님을, 사용자를 더 잘 이해하기 위해서임을 알아차리고 그때부터는 두려움이 궁금함으로 바뀌게 될지도 모릅니다.

우리 회사에 데이터가 없는 이유

01
데이터의 형태가 다르기 때문이다

"우리 회사에는 활용할 수 있는 데이터가 없어요"라는 말을 자주 듣습니다. 반가운 소식을 알려드리자면 그건 오해입니다. 회사에 데이터가 없는 것이 아니라 아직 찾지 못했을 뿐이에요.

서비스와 고객이 있다면 회사 규모와 상관없이 데이터는 자연스럽게 쌓입니다. UX/UI 디자이너, 프로덕트 디자이너에게 가장 중요한 것은 사용자가 남긴 흔적입니다. 자연스럽게 쌓이는 데이터에서 사용자의 흔적을 찾을 수 있습니다. 예를 들면 이렇습니다.

- 고객이 언제 회원가입을 했는지
- 어떤 상품을 주로 구매했는지
- 재구매를 했는지 안 했는지
- 재방문을 얼마 만에 했는지

이런 정보는 '자, 지금부터 데이터를 쌓자!'라고 다짐하지 않아도 저절로 쌓입니다. 이것만으로도 사용자가 어떻게 서비스를 이용하는지 파악할 수 있고 이를 통해 어떻게 하면 사용자 경험이 더 좋아질까를 고민할 수 있습니다. 그런데 왜 데이터를 찾기 어려울까요?

부서 또는 사람마다 자료를 다르게 보관해서 데이터가 흩어진다

회사에는 디자이너를 포함해 다양한 전문가들이 있습니다. 하는 일이 다르니 관리하는 데이터도, 사용하는 도구도 다릅니다. 이를테면 마케팅팀은 고객 유입 경로와 전환율, 영업팀은 고객별 거래 내역과 영업 이력, CS팀은 고객 불만사항과 VOC를 관리하고 기록합니다. 도구도 엑셀, 워드, 노션 등 다양하고 심지어 개인 이메일이나 메모장에 따로 보관하는 경우도 있죠.

개인의 고유한 습관도 한몫합니다. 저마다 생활 습관이 조금씩 다르기 때문에 같은 일을 하는 사람끼리도 일하는 방식이 조금씩 다릅니다. 고객 데이터를 입력한다고 했을 때 어떤 사람은 일이 끝난 뒤 한꺼번에 입력하는가 하면 어떤 사람은 업무 시간에 틈틈이 기록할 수도 있습니다. 기록 방식도 제각각이어서 날짜를 '2025-03-25'로 쓰기도 하고 '25/3/25'라고 쓰는 사람도 있죠. 사용하는 용어마저 달라 누구는 '잠재 고객'이라고 쓰고 누구는 '유효 고객'이라고 씁니다.

이렇게 데이터가 부서별로 단절되고 기록 방식이 표준화되지 않다 보니 필요한 데이터를 찾으려면 여러 팀을 찾아다녀야 하고 찾은 데이터도 바로 활용하기 어렵습니다. 수동으로 관리되는 데이터는 최신 정보가 반영되지 않은 경우도 많고요. 체계적인 데이터 관리 시스템이 없다 보니 결국 디자이너는 데이터 앞에서 까막눈이 되고 맙니다.

팀마다 필요한 데이터의 기준이 다르고 같은 데이터라고 하더라도 수집 기준이 다르다

마케팅팀은 고객, 즉 사용자가 어떤 경로를 통해 우리 서비스를 찾아왔는지에 관심이 많습니다. 반면 영업팀은 고객에게 발송한 영업 메일의 클릭률에 더 주목합니다. 두 팀 모두 고객 데이터를 확인하지만 수집하는 데이터가 다릅니다. 같은 데이터를 보너라도 바라보는 관점에 따라 결괏값이 다를 수 있습니다. 두 팀 모두 고객의 전환율을 중요하게 여기지만 전환의 시점을 다르게 설정하면 동일한 데이터를 수집하더라도 수치가 달라집니다. 예를 들어 마케팅팀은 고객이 홈페이지에 방문한 시점을 전환 데이터로 본다면, 영업팀은 상담 문의가 들어온 시점을 전환 데이터로 볼 수 있습니다. 이렇게 팀마다 원하는 데이터가 다르다는 점은 디자이너에게 혼란을 줄 수 있습니다.

데이터가 정리되어 있지 않은 경우가 많다

데이터는 존재한다고 해서 바로 활용할 수 있는 것이 아닙니다. 눈에 보이지 않는 데이터베이스(DB)에 로그로 남기도 하고 특정 프로그램 안에 숨겨져 있기도 합니다. 예를 들어보면 이렇습니다. 사용자의 로그인 기록은 개발 서버에 자동으로 쌓이지만 이 데이터를 확인하려면 먼저 데이터를 꺼내서 정리하는 과정이 필요합니다. 컴퓨터 언어로 되어 있는 데이터를 사람의 언어로 바꾸는 작업을 거쳐야 하는 것이죠. 개발자 언어로 말하자면 'DB에 있는 회원 로그인 데이터를 보려면 로그를 추출하고 필터링해야 한다'는 이야기입니다.

만약 ERP와 같은 고객 주문 관리 프로그램을 사용한다면 주문 데이터는 이 프로그램 안에 저장됩니다. 이를 다른 데이터와 연결해서 분석하려면 추가 작업이 필요합니다.

이처럼 정리되지 않은 상태의 데이터는 마치 책장이 무너진 거대한 도서관과 같습니다. 책은 분명히 도서관 안에 있지만 원하는 책을 바로 찾기는 어려운 상황인 거죠. 정리되지 않은 데이터는 디자이너가 바로 활용하기 어렵습니다.

02
회사의 현실 때문에 그렇다

그럼 데이터를 발견하기만 하면 쉽게 활용할 수 있을까요? 아쉽게도 그렇지 않습니다. 회사마다 처한 환경이 다르고 그에 따라 데이터를 활용하는 모습도 다릅니다. 여러 이유가 있는데 이는 따로 또는 함께 나타나기도 합니다.

데이터에 대한 리더의 생각이 중요하다

대표가 데이터를 중요하게 여기는 회사라면 어떨까요? 설립 초기부터 데이터를 잘 쌓으려고 노력합니다. 완벽하진 않아도 데이터의 종류, 선별 기준, 구분 방법을 잘 정돈해 놓음으로써 누구나 데이터를 찾아보고 활용할 수 있게 만들어둡니다.

실제로 제가 다녔던 곳 중 A 스타트업은 대표가 데이터를 중요하게 생각했습니다. 구글 스프레드시트에 고객과 관련된 숫자를 월마다 기록해두었습니다. 아쉽게도 가독성이 좋지는 않아 "이 숫자가 가입일이고 그다음 숫자가 고객이 첫 활동까지 걸린 시간이라는 거죠? 그럼 이건요? 아, 이건 재방문 일자군요?"라며 하나하나 물어가며 이해해야 했습니다. 하지만 이렇게 데이터가 목적에 맞게 잘 정리정돈되어 있기만 한다면 이를 활용하는 일은 개인의 작은 노력만으로도 충분히 가능합니다. 무엇보다 좋은 것은 디자이너가 데이터를 보려고 애쓸 때 대표가 누구보다 기뻐하며 디자이너의 데이터 활용 의지를 지지해준다는 점입니다.

반대로 대표가 데이터보다는 직관을 중요하게 생각하면 어떨까요? B 스타트업의 대표는 데이터보다는 직감을 중요하게 생각했고 데이터는 뒷전이었습니다. 이러한 경우 고객 정보, 매출 정보, 회원가입 일자와 같이 사용자를 이해하고 분석할 수 있는 중요한 데이터들이 제대로 쌓이지 않습니다. 그러면 디자이너는 원하는 데이터를 관련 팀이나 개발자에게 일일이 요청해서 수집하고 정리해야 합니다. 그 과정이 쉽지 않을뿐더러 때로는 "재방문 데이터요? 그런 거 없는데요"라는 답을 듣기도 합니다. 그럼에도 불굴의 의지로 어떻게든 데이터를 수집하고 분석해서 디자인을 완성했다고 가정해봅니다. 하지만 결국 직감에 의존하는 대표는 "네, 잘 봤습니다. 그나저나 봄이니까 프로모션 페이지 좀 화려하게 만들어보세요"라는 피드백을 할 뿐입니다. 이는 팀의 리드가 누구냐에 따라서도 똑같이 적용됩니다.

데이터 분석가, UX 리서처가 함께 데이터를 수집하고 관리하는 전문 인력이 없는 곳이 더 많다

스타트업에는 데이터 분석을 전문으로 하는 인력이 부족하거나 없는 경우가 많습니다. 빠른 성장과 제품 개발에 집중하다 보니 데이터 관리는 우선순위에서 밀려나기 쉽습니다. 게다가 데이터 분석을 위한 인프라를 구축하려면 비용과 시간이 소요되는데 초기 단계의 스타트업에서는 이를 부담스럽게 느낄 수밖에 없습니다.

이러한 환경에서는 데이터가 쌓이더라도 이를 체계적으로 정리하고 활용하는 데 어려움이 많습니다. 이를테면 고객 행동 데이터가 여러 개의 스프레드시트에 분산되어 있거나 하는 식입니다. 데이터는 존재하더라도 이를 해석하고 인사이트를 도출할 수 있는 분석 전문가가 부족하다면 데이터의 가치를 충분히 살리기가 쉽지 않습니다.

결국 스타트업은 데이터를 제대로 활용할 수 있는 역량과 자원이 부족해 필요한 데이터가 있어도 이를 효과적으로 분석하고 활용하는 것이 쉽지 않은 상황에 놓이게 됩니다. 믿기 어렵겠지만 회사의 핵심 지표를 한눈에 볼 수 있는 대시보드가 없는 스타트업도 많습니다. 혼자 고군분투하고 있는 분이라면 오히려 '대시보드? 원래 없는 것 아닌가? 난 본적이 없는데?'라고 생각할 수도 있습니다.

03
내가 필요한 데이터를
남이 알아서 챙겨주지 않아서 그렇다

데이터가 필요하다고 해서 누군가 나에게 다가와 '기다리고 있었습니다. 당신이 필요한 데이터가 바로 여기 있습니다'라며 건네주지 않습니다. 그렇기에 가만히 있으면 '우리 회사에는 데이터가 없다'고 오해하기 쉽습니다. 내가 필요한 데이터가 없는 원인은 주로 다음과 같습니다.

남들은 내가 필요한 데이터가 무엇인지 모른다

필요한 데이터는 팀마다 다르고 사람마다 다릅니다. 이를 명확히 전달하지 않으면 다른 부서에서 이해하기 어렵습니다. 그 누구도 '디자이너가 사용자 여정 데이터를 보고 싶어할 테니 사용자 유입부터 전환까지 퍼널에 따른 행동 데이터를 준비해서 가져다 줘야겠다!'라고 생각하지 않습니다. 오히려 뭔지도 모를 확률이 더 높습니다. 또한 어떤 데이터가 필요한지 디자이너 스스로 뾰족하게 정의하지 않으면 다른 팀에서 디자이너의 요구를 제대로 파악하기 힘듭니다. "사용자 데이터를 확인하고 싶어요"라고 요청해도 사용자 데이터의 정의나 범위가 명확하지 않아 "사용자 데이터요? 사용자 데이터 어떤 거요?"라는 질문이 돌아오기 십상입니다(UX/UI 디자이너, 프로덕트 디자이너에게 필요한 데이터는 무엇이 있는지, 타 부서에 데이터 요청은 어떻게 해야 하는지는 3부에서 다룹니다).

각 부서와 팀은 자신의 목표와 업무를 우선시하기 때문이다

예를 들면 마케팅팀은 캠페인 데이터를 모으는 데 집중하고, 개발팀은 시스템 성능 데이터를 관리하는 데 주력합니다. 이렇게 각 팀이 각자의 목적을 우선시하다 보니 디자이너가 필요한 데이터는 자연스럽게 우선순위에서 밀리게 됩니다. 실세로 이런 상황이 자주 발생합니다.

새로운 회사에 입사해 첫 업무로 '결제 과정의 사용성을 개선하는 프로젝트'를 맡았다고 가정해보겠습니다. 결제 과정에서 일어나는 문제를 파악하기 위해 사용자 행동 데이터를 보고 싶어 팀 리드에게 어떻게 볼 수 있냐고 물어봅니다. GA$^{Google\ Analytics}$(구글 애널리틱스)와 관련된 것은 마케팅팀에 문의하면 된다는 답을 듣고 마케팅팀에 GA에서 클릭 이벤트와 페이지별 퍼널 데이터를 볼 수 있냐고 물어봤습니다. 답변으로 "아… 저희 팀에서 그 데이터는 따로 안 모으고 있어요. GA 권한을 드릴 테니 직접 보시겠어요?"라는 말을 듣습니다.

알겠다고, 감사하다고 답한 뒤 다시 팀 리드에게 고객 센터로 들어온 관련 문의는 어디서 확인할 수 있는지 물어봅니다. CS팀에 확인하면 된다 해서 CS팀에 고객 문의나 피드백을 정리해놓은 파일을 보여줄 수 있는지 물어봤습니다. 그러자 CS팀에서 "아… 딱히 정리해서 모아둔 건 없어요. 문의 들어온 건 그때그때 처리하고요, 피드백도 그때그때 관련 팀에게 전달하고 있어요. 어드민에 있는 회원 정보에 메모로 남겨놓은 게 있을 텐데 그거라도 보시겠어요? 권한 드릴게요"라고 답합니다.

이번에도 알겠다고, 감사하다고 말한 뒤 팀 리드에게 회원가입 관련 데이터는 어디서 볼 수 있냐고 묻습니다. 개발자에게 직접 요청해서 데이터를 받으면 된다고 해서 이번엔 개발자에게 요청했습니다. "혹시 긴급한 건인가요? 제가 지금 우선순위 업무 처리하고 있어서 내일 오후까지 드려도 괜찮으실까요? 긴급한 거라면 말씀 주세요!"라는 회신을 받았습니다. 긴급한 건은 아니니 내일 주셔도 된다고, 감사하다고 말한 뒤 자리로 돌아왔습니다.

감사한 일이 세 번이나 있었는데 손에 들어온 데이터는 하나도 없네요. 참으로 이상한 일입니다.

데이터의 중요성은 누구나 알지만 누구도 주도하지 않아서 그렇다

회사 구성원 모두가 "데이터 기반으로 의사결정을 해야 해요" "데이터를 잘 모아서 활용해야 해요"라고 말합니다. 하지만 정작 '어떤 데이터를 어떻게 모으고 관리할지' 결정하고 실행하는 사람은 없습니다. 전문성이 필요한 일이라 섣불리 나서기도 어렵고 저마다 업무도 바쁜데 맡자니 나도 잘 몰라서 부담스럽죠. 시작하면 우리 팀뿐만 아니라 우리 회사에 필요한 데이터가 무엇이고 그것이 어느 팀에 있고 팀마다 중요한 데이터가 무엇인지도 조사해야 하는데 일이 커질 것 같고, 그러다 잘못되면 책임져야 할 것 같고…. 이런 부담들이 있다 보니 다들 한발 물러서게 됩니다. 주로 다음과 같은 상황이 발생합니다.

> "우리 이제 데이터 기반으로 일해야 하지 않을까요?"
> "맞아요. 데이터를 잘 모아서 관리하면 좋을 것 같아요"
> "그러게요. 누가 한번 맡아서 해보면 좋을 것 같은데"
> "…"
> "…"
> "크흠, 일단 각자 필요한 걸 찾아보는 건 어떨까요?"
> "그러다가 나중에 정리하면 되지 않을까요?"
> "그럴까요?"

결국 아무도 주도적으로 나서지 않다 보니 데이터는 계속 흩어진 채 쌓이기만 하고 모두가 중요하다고 생각하는 '데이터 기반 의사결정'은 말뿐인 구호로 남게 됩니다. 이는 개인의 문제가 아니라 역할과 책임을 명확히 정하지 않고 적절한 환경을 제공하지 않은 조직의 문제입니다.

> **육수 같은 인사이트**
>
> # 나는 이 문제를 이렇게 해결했다

데이터 활용 역량을 키우기 위해 데이터 기반으로 사용자 경험 설계가 가능한 회사를 찾아다녔습니다. 어떤 곳은 아직 데이터 기반의 UX/UI 디자인 경험이 없는 저를 받아주지 않았고 어떤 곳은 '디자이너가 뭘 이런걸 묻지?'라는 표정이었습니다. 몇 번의 시도 끝에 초기 투자를 준비하고 있는 직원 10명 이내의 작은 스타트업에 들어갔습니다. 그러나 기대와 다르게 제가 데이터를 확인할 수 있는 환경은 아니었습니다. 무엇을 요청해야 할지 몰라 그냥 무작정 "데이터 어떻게 보나요?"라고 물었습니다. 돌아오는 답변은 "무슨 데이터를 보고 싶으세요?"였습니다. "사용자 데이터를 보고 싶어요"라고 답했더니 돌아오는 답변은 역시 "네, 사용자 데이터 어떤 걸 보고 싶으세요?"였습니다. 저는 답하지 못했습니다. 물어보면 척척 나오는 줄 알았기 때문에 오히려 저에게 돌아오는 질문에 당황했습니다. 그곳에 있던 제 사수는 아는 것이 많은 사람이었습니다. 제가 모르는 것을 물어보면 분명 답해주었을 겁니다. 문제는 제가 뭘 모르는지 모르는 상태였기에 무엇을 질문해야 할지도 몰랐다는 점입니다. 그때부터 제가 어떤 데이터를 봐야 하는지 다시 공부하기 시작했습니다.

그 사이 저는 그곳을 나와 이번에는 시리즈 B를 준비 중인 더 큰 규모의 회사로 옮겼습니다. 하지만 기대와 달리, 이곳 사정도 별반 다르지 않았습니다. 흥미로운 점은 분명 두 회사 모두 모집 공고에 '정량·정성적 데이터를 활용하여 디자인할 수 있는 사람'을 원한다고 써놨고 면접 때도 확인했다는 것입니다. 저는 그때 회사가 그런 사람을 원한다는 뜻이지 그런 환경을 제공해준다는 의미는 아니었던 것을 깨달았습니다. 이 문제는 회사 규모와 상관없음을 알고 더 이상 기다리지 않았습니다. 목마른 사람이 우물을 파는 법, 저는 결국 방법을 찾았고 그다음부터는 어느 회사를 가든 이 방법을 씁니다.

첫째, 리더의 가치관을 확인한다

조직에는 리더가 있습니다. 수평적인 조직이라 해도 의사결정은 수직적으로 이루어집니다. 누군가는 결정을 하고 그에 따른 책임을 해야 하기 때문에 그렇습니다. 제가 아무리 데이터, 데이터 노래를 불러도 저보다 위에 있는 의사결정자가 데이터를 기반으로 판단하는 사람이 아니면 디자이너로서의 노력은 의미가 없습니다. 오히려 답답하게 일하는 사람으로 치부되기 쉽습니다. 그래서 첫째로 리더의 가치관을 확인하는 것이 무엇보다 중요합니다. 규모가 작은 조직이라면 대표의 성향이, 규모가 조금 큰 조직이라면 내가 속해 있는 팀의 리더가 데이터 친화적이어야 합니다. 데이터로 의사결정하는 리더가 있는 곳을 가는 것이 최선입니다. 만약 안타깝게도 현재 있는 곳이 그런 환경이 아니라면 방법은 둘 중 하나입니다.

첫 번째 방법은 리더를 설득하여 그의 가치관을 바꾸는 것입니다. 물론 쉽지 않은 일입니다. 나의 방식이 옳음을 증명하고 공감하게 만들어야 하기 때문입니다. 하지만 불가능하지는 않습니다. 시간과 노력, 인내가 필요할 뿐입니다. 먼저 상대방을 한 번에 바꾸려는 생각을 버려야 합니다. 입장을 바꿔서 생각해보면 나 역시 나의 가치관을 한 번에 바꿀 수 없습니다. 시간을 들여 조금씩 스며들게 합시다. 그런 다음 설득하려 하지 말고 보여주면 됩니다. 데이터 기반으로 의사결정을 한 디자인이 사용자에게 좋은 평가를 받는 상황을 만들면 됩니다.

여기에는 약간의 작전이 필요합니다. 먼저 혼자 사부작거리며 몰래 데이터를 모읍니다. 할 수 있는 것만 하면 됩니다. "제 생각에는 사용자가 50대 남성이니 파란색을 좋아할 것이라는 가정하에…"로 시작하지만 않으면 됩니다. "우리의 타깃 고객은 50대 남성이며 그들은 아날로그에서 디지털로 넘어온 세대입니다(사용자 특성 분석). 아날로그 시대에는 색상이 주는 고정적인 이미지가 사회 전반에 통용되었습니다. 빨간색은 위험, 파란색은 안전과 같이 고정값이 있었습니다(사용자의 세대적 특징 분석). 우리 인간은 특정 인식이 고착화되면 성인이 되어 바뀌기 쉽지 않습니다(인간 고유 특성 적용). 따라서 그들에게 우리 서비스가 신뢰할 만하다는 것을 인지시키기 위해 파란색이 가장 좋습니다"라고 주장하면 됩니다. 지금 제가 예시로 든 주장은 모두 데이터를 기반으로 합니다. 데이터라고 해서 숫자만 있고 회사 내부에만 있고 그런 것은 아닙니다.

두 번째 방법은 그들의 가치관을 바꾸려 하지 않고 내 디자인을 지키는 데 집중하는 것입니다. 세상에 절대적인 정답은 없습니다. 데이터 기반 의사결정이든, 직관 기반 의사결정이든 모두 하나의 방식일 뿐이며 무엇이 100% 옳고 그르다고 할 수 없습니다. 우리는 누구나 자신이 옳다고 생각하는 것을 믿으며 삽니다. 그래서 다양한 것이죠.

그들의 업무 방식을 존중하며 내 디자인만 지킵시다. 회사 안에서 인정받기보다는 외부에서 인정받을 수 있도록 역량을 기르는 것이 중요합니다. 업무가 주어지면 반드시 목표를 확인하고 그 목표에 맞는 사용자 특성을 분석합니다(프로젝트 배경, 목적, 목표에 관한 것은 5장에서 다룹니다). 참고할 내부 데이터가 없다면 내가 알고 있는 지식이나 검색을 바탕으로 데스크 리서치[1]를 합니다. 이렇게 수집한 정보를 기반으로 화면을 만들되 굳이 그들에게 설명하지 않습니다. 이미 스스로 데이터 기반의 의사결정을 내린 것이기 때문에 그 자체로

---

1 사용자를 직접 만나지 않고 인터넷이나 신문, 서적 등을 이용해 정보를 모으는 것

훌륭한 포트폴리오가 됩니다. 그리고 이 경험은 데이터 기반 의사결정을 중시하는 환경으로 나아가는 데 발판이 되어줄 것입니다.

둘째, 조직도를 살펴본다

회사에 들어가면 제일 먼저 조직도를 살펴봅니다. 리더가 어떠한 성향이든 상관없습니다. 각 부서가 어떤 일을 하는지, 어떤 데이터를 품고 있을지 짐작해보기 위해서입니다.

조직도는 기업의 지도입니다. 기업은 항상 달성 목표가 있고 조직도는 목표 달성에 가장 부합하는 형태로 구성됩니다. 그래서 조직도를 보면 각 부서가 어떤 역할을 맡고 있는지 알 수 있습니다. 기능 조직[2]이라면 업무별로 팀이나 부서가 나뉘어 있을 것입니다. 이런 경우 마케팅팀이라면 고객 유입과 관련된 데이터를, CS팀이라면 고객의 불만사항이나 요구사항 데이터를 관리하고 있을 가능성이 높습니다. 목적 조직[3]이라면 팀이나 부서 이름이 서비스 기능에 맞춰져 있을 것입니다. 그러면 각 팀이나 부서의 서비스를 이용하는 고객 정보를 관리하고 있을 가능성이 높습니다.

셋째, 각 팀별로 데이터를 어떻게 수집·관리하고 있는지 확인한다

조직도를 통해 내가 원하는 데이터를 품고 있을 것이라고 예측되는 팀을 확인했습니다. 그러면 이제 실행에 옮겨야 합니다. 그 팀에 접근해 원하는 데이터를

---

2 마케팅팀, 개발팀, 디자인팀, 기획팀과 같이 '업무의 종류'에 따라 부서를 나눈 조직 형태
3 당근마켓 안에 '부동산', '동네생활'로 나뉘듯이 하나의 프로덕트 안에 다양한 서비스/기능이 있을 때 '서비스/기능의 목적'에 따라 부서를 나눈 조직 형태

얻어내는 것이죠. 다짜고짜 팀에 가서 '데이터 내놓으쇼' 하면 얻을 수 없습니다. 자신과 관련 없는 사람이 자신과 관련 없는 일을 요청하면 시간과 에너지를 들여 도와주기란 흔치 않습니다. 그러니 먼저 관계를 맺는 시간이 필요합니다. 평소 내성적이라면 용기가 조금 필요할 수 있습니다.

출근하면 바로 작업을 시작하지 말고 라운지에서 서성거려 봅니다. 아침에 출근하면 대부분 커피를 타거나 텀블러를 씻으러 라운지에 옵니다. 일부러 컵을 천천히 씻기도 하고 커피를 세월아 네월아 타기도 하며 조직도를 통해 눈여겨본 팀의 구성원이 라운지에 나타나길 기다립니다. 아, 얼굴을 어떻게 아냐고요? 입사하면 팀을 돌아다니며 인사를 나누는 경우가 있는데 그때 최대한 정보를 습득해놓습니다. 또는 팀원에게 물어보는 방법도 있습니다. 라운지에 그들이 나타나면 자연스럽게 접근해 인사하고 저를 소개합니다. 얼굴을 익히고 약간의 친밀감을 쌓은 다음, 내가 지금 어떤 데이터가 필요하며 이유는 무엇인지 충분히 설명하고 그것을 어디서 찾을 수 있는지 물어봅니다. 상황에 따라 메일이나 메신저로 물어도 되지만 서로 시간이 된다면 티타임을 제안해 차를 마시며 좀 더 자세히 설명하고 요청하는 것이 가장 좋습니다. 여기서 끝내면 안 됩니다. 오는 것이 있으면 가는 것도 있어야 하는 법, '제가 도울 일이 있을 경우 언제든 찾아달라'고 말해두면 그들도 제가 필요할 때 도움을 요청합니다. 그렇게 서로 자연스럽게 협업하고 그 과정에서 데이터는 새롭게 재정의되며 내가 원하는 대로 수집할 수 있게 됩니다.

만약 '도저히 그렇게 못하겠다, 나는 누군가에게 절대 그렇게 먼저 다가갈 수 없다, 다른 방법이 없냐'고 물으신다면 '아주 소수의 데이터 수집만 가능해도 괜찮다면 그리고 그 데이터를 혼자서 잘못 해석해도 괜찮다면 아무와도 소통하지 않고 혼자서 노션이나 피그마, 각종 공용 폴더나 스프레드시트 등을 뒤져가며 찾아도 된다'고 말씀드리겠습니다.

앞서 수집하는 데이터의 종류와 형태는 팀별로 다르다고 했습니다. 제가 경험한 회사들을 떠올려보면 어떤 회사의 CS팀은 VOC 데이터를 슬랙이라는 메신저 프로그램으로 메시지를 주고받으며 보관하고 있었고 또 다른 회사의 CS팀은 CRM 프로그램과 구글 스프레드시트를 혼용하여 관리, 보관하고 있었습니다. 어떤 회사의 사업팀은 고객 정보를 엑셀로 관리하고 있었고 어떤 회사의 영업팀은 구글 스프레드시트와 어드민을 혼용하여 기록, 관리하고 있었습니다. 이것을 흔지시는 제대로 파악할 수 없습니다. 반드시 담당자의 도움이 있어야만 빠짐없이, 편향 없이 파악할 수 있습니다. 간혹 .hwp 한글 문서를 쓰는 곳도 있는데 맥을 쓰는 저로서는 해당 문서를 아예 열어볼 수 없어 곤혹스럽기도 했습니다. 이럴 때는 윈도우를 쓰는 동료와 최대한 빨리 친해져서 파일 변환을 부탁하곤 했습니다.

여기서 팁은 부탁할 일이 있으면 약 2주 전부터 '목적 없는 티타임'을 요청하는 것입니다. 그래야 친분이 생긴 다음 부탁하는 형태가 됩니다. 첫 티타임부터 부탁하면 누구나 '아, 다 목적이 있었네. 그럼 그렇지'라고 생각하기 쉽고 이런 경우는 친분으로 발전하기 어렵습니다.

넷째, 발견한 데이터를 나에게 맞게 정리정돈한다

무작정 모든 데이터를 수집하고 정리하려 하면 시간만 낭비하게 됩니다. 먼저 UX/UI 디자이너, 프로덕트 디자이너인 나에게 필요한 데이터가 무엇인지 정의하고 선별해야 합니다. 그런 다음 나에게 맞는 방식으로 정리정돈을 시작합니다. 도구에 정답은 없으며 다 같이 보는 데이터가 아니기에 나에게 가장 효율적인 조합으로 쓰면 됩니다. 저는 구글 스프레드시트+노션+피그마를 조합해 사용합니다. 각 도구의 장점과 단점을 서로 보완하기 위해서입니다.

프로젝트별로, 비즈니스 목표별로, 상황별로 필요한 데이터는 모두 다르지만 언제든 쓸모 있는 데이터를 범용으로 수집해두면 그때그때 사용하기 편리합니다.

[수집해놓으면 언제든 쓸모 있는 프로덕트/서비스 데이터]

(1) 월별 방문자 수, 일별 방문자 수, 평일과 주말에 따른 방문자 수, 시간대별 방문자 수, 첫 방문자 수, 재방문자 수

구글 스프레드시트에 내림차순, 오름차순 필터를 걸어서 볼 수 있게 해두면 좋습니다. 또한 추이를 살펴보기 위해 구글 스프레드시트에서 제공하는 통계표로 시각화해두는 것도 좋습니다(어렵지 않습니다. 클릭 몇 번으로 가능하며 방법도 검색해서 금방 알 수 있습니다).

(2) 페이지별 조회 수, 이탈 수

구글 스프레드시트에 내림차순, 오름차순으로 볼 수 있도록 필터를 걸어 정리해둡니다. 대부분 랜딩페이지 조회 수가 제일 높기 때문에 랜딩페이지 외에 인기가 많은 페이지가 어디인지 확인해야 합니다. 더불어 이탈하는 것도 랜딩페이지가 제일 높습니다. 랜딩페이지 외에 어느 페이지에서 제일 많이 이탈하는지 확인해야 합니다. 페이지별 조회 수와 이탈 수는 함께 보면서 다양하게 추측해보는 것이 좋습니다.

(3) 주요 플로별 퍼널 수치

GA4$^{\text{Google Analytics 4}}$ + 구글 스프레드시트 + 피그마 조합을 이용합니다. GA4가 설치되어 있다면 각 페이지/화면별로 방문자 수가 자동으로 잡힙니다. 회원가입 플로^{flow}, 회원 정보 수정 플로, 상품 결제 플로와 같이 목적을 기반으로 플로를 미리 만들어둔 뒤 해당 플로별로 페이지/화면 방문자 수를 GA4에서 확인합니다. 그리고 구글 스프레드시트에 수치를 적어둡니다. 그런 다음 피그마를 열어 주요 플로에 따른 화면을 배치해놓고 각 화면을 퍼널 지점으로 잡아 퍼널 수치를 적어두면 보기 편리합니다. 물론 피그마 작업은 해도 되고 안 해도 되지만 저는 한눈에 파악하기 위해 이렇게 해두는 편입니다. 시간이 소요되는 직업이라 모든 플로를 다 하기보다는 '우리 서비스/프로덕트에 핵심'인 플로만 하면 됩니다.

(4) 기기/환경별 정보

구글 스프레드시트에 내림차순, 오름차순으로 볼 수 있도록 필터를 걸어 정리해둡니다.

[수집해놓으면 언제든 쓸모 있는 사용자 데이터]

(1) 회원 수, 회원 성별과 연령, 그 외 회원가입 시 받는 정보

구글 스프레드시트에 내림차순, 오름차순으로 볼 수 있도록 필터를 걸어 정리해둡니다.

(2) 회원 형태별 매출액

구글 스프레드시트에 내림차순, 오름차순으로 볼 수 있도록 필터를 걸어 정리해둡니다.

사용자 데이터는 개인 정보가 들어있기에 조심스럽게 접근해야 합니다. 개인을 특정할 수 있는 정보는 수집해서는 안됩니다.

[사용자 행동 데이터]

(1) VOC/리뷰/문의 내용

노션에 날짜별, 유형별로 정리해두면 좋습니다.

(2) 사용자 인터뷰 기록, 내부에 고객을 많이 만나는 팀이 알려준 사용자 특성

노션에 유형별로 정리해두면 좋습니다.

[경쟁사 서비스 분석 자료]

(1) 경쟁사의 주요 기능 리스트

노션 또는 피그마에 정리해둡니다. 바쁠 때는 그냥 캡처해서 피그마에 붙여 넣고 그 옆에 설명을 써 넣기도 했습니다.

(2) 경쟁사의 주요 기능 유저 플로

캡처하여 피그마에 플로대로 정리해두면 좋습니다.

(3) 경쟁사의 리뷰/평가 데이터

저는 한눈에 보고 싶어서 캡처해서 피그마에 정리해두곤 합니다. 하지만 검색과 업데이트가 불편하다는 단점이 있으니 빠르게 검색해서 보고 싶을 때는 노션이나 구글 스프레드시트를 이용하는 것도 괜찮습니다.

(4) 경쟁사의 차별화 포인트

정답을 적는 것이 아니라 내가 참고할 분석 자료를 적는 것이니 연습장처럼 쓰는 것이 필요하여 저는 피그마에 정리해서 생각을 뻗어나갑니다.

그리고 수집한 데이터에 대한 추론과 인사이트를 기록해둡니다. 예를 들자면 이런 식입니다.

기록 1
- 현상: 30대~40대 여성 사용자의 접속률이 저녁 8시~10시에 높다.
- 추론: 이 시간대는 육아나 퇴근 이후 개인 시간이 생기는 시점으로 상품 탐색이나 쇼핑에 집중할 수 있는 여유가 생기는 시간대일 수 있다.

기록 2
- 현상: 10대~20대 접속자 수는 많으나 정작 결제 금액은 30대가 크다.
- 추론: 10대~20대는 관심은 많지만 구매력은 낮고, 30대는 관심뿐 아니라 실제 구매력까지 갖춘 핵심 고객일 가능성이 있다.

기록 3
- 현상: 구매 패턴을 보니 밤 10시~12시 사이에 구매한 후 아침 7시~9시 사이에 환불하는 경우가 몇 건 눈에 띈다. 주로 20대에서 나타난다.
- 추론: 밤늦은 시간에 충동구매한 뒤, 다음날 아침 환불을 결정하는 패턴일 수 있다. 이 연령대의 구매 결정은 즉흥적이고 감정적일 가능성이 있다. 나도 그런 적이 있다.

이렇게 데이터를 수집하고 추론한 내용을 나만의 도구에 기록해두면 추후 디자인 의사결정이나 기능 기획 시 빠르게 근거 자료로 활용할 수 있습니다. 또한 시간이 지나도 이 데이터를 왜 모아뒀는지 기억할 수 있죠.

추가로 내부 데이터는 데이터 업데이트 주기를 정해두는 것이 좋습니다. 오래된 데이터는 현재 상황을 반영하지 못할 수 있으므로 최신 데이터를 갱신하는 것이 중요합니다. 월 1회 정도가 적당하지만 사용자가 많거나 실험을 자주 하고 변화가 빠른 곳이라면 2주에 1회 빈도로 갱신해야 할 수도 있습니다. 정답은 없으니 상황에 맞춰 내가 '주기적으로 업데이트'만 해주면 됩니다.

여기서 한발 더 나아가 협업 모드의 길을 터놓으면 좋습니다. 이렇게 모아서 정리한 데이터를 해당 데이터를 준 동료들에게 공유하면 됩니다. 그리고 같이 뭔가를 해볼 만한 것이 있으면 좋겠다는 뉘앙스를 덧붙이는 것입니다. 실제로 사용자 경험 설계는 혼자서 하기보다는 다른 팀과 협업해 진행하는 것이 좋습니다. 회원가입이든, 상담 신청이든, 결제 관련이든 결국 그 구간에서의 결과물은 다른 팀의 성과로도 이어지기 때문입니다. 물론 필수는 아닙니다. '내가 필요해서 이렇게 정리했으니 언제든 필요하다면 함께 보면 좋겠다'라는 취지로 먼저 공유하는 것만으로도 충분합니다. 그러면 시간 내서 데이터를 전달해준 동료들도 보람을 느끼고 마음을 엽니다. 데이터는 없는 것이 아니라 발견되지 않은 것입니다. 아무도 발굴하지 않아 어딘가 묻혀 잠자고 있는 유물 같은 것이죠. 그러니 발견하는 것까지만 해도 괜찮습니다.

UX/UI 디자이너, 프로덕트 디자이너가 알아야 할 진실

01
데이터에는 답이 아닌 사용자에게
던지는 질문이 담겨 있다

데이터를 기반으로 디자인 의사결정을 처음 시도할 때 많은 분들이 이런 기대를 갖곤 합니다.

> "데이터만 보면 뭘 어떻게 해야 할지 바로 알 수 있겠지?"
> "이 안에 정답이 있겠지?"

데이터 입장에서는 조금 난감할 수 있습니다. 왜냐하면 데이터는 정답을 가지고 있지 않기 때문입니다. 오히려 질문을 품고 있습니다. 그것도 단순한 질문이 아니라 '사람'에 대한 질문 말이죠.

예를 들어 디자이너가 '페이지별 이탈률' 데이터를 받았다고 해보겠습니다. 다른 페이지의 이탈률은 평균 10%~30%인데 특정 페이지만 이탈률이 약 80%인 것을 발견했습니다. 답을 찾는 UX/UI 디자이너 또는 프로덕트 디자이너는 '이 페이지에는 이탈을 유발하는 문제가 반드시 있다'라는 결론을 내립니다. 그러고는 갑자기

레이아웃, 컬러, 폰트, 버튼 크기, 문구 등을 수정하기 시작합니다. 하지만 정말 데이터는 '이 페이지에는 이탈을 유발하는 문제가 분명히 있다'라는 정답을 가지고 있었던 걸까요? 아닙니다. 사실 데이터는 질문을 건네고 있었습니다.

- 사용자들은 이 페이지에 어떤 기대를 가지고 왔을까?
- 그들이 찾으려 했던 정보는 무엇이었을까?
- 그들은 이전 페이지에서 무엇을 보고 이 페이지로 왔을까?
- 그들은 왜 하필 이 구간에서 떠나기로 결정했을까?
- 그들은 떠난 뒤 다시 왔을까? 아님 다시는 오지 않았을까?

이 질문들을 잘 들여다보면 공통점이 하나 있는데 바로 모든 질문의 주어가 사람이라는 점입니다. 화면 디자인이나 특정한 기능보다는 그것을 사용하는 사람을 먼저 이해해야 하기 때문입니다. 그래서 데이터를 기반으로 UX 디자인을 할 때 가장 먼저 해야 할 일은 '여기 버튼 클릭률이 왜 낮지?'가 아니라 '사용자는 이 버튼을 왜 누르지 않았지?'라고 질문하는 것입니다. 주어에 기능 대신 사용자를 두면 자연스럽게 사용자를 궁금해하는 질문으로 바뀝니다. 그러면 질문의 범위는 화면을 넘어 훨씬 넓은 지점까지 확장됩니다.

- 사용자는 왜 많은 커머스 가운데 우리 서비스를 이용하는 걸까?
- 사용자는 왜 헤어디자이너라는 직업을 선택한 걸까?
- 사용자는 왜 반려동물을 키우기 시작한 걸까?
- 사용자는 왜 갤럭시가 아니라 아이폰을 고집하는 걸까?

왜 이렇게 사용자의 행동을 궁금해하는 것이 중요할까요? 바로 진정한 문제 해결이 가능해지기 때문입니다. 표면적인 데이터만 보고 디자인을 수정하면 임시방편에 그치기 쉽습니다. 하지만 사용자 행동의 근본적인 동기와 맥락을 이해하면 그들에게 진정으로 필요한 솔루션을 제공할 수 있습니다.

예를 들어 결제 페이지의 이탈률을 개선한다고 가정하겠습니다. 문제를 찾기 위해 화면이나 특정 기능만을 본다면 '결제 버튼을 못 찾아서 이탈했다'와 같은 답을 찾기 쉽습니다. 그리고 버튼을 수정하겠죠. 그러나 사람을 향해 질문한다면 '결제 전 배송비를 확인하고 싶었는데 찾지 못해서 이탈했다'와 같은 답을 얻을 수 있습니다. 그러면 결제 전에 배송비 정보를 잘 보이게 배치하여 그들에게 정말 필요한 솔루션을 제공해줄 수 있게 되는 거죠.

가상의 서비스 '냥냥북스'의 예시로 자세히 알아보겠습니다. '냥냥북스'는 앞으로 이 책 전반에 걸쳐 등장할 가상의 서비스입니다. '냥냥북스'와 함께 '냥아치잡화점'이라는 플랫폼도 등장합니다. 이 두 개의 서비스를 운영하는 회사는 '냥펀치로켓'이며 현실에 존재하지 않지만 설정만큼은 '우리 회사 얘기인가?' 싶을 정도로 현실을 반영하였습니다.

[가상의 앱 서비스 '냥냥북스' 소개]
- 회사명 '냥펀치로켓': 고양이 용품 스토어 '냥아치잡화점'으로 시작한 지 4년. 안정적인 매출을 발판 삼아 '냥냥북스팀'을 새롭게 꾸려 신규 프로덕트인 '냥냥북스'를 론칭했습니다. 회사 성장을 위해 시리즈 A 투자 유치를 준비하고 있습니다.

- 회사 구성원: 냥냥북스팀 총 4명을 비롯해 냥아치잡화점팀, 마케팅팀, 편집팀, CS팀, 경영지원팀으로 구성되어 있습니다. 구성원은 20명 미만입니다.
- 프로덕트 '냥냥북스': 고양이 집사용 콘텐츠 서비스로 집사들에게 도움이 되는 각종 칼럼, 경험담, 책, 모임과 같이 지식/경험 기반의 콘텐츠를 모아 서비스하는 앱입니다.
- 냥냥북스팀: 프로덕트 디자이너 김아홉을 비롯해 프로덕트 매니저 구경수, 프론트 개발자 정재민, 백엔드 개발자 박소희 이렇게 총 4명으로 구성되어 있습니다.
- 프로덕트 디자이너 김아홉: 아홉은 냥냥북스팀에서 데이터를 활용하여 디자인 의사결정을 하는 방법과 감각을 익혀가는 중입니다.
- 프로덕트 매니저 구경수: '냥냥북스팀'의 리더입니다. 데이터 기반의 의사결정을 중요하게 생각합니다. 주된 역할은 프로덕트 전략 수립, 비즈니스 목표 설정, 지표 관리, 팀 리딩입니다. 프로젝트를 진행할 때는 PRD[1] 문서를 작성해서 팀과 리뷰하여 프로젝트를 진행합니다. UX/UI 디자인에는 세세하게 관여하지 않지만 사용자 경험을 중요하게 생각하기 때문에 의견은 활발하게 내는 편입니다. UX 디자인과 직접적인 연관이 있는 유저 플로 기획과 화면 기획은 프로덕트 디자이너인 김아홉의 역할이라 생각하여 관여하지 않습니다. 큰 틀의 서비스 기획은 김아홉과 논의해가며 상위 정책, 화면 정책을 함께 만들어갑니다.
- 냥아치잡화점팀: UX/UI 디자이너 연초록을 비롯해 프로덕트 매니저인 박태진, 프론트 개발자 이희용, 백엔드 개발자 최민호 이렇게 총 4명으로 구성되어 있습니다.
- UX/UI 디자이너 연초록: 초록은 냥펀치로켓에 입사하여 2년간 냥아치잡화점팀에서 콘텐츠 디자이너로 일하다가 UX/UI 디자이너로 전향하는 인

---

[1] Product Requirements Document, 제품의 요구사항을 정의하는 문서

물입니다. 아무것도 모르지만 아홉의 도움과 집요한 성격의 콜라보 덕분에 데이터를 활용하여 UX/UI 디자인 의사결정을 하나씩 시작합니다.

- 프로덕트 매니저 박태진: 냥아치잡화점팀의 리더입니다. 직관과 경험 기반의 의사결정을 중요하게 생각합니다. 프로덕트 방향성 설정, 지표 관리, 팀 리딩, 플로 차트, 화면 기획, IA 구조 짜기, 서비스 상위 정책 작성, 화면 정책서 작성이 주요 업무입니다. 프로젝트를 진행할 때는 화면 기획까지 마친 와이어프레임을 디자이너에게 넘깁니다.

- 회사 대표의 의사결정 성향: CEO는 데이터 기반의 의사결정에 크게 관심이 없습니다. 고양이 집사로서 자신의 경험을 기반으로 차린 '냥아치잡화점'이 성공했기 때문에 지식과 경험이 결합된 직관 기반으로 의사결정하는 것을 더 선호합니다.

- 냥펀치로켓 회사의 업무 환경: 냥펀치로켓에는 데이터 분석가도 없고 사용자 리서처도 없습니다. 한 회사이지만 냥냥북스팀의 리더와 냥아치잡화점팀의 리더는 의사결정 성향이 다르고 업무 진행 방식도 다릅니다. 이는 곧 디자이너에게 전가됩니다.

아홉은 주간 회의가 끝난 뒤 한참을 자신의 자리에 멍하니 앉아 있었습니다.

PM인 경수가 공유한 '냥냥북스 회원가입자 수 증대 로드맵'이 계속해서 그의 머릿속을 맴돌았기 때문입니다. 경수의 발표에 따르면 냥냥북스팀은 다음 분기까지 회원가입자 수를 50% 증가시켜야 투자자에게 좋은 지표를 보여줄 수 있습니다. 첫 번째 로드맵에 있는 프로젝트를 시작하려면 우선 경수의 전략 기획이 나와야 했습니다. 그 안에 아홉은 뭔가를 해보고 싶었습니다.

'어떻게 하면 회원가입자를 늘릴 수 있을까?' '뭐부터 해야 하지?' 아홉은 머리를 긁적이며 자료를 뒤적였습니다. 데이터 분석가나 유저 리서처가 없는 작은 스타트업이었기에 UX 디자인에 필요한 자료와 분석은 직접 해야 했습니다.

아홉은 CS팀에 고객 문의 자료를 받을 수 있는지 물었습니다. 정리해놓은 것은 따로 없고 구글 스프레드시트에 날짜, 상담 상태 같은 것만 체크해둔 로 데이터_{raw Data}가 있다는 답변을 받았습니다. 아홉은 권한을 요청해 데이터를 하나씩 보기 시작했습니다. 문의글이 주제별로 정리되어 있지 않아 불편했지만 문의 내역이 아직 많지 않아 볼 만했습니다. 앱을 언급한 내용 위주로 확인했는데 그중 북마크에 대한 내용이 눈에 띄었습니다.

- 제가 찜한 책 어디서 봐요? 아무리 찾아봐도 안보여요.

- 북마크했는데 사라졌어요.

- 고양이 집사로서 꼭 필요한 서비스인 것 같습니다. 유용한 콘텐츠가 많네요. 그런데 저장해둔 콘텐츠들은 어디서 봐야 하는지 모르겠어요.

이것이 회원가입과 연결될 수도 있겠다는 생각이 들었습니다. 왜냐하면 지금 냥냥북스는 회원가입을 안 해도 북마크를 할 수 있게 되어 있기 때문입니다.

'지금은 회원이 아니어도 북마크가 가능해. 하지만 북마크한 걸 보려면 로그인을 해야만 볼 수 있어. 그럼 북마크를 많이 하게 만들면 회원가입도 늘어나지 않을까?'

아홉은 자신의 생각을 확인해보고 싶었습니다.

'냥냥북스에 GA4가 심어져 있다고 했지. 한번 볼까?'

아홉은 이 곳의 면접을 보던 날을 떠올렸습니다. 이 회사에 오기 전 수많은 곳이 면접을 봤지만 경수만 유일하게 아홉의 질문에 똑바로 대답해주었습니다.

"사용자 데이터를 볼 수 있냐고요? 물론입니다. 저는 데이터를 기반으로 의사결정하는 사람입니다. 그래서 프로덕트 디자이너도 데이터에 관심을 가지고 UX를 설계하는 분을 찾고 있습니다. 아, 경험이 없는데 괜찮냐고요? 괜찮습니다. 같이 성장하면 되니까요. 저는 의지와 관심이 더 중요하다고 생각합니다.

이전 프로덕트 디자이너가 GA4를 설치해뒀어요. 사용자 반응을 보고 싶은 곳에 클릭 이벤트도 세팅해놨는데 미국 테크 스타트업에 합격해 갑자기 이직하는 바람에 결과를 못 보고 갔어요. 많이 아쉬워했는데 아홉 님이 와서 잘 활용해주면 그분도 분명 좋아할 겁니다."

면접을 마치고 집에 돌아오는 길에 경수에게 합격 메일을 받았고 그 자리에서 수락한 아홉은 입사 전날까지 온라인 강의로 GA4를 배웠습니다.

'그래, 배웠으니 할 수 있어. 해보자!'

아홉은 GA4에 로그인하여 찜하기 기능과 관련된 데이터를 확인해보기로 했습니다. 배우긴 했으나 실제로 사용해본 경험이 없어 조금 막막했지만 사내에는 딱히 물어볼 사람이 없었습니다. 경수에게 물어볼까 했지만 이미 경수는 '자신은 GA4를 잘 모른다고, 자신이 보는 지표는 서버에서 바로 수집한다'고 했습니다. 웹에서 검색하며 여러 메뉴를 헤매다가 마침내 북마크 클릭 수를 확인하는 이벤트로 추정되는 클릭 이벤트명을 찾았습니다.

'이벤트명이 이거인 것 같아. 어디 보자… 북마크 클릭 이벤트 발생 횟수가… 총 방문자 수 대비 7%?' 아홉은 데이터를 보며 놀랐습니다. '이렇게 낮다고? 아, 전체 사용자로 보면 안 되고 신규 사용자만 봐야겠구나. 신규 사용자로만 설정해서 다시 보자. 흠… 1%? 진짜 낮네… 지금 북마크 아이콘이 너무 눈에 안 띄어서 그런가?'

아홉은 피그마를 열고 북마크 아이콘을 들여다봤습니다. 확실히 눈에 띄지 않았습니다. 아이콘 위치를 변경하고 색상을 바꾸는 등 디자인을 수정하기 시작했습니다.

'이러면 눈에 잘 띄니 사용자들이 더 많이 사용할거야. 아니, 아예 북마크를 사용하라고 툴팁도 넣을까?'

그때 대표님과 미팅을 마치고 지나가던 냥냥북스팀의 PM인 경수가 잠시 멈춰섰습니다.

"오, 새로운 디자인 작업 중이시네요?"

"네, 경수 님이 제품 전략 기획하는 동안 조금이라도 회원가입자를 늘릴 수 있지 않을까 하고요. 우리 앱이 비회원도 북마크가 가능하잖아요. 신규 사용자가 이것저것 보다가 마음에 드는 콘텐츠에 북마크한 뒤 그걸 확인하려 할 때 회원가입을 유도하고 있으니 이걸 잘 활용하면 아무래도 지금보다 회원가입을 더 많이 하지 않을까요? 그런데 GA에서 데이터를 봤더니 북마크 클릭이 너무 적더라고요. 아이콘이 눈에 안 띄어서 그런 것 같아요. 좀 수정해보고 있어요."

경수는 고개를 끄덕였습니다. "그럴 수 있겠네요. 냥냥북스에는 고양이 집사에게 유용한 콘텐츠가 많아서 조금만 둘러보면 북마크를 해놓고 싶잖아요. 아, 저는 그런데 요즘 책 고를 때 보고 싶은 게 너무 많아서 고민이에요. 마음에 드는 책은 일단 따로 모아두고 싶은데 메노상에 매번 제목을 적어놓고 다음에 안 보거든요. 뭐 좋은 방법 없을까요?"

경수는 가볍게 이야기를 나눈 뒤 자리로 돌아갔습니다. 그런데 이 대화가 아홉의 머릿속에 불꽃을 일으켰습니다.

'잠깐만, 그러고 보니 우리 사용자들은 회원가입도 하기 전인데 콘텐츠를 북마크하네. 왜지? 그리고 북마크해놓은 건 회원가입해서 다 보나? 고양이 집사들은 무슨 콘텐츠를 보고 싶어 하는 거지?'

머릿속에 질문이 마구 떠올랐습니다. 북마크 기능 자체보다는 그 기능을 사용하는 사람에 대한 질문들이었습니다. 궁금한 게 많아진 아홉은 아까 그 문의 내용을 다시 읽어봤습니다.

- 제가 찜한 책 어디서 봐요? 아무리 찾아봐도 안 보여요.

- 북마크했는데 사라졌어요.
- 고양이 집사로서 꼭 필요한 서비스인 것 같습니다. 유용한 콘텐츠가 많네요. 그런데 저장해둔 콘텐츠들은 어디서 봐야 하는지 모르겠어요.

이제 보니 이 질문들은 모두 북마크 기능이 아닌 북마크 후의 경험에 대해 이야기하고 있었습니다.

'기능의 불편함을 말하고 있길래 그게 정답인 줄 알았는데 아니었구나. 정작 그 기능을 쓰는 사용자를 안 봤네…' 아홉은 자신의 접근 방식이 너무 단순했음을 깨달았습니다.

그는 로그인되어 있던 냥냥북스 앱을 로그아웃한 뒤 직접 북마크 기능을 사용해봤습니다. 고양이 집사는 아니지만 집사라면 궁금해할 만한 제목의 책과 콘텐츠가 여러 개 보였습니다. 홈 화면에 있는 콘텐츠 섬네일 우측의 북마크 버튼을 클릭했더니 '북마크에 추가되었습니다'라는 메시지가 떴습니다. 그러나 그뿐이었습니다. 어디에서 확인해야 할지도 모르겠고 회원가입을 해야만 볼 수 있는지도 알 수 없었습니다. 왜냐하면 비회원에게는 홈 화면만 보여서 북마크한 걸 확인하는 데가 보이지 않았고 회원가입을 해야만 북마크를 볼 수 있다는 사실도 안내되지 않았기 때문입니다.

'아… 지금 북마크 버튼이 문제가 아니라 북마크한 후가 문제구나. 이래서는 아무리 버튼을 지지고 볶는다 한들 사용자들이 다시 쓰진 않을 거야. 회원가입으로 이어지지도 않을 거고.'

다음날 아홉은 작업을 다시 시작했습니다. 비회원이 북마크를 클릭하면 '저장했어요! 더 많은 콘텐츠를 저장하고 언제든지 볼 수 있게 회원가입하기'라는 메시지와 함께 회원가입 버튼이 있는 팝업을 노출했습니다. 그들이 당장 회원가입을 하지 않더라도 언제든 북마크한 콘텐츠를 볼 수 있다고 알아차릴 수 있게 홈 화면 상단에는 '나의 북마크'라는 메뉴도 추가했습니다. 그 메뉴를 클릭하면 '회원가입하고 확인하기'라고 써 있는 토스트 팝업을 노출했습니다.

일주일 후, 아홉은 팀 회의에서 자신의 디자인을 리뷰했습니다. "북마크 기능을 개선해 회원가입자 수를 늘리고자 했습니다. 처음에는 북마크 버튼 자체의 문제라고 생각했지만 CS팀 고객 문의 데이터와 직접 경험을 통해 북마크 후 경험이 불완전하다는 것을 발견했습니다. 비회원도 북마크할 수 있지만 그걸 어디서 확인하는지 안내가 없었거든요."

경수가 고개를 끄덕이며 말했습니다. "좋은 접근이네요. 개선안이 빨리 적용되면 좋겠습니다."

아홉은 자리로 돌아와 데이터를 살펴보던 시간을 떠올렸습니다. 정답보다는 사용자에게 던질 질문을 찾아야 한다는 사실을 조금 배운 것 같았습니다.

02
사용자의 목소리가 모두 정답은 아니다

UX 디자인에서 사용자 피드백은 필수입니다. 그래서 우리는 설문조사, 리뷰, 고객 응대 자료, 유저 인터뷰 등에서 사용자의 목소리를 찾곤 하죠. 하지만 모든 사용자 피드백이 유용하거나 의미 있는 통찰로 이어지는 것은 아닙니다. 오히려 잘못된 사용자 피드백에 지나치게 의존하면 서비스 품질이 낮아지거나 이도 저도 아닌 제품이 되어버리기도 합니다. 최악의 경우엔 사용자 목소리만 믿고 제품이나 서비스를 시장에 내놓았는데 그들의 말과 다르게 시장에서 외면받아 역사의 뒤안길로 사라져버리기도 합니다. 사용자의 목소리를 왜 그대로 믿으면 안 될까요? 크게 네 가지 이유가 있습니다.

사용자는 다양하기 때문에 요구사항이 모순되기 쉽다

서비스는 하나여도 이용하는 사람은 다양하며 각각 조금씩 다른 이유로 해당 서비스를 이용합니다. 모든 사용자가 똑같은 니즈와 기대를 가지고 있지 않아요. 각 사용자의 경험은 개인의 상황에 따라 다르기 때문에 피드백이 서로 충돌하거나 상반되기도 합니다. 어떤 사용자는 기능을 더 단순화해 달라고 요청하는 반면 다른 사용자는 기능을 더 추가해 달라고 할 수도 있습니다. 음악 스트리밍 서비스에서 어떤 사용자는 '재생 목록 추천 기능이 너무 많아서 복잡하다'고 하는 반면 다른 사용자는 '더 다양한 맞춤 추천이 필요하다'고 하는 등 서로 상반된 요구사항이 동시에 들어올 수 있는 거죠. 이런 모순적인 피드백을 무작정 반영하면 제품의 핵심 방향성을 잃을 수 있습니다.

사용자 피드백이 소수의 의견일 수 있다

우리는 문제가 없을 때는 아무 말도 하지 않고 넘어갑니다. 요구사항이나 불만사항은 오히려 문제가 생겼을 때 말합니다. 또는 이용하는 데 크게 불편하지 않으면 내 의사를 전달하기 귀찮아서라도 그냥 이용하기도 하고요. 반대로 너무 마음에 안 들 경우 의사 전달을 하지 않은 채 서비스를 떠나버리기도 합니다. 또 어떤 사용자는 다른 사용자에 비해 기능의 세부사항에 더욱 민감할 수 있습니다. 상대방이 세세하게 말할수록 우리는 그 기능이 정말 문제처럼 인식되어 '이 문제를 해결해야만 해'라고 생각하기 쉽습니다. 서비스가 너무 마음에 들어서 큰 목소리로 애정을 드러내는 사용자 역시 있습니다. 이런 경우 그 하나의 목소리가 너무 달콤해 서비스를 만드는 사람은 '모두 이 사용자와 같은 목소리를 내고 있다'라고 착각하기 쉽습니다.

어떤 목소리든 고객의 소리는 대부분 적극적인 성향을 가진 사용자들이 냅니다. 그들이 모든 사용자를 대표하는 것이 아님에도 소수의 니즈를 다수의 니즈로 착각하여 이들의 의견을 전부 수용하면 정작 조용히 잘 이용하던 다수의 사용자를 잃을 수도 있습니다.

사용자는 자신의 불편함을 정확히 설명하지 못한다

사용자는 서비스를 넓은 시야로 볼 수 없고 관련한 전문 지식이 없기 때문에 문제의 원인을 정확히 진단하기 어렵습니다. 그래서 대부분 '불편하다'는 느낌은 받지만 정확히 어떤 점이 문제인지는 말하기 쉽지 않죠. 이럴 때 사용자가 제안하는 해결책은 눈에 보이는 것에만 그치는 경우가 많습니다. 이를테면 '버튼이 작다'라는 의견의 진짜 문제는 크기보다는 그들이 버튼 위치를 인지하지 못한 데 있는 것처럼요. 아마도 사용자는 이용하면서 '글쓰기 버튼이 어디 있는 거야. 아, 여기 있네. 아니 버튼 크기를 이렇게 작게 해놓으니까 눈에 안 띄지'라고 생각한 뒤 "글쓰기 버튼이 작아서 찾기 어렵습니다"라는 피드백을 적었을 수 있습니다. 이런 경우 문제의 본질은 위치이기 때문에 버튼의 크기를 키워도 "글쓰기 버튼의 색상을 빨간색으로 바꿔주세요"와 같은 제안으로 다시 돌아올 수 있습니다.

사용자는 창의적인 해결책을 제시하지 못한다

다른 서비스에서 봤던 기능을 요구하거나 과거에 경험해봤던 기능을 요구하는 경우가 있습니다. 자신의 경험이나 들은 정보 안에서만 문제를 찾고 해결 방법을 떠올리는 것이죠. 왜냐하면 사용자는 익숙한 것에서 안정감을 느끼며 자신이 경험해보지 못한 혁신적인 해결책은 상상하기 어렵기 때문입니다. 아직 먹어보지 못한 음식의 맛을 상상하기 어렵듯이 사람들은 기존의 관습을 벗어난 혁신적인 해결책을 제시하기 어렵습니다.

냥냥북스는 이번에 '냥냥북스 앱'을 개편했습니다. 그로부터 한 달 뒤, 팀의 PO인 경수가 성과 측정용 지표를 팀에 공유했습니다.

"앱 개편 후 구독자 수는 개편 전보다 15% 증가했지만 구독 해지율도 3%에서 12%로 증가했습니다."

아홉을 비롯해 개발자들도 눈이 동그래져 말했습니다. "해지 이유가 궁금하네요."

경수는 '지금으로서는 알 수 없다'고 답했습니다.

아홉이 말했습니다. "경수 님, 기존 사용자가 이탈하는 건지 신규 사용자가 이탈하는지도 궁금해요."

경수 대신 듣고 있던 백엔드 개발자 소희가 답했습니다. "제가 뽑아드릴게요. 잠시만요… 음, 보니까 개편 후에 신규로 가입한 분들의 해지율이 훨씬 높네요."

아홉이 "감사합니다. 그럼 전 일단 CS팀에서 수집하는 고객 문의 데이터랑 앱 리뷰 좀 수집해볼게요"라고 답하면서 회의는 종료되었습니다.

자리로 돌아온 아홉은 곧바로 필요한 데이터를 수집했습니다. 고객 문의 내용과 앱스토어 리뷰, 구독 해지 시 진행한 간단한 설문 응답까지 모두 모아놓고 나니 뭔가를 발견할 수 있을 것만 같았습니다. 아홉은 모든 피드백을 분류하기 시작했습니다. 그런데 분류를 하면 할수록 혼란스러워졌습니다. 다양한 사용자 의견이 서로 상충되는 경우가 많았기 때문입니다.

- UI가 너무 복잡해요 vs. 필요한 기능이 부족해요
- 책 추천이 너무 많아 피로해요 vs. 더 다양한 책 추천이 필요해요
- 검색 기능이 약해요 vs. 분류가 너무 세분화되어 있어요
- 고양이에게 집중한 콘텐츠가 너무 좋아요 vs. 고양이 책 외에도 다양한 주제가 있으면 좋겠어요

이렇게 상반된 의견들 사이에서 아홉은 어떤 방향으로 개선해야 할지 판단하기 어려웠습니다. 모든 의견을 반영하려고 시도해봤지만 UX/UI가 매번 더 복잡해지거나 초점이 흐려졌습니다.

"으아아아아. 어쩌리는 거야! 하… 모르겠다. 일단 퇴근하자."

그날 퇴근길 지하철에서 아홉은 평소 즐겨 읽는 UX 디자인 블로그를 훑어보고 있었습니다. 그때 눈에 띄는 칼럼이 하나 있었습니다. '사용자 피드백의 네 가지 함정: 모든 목소리가 정답이 아닌 이유'

아홉은 흥미롭게 읽기 시작했습니다. 칼럼은 UX 디자이너가 사용자 피드백을 분석할 때 주의해야 할 네 가지 함정을 설명하고 있었습니다. 아홉은 '이거다!' 싶었습니다. 다음날 아침, 아홉은 새로운 시각으로 무장한 채 사무실에 일찍 출근했습니다. 그는 어제 읽은 칼럼의 내용을 지금 직면한 문제에 적용해보기로 했습니다.

첫 번째 함정, 사용자의 요구사항은 모순될 수 있다

아홉은 피드백을 깊이 들여다보며 상반된 요청들을 나열했습니다. 그는 이 모순된 요구사항들이 사용자의 경험 수준과 관련이 있다는 패턴을 발견했습니다.

'앱을 처음 사용하는 사람은 단순함을 원하고 자주 사용하는 사람은 더 많은 기능을 원하는 경향이 있어. 그래, 경험 수준에 따라 같은 인터페이스에 대한 인식이 다를 수 있겠네.'

발견의 기쁨도 잠시 아홉은 다시 고민에 빠졌습니다. '어디에 집중하는 게 맞을까? 지금은 신규 유저를 늘릴 때니까 앱을 처음 사용하는 사람에게 집중하는 게 맞겠지? 하지만 장기 사용자가 이탈하는 것도 막아야 하니 그들을 위한 방안은 추가로 고민이 필요할 것 같은데… 잠깐, 구독 해지를 많이 하는 사용자 유형이 개편 이후의 신규라고 했지? 그 말은 즉, 앱 개편이 신규 유저를 데리고는 왔다는 거네. 비록 구독을 유지하게 하지는 못했지만 목표는 달성한 거 아닌가…? 그들이 탈퇴만 안 하면 돼. 그럼 지금 개편의 방향성은 유지하는 게 맞는 것 같다.' 아홉은 메모해두었습니다.

두 번째 함정, 피드백은 소수의 의견일 수 있다

아홉은 냥냥북스 개편 후 구독을 해지한 사람들이 남긴 해지 설문 답변을 확인했습니다. 다양한 의견이 있었으나 그중 '고양이 콘텐츠가 만족스럽지 않다'와 '구독료가 비싸다'가 압도적으로 높았습니다.

'고양이 콘텐츠가 만족스럽지 않다고? 그럼 다른 게 더 필요하다는 건가? 흠, 우리도 다른 서비스처럼 고양이 상품을 판매해야 하나? 냥아치잡화점팀이랑 겹칠 텐데….' 그러다가 아차 싶었습니다.

'아니지, 지금 이거 함정이잖아! 다시 보자. 해지 시 작성하는 설문은 필수가 아니야. 선택이지. 해지한 사람 중 설문에 답변한 사람은… 에계, 1%도 안 되네! 중요한 힌트일 수는 있겠으나 지금 구독 중인 사람들은 모두 현재 상태에 만족한다는 거니 흔들리지 말자.' 아홉은 이것도 메모해두었습니다.

세 번째 함정, 사용자는 자신의 불편함을 정확히 설명하지 못한다

CS팀에 들어온 고객 문의 내용을 자세히 읽어보니 '검색이 불편하다'라는 불만 뒤에 다양한 상황이 숨겨져 있었습니다. 어떤 사용자는 특성 고양이 품종에 관한 책을 찾지 못했다고 하고 또 어떤 사용자는 이전에 본 책을 찾지 못했다고 했습니다. 또 어떤 사용자는 '초성으로도 검색이 가능하게 해달라'고도 했습니다. 아홉은 이 문의들을 다시 분류하면서 원문의 맥락을 살펴보았습니다.

'가만 보자… 사용자는 자신의 불편함을 정확히 설명하지 못한다고 했지? 아! 이거 그럼 검색 기능에 대한 이야기가 아니네. 검색 기능을 말하고 있지만 사실은 원하는 걸 찾지 못한 것 자체가 문제였어. 이건 검색 기능의 보완도 필요한데 그보다 사용자들이 찾고 싶은 게 뭔지 조사해보고 큐레이션하던 사용자의 고양이 데이터를 받아서 그에 맞게 추천 콘텐츠를 띄워주는 게 맞을 수도 있어.' 아홉은 이 또한 메모해두었습니다.

네 번째 함정, 사용자는 창의적인 해결책을 제시하지 못한다

피드백을 검토하면서 아홉은 특이한 패턴을 발견했습니다. 많은 사용자가 '즐겨찾기 기능을 추가해주세요' '독서 메모 기능을 만들어주세요'라고 요청한 것입니다.

'이건 다른 독서 앱에서 익숙하게 사용하던 기능을 요구하는 거야. 사용자는 창의적인 해결책을 제시하지 못한다고 했지? 흠… 나도 못하겠는데 어쩌지?'

아홉은 아무리 머리를 굴려봐도 사용자가 요구하는 기능보다 창의적인 걸 생각하지 못했습니다. 그러다 문득 얼마 전에 배운 '기능이 아닌 사람을 향해 질문하라'는 말이 떠올랐습니다.

'우리 사용자는 메모 기능이 왜 필요하지? 그들은 즐겨찾기 기능을 언제 쓰려고 하는 걸까? 그들은 고양이 집사야. 냥냥북스가 고양이에만 특화된 콘텐츠 서비스인 걸 알고 가입했지. 그렇다면….'

아홉은 머릿속에 뒤죽박죽 떠오르는 질문을 퍼즐처럼 여기 끼웠다 저기 끼웠다 하며 창의력을 발휘하려 애썼습니다.

'이대론 안 되겠다. 창의력은 정보에서 나오는 법! 집사를 좀 더 연구해보자.'

아홉은 하루를 꼬박 고양이 집사에 대해 연구했습니다. 그랬더니 고양이 정보를 메모하고 건강 기록을 관리하며 사료나 장난감 정보와 사냥 놀이 정보를 저장하는 집사가 많다는 사실을 알게 되었습니다.

'사용자가 원하는 건 즐겨찾기나 노트 기능이 아니라 고양이 돌봄에 관한 정보를 체계적으로 관리하고 싶은 거구나! 그럼 정보를 즐겨찾기해놓는 기능이나 도서별로 메모하는 기능보다는 '집사의 서재' 같은 걸 새롭게 만들어보면 어떨까? 수집한 걸 한군데서 체계적으로 관리할 수 있게 말이야.'

아홉은 메모를 마쳤습니다. 아홉은 지금까지 얻은 인사이트를 팀에 공유하기 위해 정리하기 시작했습니다.

> '사용자의 피드백은 때론 모순되고 소수의 의견일 수 있으며 실제 문제를 정확히 설명하지 못하거나 익숙한 해결책만 제시하는 경향이 있다. 그러니 우리는 그들의 피드백을 있는 그대로 받아들이면 안 된다. 먼저 구독 해지율은 증가했지만 앱 개편의 목적이었던 신규 사용자의 유입도 증가했다. 사용자 피드백을 보면 앱이 복잡해졌다는 이야기가 있어 구독 해지의 원인이 이것 같지만 사실 이건….'

PART 2
이것부터 확인하기

비즈니스 모델 확인

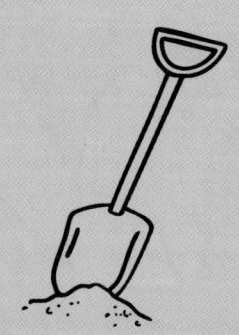

01
사용자를 제대로 정의하기

UX 디자인은 User eXperience design의 줄임말입니다. 말 그대로 사용자 경험을 디자인하는 것이죠. 그런데 말입니다. 이 사용자를 제대로 정의하지 않으면 사용자 없는 사용자 경험이 될 수 있다는 사실, 알고 계셨나요? 서비스를 이용하는 존재는 크게 네 가지 유형으로 나눌 수 있습니다.

- 서비스 이용자: 실제로 서비스를 이용하는 사람
- 결제자: 비용을 지불하는 사람
- 의사결정자: 구매를 결정하지만 직접 사용하지는 않는 사람
- 잠재 고객: 아직 결제하지 않았지만 곧 결제를 할 수 있는 사람

이 네 가지 유형은 한 명이 될 수도 있고 각각이 될 수도 있습니다. 어떤 차이가 있는지 예시로 알아보겠습니다.

예시 1 : 아이들을 위한 교육 앱

- 서비스 이용자: 아이이며 앱을 직접 사용
- 결제자: 부모님이며 앱을 실제로 쓰지 않지만 구매를 결정하고 결제
- 의사결정자: 결제자인 부모님이 최종 결정을 하지만 서비스 이용자인 아이들의 의견을 반영
- 잠재 고객: 아직 앱을 다운로드하지 않은 부모님

이 앱을 디자인하는 경우 만약 실사용자인 아이들만 생각하고 디자인한다면 분명 재미있고 사용하기 쉬운 앱이 될 것입니다. 그런데 정작 결제자인 부모님이 교육적 가치를 확인할 수 없다면? 아무리 좋은 UX여도 구매로 이어지지 않을 수 있습니다.

예시 2 : 기업용 업무 관리 도구

- 서비스 이용자: 직원이며 업무할 때 매일 도구를 사용
- 결제자: 재무/구매팀이나 대표님이며 비용을 지불
- 의사결정자: 구매 담당자나 관련 팀의 리드이며 서비스 이용자인 직원들의 의견을 반영하여 구매를 결정
- 잠재 고객: 아직 이 서비스를 구매하지 않은 서비스 이용자, 의사결정자

실사용자인 직원의 편의성만 고려한다면 직원들은 업무에 도움을 받아 좋아할 수 있습니다. 하지만 의사결정자인 구매 담당자나 관련 팀의 리드가 중요하게 생각하는 보안이나 확장성을 간과한다면? 아무리 편리해도 도입되지 않을 수 있습니다.

예시 3 : 캘린더 앱

- 서비스 이용자: 본인

- 결제자: 본인
- 의사결정자: 본인
- 잠재 고객: 아직 앱을 다운로드하지 않은 모든 사람

예시 3은 사용자가 곧 결제자이며 의사결정자입니다. 이런 경우 사용자 유형은 하나로 통일됩니다.

이렇듯 사용자 유형은 비즈니스 모델이나, 상황에 따라 다양하기 때문에 기능별, 프로젝트 목적별로 만족시켜야 할 사용자가 달라집니다. 이걸 모른 채 모든 사용자를 '서비스 이용자'로 생각하면 데이터 분석과 디자인 의사결정에 오류가 생길 수 있습니다. 또한 사용자에 따라 봐야 하는 데이터도 달라지고 이는 디자인 의사결정에도 영향을 미칩니다. 그래서 UX/UI 디자이너와 프로덕트 디자이너는 본격적으로 디자인에 들어가기 전 다음 세 가지를 먼저 확인해야 합니다.

① 정확한 사용자 확인

실제 서비스 이용자와 의사결정자가 다른지 확인합니다. 자신이 직접 정의하거나 기획자나 팀 리드에게 물어봐서 확인할 수도 있습니다. 물어봤는데 답을 못한다고 하면 그 사람도 답을 모르는 것입니다. 그럼 같이 제대로 정의해야 합니다. 흐지부지 넘어가면 이후 방향성 없는 수정사항과 고객 피드백이 디자이너에게 폭탄처럼 떨어집니다.

② 사용자 유형별 사용자 여정 확인

사용자마다 목적과 목표가 다르니 사용자 여정도 달라집니다.

- 서비스 이용자의 여정은 '온보딩 → 사용 → 숙련 → 익숙'의 과정을 거칩니다.
- 결제자 여정은 '발견 → 검토 → 구매 → 갱신'의 과정을 거칩니다.
- 의사결정자의 여정은 '필요 인식 → 정보 수집 → 평가 → 승인'의 과정을 거칩니다.

③ 사용자별 지표 확인

- 실사용자: 사용 용이성, 만족도
- 결제자: 가치 인식, 비용 지불 의향
- 의사결정자: 신뢰도, 비교 우위성

냥냥북스는 이번에 동물병원을 대상으로 하는 기업 구독 서비스를 론칭하게 되었습니다. 동물병원이 '냥냥북스 비즈니스'를 구독하면 다양한 학술지나 유료 논문, 각종 교육 자료를 제공받을 수 있습니다. 또한 '냥냥북스'를 구독 중인 집사가 병원에 방문하면 '우리집 고양이 개인화 서비스'를 통해 병원과 집사 모두 진료 기록을 관리할 수 있습니다. 그리고 집사가 고양이 사료, 배변, 사냥놀이 등 고양이 돌봄에 필요한 모든 활동을 기록하면 병원에서 이를 보고 고양이를 더 잘 진단할 수 있는 서비스입니다.

설명을 들은 아홉은 흥분되었습니다. 평소 B2B 서비스를 해보고 싶었고 플랫폼에서 양쪽 사용자가 연결되는 UX 설계도 해보고 싶었기 때문입니다. 경수에게 비즈니스 전략을 계속해서 물었고 그에 맞춰 사용자를 충분히 이해하는 시간을 가졌습니다. 양쪽 사용자의 상호작용을 고려하며 플로를 짰고 꼼꼼하게 와이어프레임을 만든 뒤 팀에 리뷰를 시작했습니다.

"두 서비스의 와이어프레임을 준비했는데요, 각 서비스의 사용자 여정과 핵심 기능을 고려했습니다."

아홉이 화면을 보여주는데 두 서비스의 메인 화면은 거의 똑같았습니다. 상단에 검색창, 그 아래 추천 콘텐츠, 카테고리별 탐색 메뉴가 있었고 단지 비즈니스용은 파란색, 개인용은 주황색으로 색상만 다를 뿐이었습니다.

설명을 듣던 경수가 조심스럽게 질문했습니다. "아홉 님, 비즈니스 버전은 구독료를 누가 내는지 아시나요?"

아홉은 자신 없는 목소리로 대답했습니다. "구독료요? 어… 수의사? 병원장… 인가?"

"개인 병원이면 수의사가 곧 병원장일 테니 둘 다 맞는 말입니다. 어쨌든, 저희 '냥냥북스 비즈니스' 구독료가 월 12만 원이에요. 병원장이 이 화면을 보고 매달 내는 12만 원을 납득할까요? 이 서비스가 우리 병원에 어떤 가치를 가져다줄지 알아차릴 수 있을까요?"

회의실이 잠시 조용해졌습니다.

"그리고 이 '냥냥북스 비즈니스'에 있는 '온라인 강의실' 화면에서는 실제 사용자인 수의사와 스태프가 교육 자료를 어떻게 활용해야 하는지도 명확하지 않은 것 같아요. 반면에 '우리집 고양이 개인화 서비스'는 사용자가 곧 결제자니까 콘텐츠 가치만 잘 보여주면 문제없을 듯해요."

아홉은 머리가 띵해졌습니다. 항상 사용자와 결제자가 동일한 프로덕트만 디자인하다 보니 거기까지는 미처 생각하지 못했습니다. 그동안 '사용자'라고 뭉뚱그려 생각했는데 실제로는 서비스 이용자, 결제자, 의사결정자가 다를 수 있음을 처음 인지한 것입니다. 그날 오후 아홉은 혼자 회의실에 들어가 큰 화이트보드를 세우고 두 프로젝트의 사용자 유형을 명확히 구분해 적었습니다. 그리고 각 유형별로 필요한 데이터와 핵심 경험을 매핑하기 시작했습니다.

[프로젝트 1] 기업 구독 서비스 '냥냥북스 비즈니스' 론칭

- 서비스 이용자: 수의사와 동물병원 직원. 플랫폼에서 고양이 행동학 교육 콘텐츠를 시청하고 품종별로 케어 가이드를 검색하며 고양이 보호자에게 설명할 때 사용할 수 있는 고양이 해부학 일러스트와 질병 설명 자료를 활용
- 결제자: 동물병원 원장이며 월 구독료를 지불하고 직원 교육 비용 절감 효

과를 검토

- 의사결정자: 서비스 이용자와 결제자가 함께 도입 여부를 결정
- 잠재 고객: 아직 서비스를 구독하지 않은 동물병원

[프로젝트 2] 우리집 고양이 개인화 도입

- 서비스 이용자: 고양이를 키우는 집사. 맞춤형 케어 정보를 받아본다.
- 결제자: 고양이를 키우는 집사. 자신의 계정으로 구독료를 직접 지불
- 의사결정자: 결제자와 같다.
- 잠재 고객: 고양이를 키우지만 아직 냥냥북스 앱을 설치하지 않은 사람

화이트보드에는 각 사용자 유형별로 포스트잇이 빼곡히 붙여졌습니다.

'비즈니스 서비스의 결제자인 병원장은 비용 대비 효과가 가장 중요할 거야. 그럼 이 서비스가 '우리 병원 매출에 얼마나 도움이 되는가'를 확인할 수 있는 데이터가 필요하지 않을까? 실제 사용자인 수의사와 직원들은 '내가 이걸 업무에 어떻게 활용할 수 있고 그게 왜 좋은가'를 확인하고 싶을 거고. 교육 자료를 쉽게 찾고 집사들에게 설명할 자료를 바로 활용할 수 있는 기능이 필요할 수 있어.'

이렇게 사용자 유형별로 니즈를 정리하다 보니 기존에 구상했던 단일 화면 구조로는 모든 유형의 사용자를 만족시킬 수 없다는 결론에 도달했습니다.

일주일 후 아홉은 완전히 새로운 접근법으로 디자인한 프로토타입을 준비했습니다. 가장 큰 변화는 '냥냥북스 비즈니스'에 로그인할 때 사용자 역할을 선택하도록 했다는 점입니다.

'병원 관리자'를 선택하면 비용 절감 효과, 직원 교육 현황, 환자 만족도 변화 등을 한눈에 볼 수 있는 대시보드가 나타났습니다. '수의사/직원'을 선택하면 교육 자료, 진료 보조 자료, 집사 설명용 콘텐츠로 빠르게 접근할 수 있는 인터페이스가 나왔습니다.

"오, 좋은데요?"

경수를 비롯해 소희, 재민도 이전과 다르게 매우 만족했습니다. 냥냥북스팀은 여기서 바로 개발에 들어가지 않고 실제 사용자들의 니즈를 확인해보기로 합니다. 넷이서 이 프로토타입이 담긴 노트북을 들고 무작정 근처 동물병원을 찾아가 양해를 구하고 사용성 테스트를 진행했습니다.

"오, 이거 진짜 있는 서비스예요? 너무 좋은데요?" 시연을 지켜보던 병원장이 이어서 말했습니다. "특히 직원 교육 비용이 얼마나 절감되는지, 환자 만족도가 어떻게 변하는지 한눈에 볼 수 있는 게 제일 좋네요. 이거 서비스 언제 나와요?"

수의사들 반응도 좋았습니다. "보호자들에게 설명할 때 이런 시각 자료가 있으면 진짜 좋을 것 같아요. 말로는 한계가 있거든요. 매번 인터넷에서 검색해서 적절한 걸 보여드리고 그러니까. 아, 근데 자주 쓰는 자료를 저장해둘 수 있는 기능이 있으면 좋을 것 같아요." 냥냥북스팀은 약식으로 진행했지만 사용자 반응을 참고하여 '냥냥북스 비즈니스' 프로덕트를 보완했습니다.

반면 '우리집 고양이 개인화 서비스'는 사용자, 결제자, 의사결정자가 모두 같은 사람이기 때문에 훨씬 단순한 구조로 디자인되었습니다. 앱을 열자마자 '내 고양이' 프로필을 중심으로 맞춤형 콘텐츠가 제공되고 구독 여부에 따라 프리미엄 콘텐츠가 자연스럽게 노출되는 방식이었습니다.

론칭 후 아홉은 사용자 유형별로 다른 지표를 설정하여 추적했습니다.

[B2B: 냥냥북스 비즈니스]

- 서비스 이용자(수의사/직원) 지표
  - 콘텐츠 사용 빈도
  - 자료 다운로드 수
  - 교육 영상 완료율
- 결제자(병원장) 지표
  - 구독 갱신율
  - 비용 대비 효과 리포트 확인율

[B2C: 우리집 고양이 개인화 서비스]

- 통합 사용자 여정 지표
  - 앱 사용 빈도
  - 맞춤형 콘텐츠 참여도
  - 구독 전환율, 해지율

이렇게 사용자 유형을 명확히 구분하여 데이터를 분석한 결과 '냥냥북스 비즈니스' 서비스에서 흥미로운 패턴이 발견되었습니다. 수의사/직원들의 콘텐츠 사용 빈도가 높더라도 병원장이 비용 대비 효과 리포트를 정기적으로 확인하지 않는 병원은 갱신율이 낮았다는 점이었습니다. 아홉이 이를 팀에 공유하자 듣고 있던 재민이 병원장을 위한 월간 성과 요약 이메일을 자동 발생하는 기능을 제안했고 냥냥북스팀은 모두 동의했습니다. 재민의 주도하에 후다닥 만들어진 이 기능은 도입 후 갱신율 15% 상승을 이뤄냈습니다.

02
우리 서비스는 어떻게 돈을 벌고 있나?

회사가 '어떻게 돈을 벌고(투자를 받고) 있는가'를 아는 것은 디자이너에게 딱히 중요한 정보가 아닌 것처럼 보입니다. 하지만 이는 오해입니다. 회사가 어떻게 수익을 내는지 이해한다면 같은 기능을 디자인할 때도 전혀 다른 선택을 할 수 있습니다. '어떻게 보여 줄지'를 결정할 때 결과가 달라질 수 있기 때문입니다.

예를 들어 커머스 서비스의 '장바구니 기능' UX/UI를 디자인한다고 가정해보겠습니다. 커머스는 판매 수수료, 광고, 구독료 등으로 수익을 냅니다.

같은 커머스라도 돈을 버는 방법에 따라 달라지는 UX/UI의 차이

[방법 1] 자사 상품 판매(예: 애플스토어, 나이키)
- 목표: 최대한 자사 상품을 많이 판매해 매출 증대
- UX/UI 디자인 특징
  - 추가 결제 유도를 위해 다른 상품 안내보다는 장바구니에 담은 상품 자체를 잘 보이게 정보 배치

- 자사 프로모션 적극 노출
- 남은 수량 안내를 통해 '즉시 결제' 유도

[방법 2] 판매 수수료(예: 아이디어스, 컬리)
- 목표: 다양한 판매자의 많은 제품을 팔아 수수료 수익 증대
- UX/UI 디자인 특징
  - 다양한 판매자 상품 비교 기능 강조
  - '이 상품과 함께 구매한 제품' 섹션 크게 배치
  - 장바구니에 담긴 상품 외에도 관련 카테고리 추천 노출
  - 배송비 최적화 안내(예: 3500원 더 구매하면 무료 배송)

[방법 3] 구독료(예: 쿠팡, 아마존 프라임)
- 목표: 장기 구독자 확보 및 구독 서비스 가치 입증
- UX/UI 디자인 특징
  - 구독자 전용 혜택을 눈에 띄게 표시(예: 프라임 회원 무료배송)
  - 비구독자에게는 구독 시 절약 금액을 계산해서 노출
  - 정기 배송 옵션 강조
  - 구독자 전용 할인 상품 추천

* 예시는 절대적인 정답이 아니며 조직 전략에 따라 달라질 수 있습니다. 세 가지 방법이 서로 어떻게 다른지 비교용으로만 참고해주세요.

이렇듯 똑같은 '장바구니' 기능이라도 서비스가 돈을 버는 방법에 따라 사용자의 시각적 우선순위가 달라질 수 있습니다. 이 차이를 이해하면 디자이너는 '사용자의 어떤 행동 데이터를 중심으로 수집하고, 확인하고, 해석하고, 결정할 것인지'를 명확히 판단할 수 있습니다. '구독 유도'가 핵심이면 사용자의 첫 방문 행동과 전환까지의 흐름 데이터를 우선으로 살펴야 하고 '광고 클릭 수익'

이 중심이면 체류 시간, 스크롤 비율, 광고 노출 타이밍 같은 데이터가 더 중요해집니다. 물론 예시들이 정답은 아닙니다. 상황과 전략에 따라 당연히 다른 결과를 낼 수 있습니다. 차이를 느끼는 것이 중요합니다.

자, 이제 우리 회사가 어떻게 돈을 버는지 이해하면 더 좋은 디자인 의사결정을 할 수 있다는 것을 알게 되었습니다. 하지만 현실적으로 비즈니스 모델을 깊게 이해하기란 쉽지 않죠. 다행히도 우리는 복잡한 비즈니스를 모두 이해할 필요는 없습니다. 다음 세 가지만 확인하면 됩니다.

회사 수익 모델을 더 잘 이해하게 도와주는 세 가지 질문

① 돈이 들어오는 구간 찾기: 회사는 언제 수익을 내는가
- 제품 판매 시점
- 광고 클릭 순간
- 구독 신청할 때
- 프리미엄으로 업그레이드 시
  ⋮

② 돈이 새는 구간 찾기: 회사는 어떤 상황에서 수익이 나지 않는가
- 사용자가 결제 직전에 이탈할 때
- 사용자가 무료 체험 종료 후 해지할 때
- 사용자가 프리미엄 기능을 찾지 못했을 때
  ⋮

③ 매출 관련 지표 확인하기: 우리 회사에 중요한 지표는 무엇인가
운영팀, 영업팀, 마케팅팀 또는 대표님 등 회사의 비즈니스 수익 구조와 직결되는 팀에 물어본다. 대부분 친절하게 알려준다.

그런데 잠깐만요, 이 챕터의 '제목'을 다시 한번 봐주시겠어요? '어떻게 돈을 벌고(투자를 받고) 있나?'라고 써 있습니다. 혹시 일하면서 이런 의문을 가진 적 있나요? "어? 이 기능은 매출에 도움이 될 것 같은데 왜 안 하지?" 또는 "왜 수익이 날 것 같지도 않은 이 기능을 해야 하지?" 이런 의문 말입니다. 스타트업이라면 그 이유가 '투자'와 관련이 있을 가능성이 큽니다.

회사에 돈이 유입되는 방식은 두 가지가 있습니다.

첫 번째, 매출을 통한 수익입니다. 앞서 살펴본 수익 모델(구독형, 수수료형, 광고형, 프리미엄형, 판매형)을 통해 벌어들이죠. 이런 수익을 극대화시킬 때는 당장 매출과 직결되는 지표들이 중요합니다. 구매 전환율, 객단가, 재구매율과 같은 지표를 말합니다.

두 번째, 투자를 통한 자금입니다. 스타트업은 직접 돈을 벌기 전까지 투자를 받습니다. 회사에 돈이 들어오는 루트가 '투자'라는 것과 '매출'이라는 것 두 개로 나뉘는 거죠. 이 또한 중요합니다. 어떤 차이가 있냐 하면, 당장의 매출 구조에 이득인 선택을 안 할 수도 있다는 차이가 있습니다.

'근데 그게 내가 사용자 경험을 설계하는 것과 무슨 상관이지? 어차피 난 사용자 데이터만 보면 되는데?' 싶을 수 있습니다. 하지만 회사의 수익 구조와 투자 상황에 따라 디자이너가 집중해야 할 사용자 행동이 달라집니다.

예를 들어 지금 회사가 매출 증대를 가장 중요하게 보고 있다면 '결제 직전 단계에서 이탈하는 사용자가 왜 많은지' '어떤 정보가 부족해서 머뭇거리는지'와 같은 즉각적인 전환과 관련된 사용자 데이터가 중요해집니다. 반대로 회사가 투자 유치를 준비 중이라면 투자자에게 성장 가능성을 인정받는 것이 최우선 과제가 됩니다. 이럴 때는 '방문자는 계속 늘고 있는가' '사용자가 서비스에 머무는 시간이 충분한가'와 같이 성장을 보여주는 지표가 중요해집니다(물론 상황에 따라 다릅니다. 투자 시리즈나 스타트업 아이템에 따라 당장 매출 지표가 중요한 경우도 있습니다). 결국 회사의 수익 구조와 투자 상황에 따라 어떤 데이터를 우선으로 보고 사용자 행동을 설계할지 판단하는 기준이 달라지는 것입니다.

아홉은 월간 보고를 위해 자료를 준비하고 있습니다. 이렇게 준비한 자료는 경수가 취합하여 매월 초 대표님에게 보고하기 위해 냥냥북스팀 전원이 참석하는 '냥냥북스팀 월별 성과 보고 회의'에 쓰입니다.

아홉은 노션에 정성스럽게 정리한 사용자 조사 결과, 서비스 개선안, 사용자 만족도 지표까지 모두 준비했습니다. 특히 이번 달에는 '냥냥북스' 앱의 사용성이 크게 향상되어 체류 시간이 평균 12분에서 28분으로 늘어난 점이 자랑스러웠습니다.

그러다 지난 보고에서 대표님은 아홉의 사용성 개선 보고에 큰 반응을 보이지 않았고 오히려 "신규 가입자는 얼마나 늘었나요?"와 "유료 전환율은요?"만 계속 물어봤던 것이 기억 났습니다.

'대체 무슨 소용이지? 우리 서비스는 기존 사용자가 양질의 콘텐츠를 소비하는 게 중요한데… 대표님은 왜 자꾸 신규 가입자 수와 유료 전환율만 신경 쓰는 거지?'

아홉은 한숨을 쉬며 경수에게 메시지를 보냈습니다.

"경수 님, 이번 월간 보고에서 제가 어떤 부분을 강조하면 좋을까요? 사용성 개선으로 체류 시간이 증가했는데 지난번처럼 대표님이 신규 가입자 수만 물어보실까 걱정돼요."

얼마 후 경수가 아홉의 자리로 왔습니다. "아홉 님, 체류 시간 증가는 정말 훌륭한 성과예요. 하지만 현재 대표님 관심사는 투자 유치예요. 다음 달에 투자사들 만나는 일정이 잡혀 있거든요."

"투자 유치요? 그럼 저희 서비스 품질이 더 중요한 기 아닌가요? 사용자들이 얼마나 만족하는지가 투자자들에게도 중요하지 않을까요?"

경수는 미소를 지으며 노트북을 열었습니다. "이거 봐보세요. 투자자 피치덱이에요."

화면에는 '냥냥북스 성장 지표'라는 제목의 슬라이드가 보였습니다. 거기엔 MAU 증가율, 신규 가입자 수, 유료 전환율만 크게 표시되어 있었고 사용자 만족도나 체류 시간 같은 지표는 작은 글씨로 하단에 적혀 있었습니다.

"투자자는 성장성을 가장 먼저 봐요. 특히 우리같이 초기 스타트업은 당장의 수익보다 얼마나 빠르게 성장하고 있는지가 중요하죠."

아홉은 여전히 이해가 되지 않는 듯했습니다. "그래도 사용자들이 서비스를 좋아하고 오래 쓰는 게 더 중요하지 않을까요?"

"물론 그것도 중요해요. 하지만 현재 냥냥북스의 상황을 생각해보세요. 저희는 매출로 회사를 유지할 만큼 크지 않잖아요. 투자금으로 버티고 있는데 다음 투자를 받지 못하면…."

경수의 말이 끝나기도 전에 아홉은 자신의 전 회사가 투자금이 끊겨 문을 닫았던 기억이 떠올랐습니다.

"아, 그렇군요. 그래도 좀… 주객전도가 되는 것 같아요."

"우리가 이 좋은 서비스를 계속 사용자에게 제공하려면 회사가 재정적으로 건강해야 하잖아요. 사용자 경험과 비즈니스 목표는 서로 대립하는 게 아니라 동전의 양면이에요."

아홉은 생각에 잠겼습니다. 그날 저녁, 퇴근길에 우연히 자신이 디자인한 앱을 사용하는 사람을 발견했습니다. 한 여성이 지하철에서 냥냥북스 앱의 고양이 행동 심리 콘텐츠를 열심히 읽고 심지어 메모까지 하고 있었습니다.

'우리 콘텐츠를 정말 유용하게 쓰고 있구나. 뿌듯하다. 그래, 맞아. 이게 내가 하는 일의 의미인데….'

다음 날 아홉은 월간 보고 자료를 다시 보며 생각했습니다.

'어제 본 그 사용자처럼, 사람들에게 정말 도움이 되는 서비스를 만드는 게 목표야. 그 목표를 달성하려면 서비스가 지속되어야 하고 그러려면 경수 님 말대로 비즈니스적으로도 건강해야 하는 거지.'

아홉은 자신의 발표 내용을 수정하기 시작했습니다. 사용성 개선 결과를 그대로 유지하되 이것이 어떻게 비즈니스 목표와 연결되는지를 추가했습니다.

월간 보고 당일, 아홉은 수정한 내용으로 발표를 시작했습니다.

"사용성 개선으로 이번 달 체류 시간이 33% 증가했습니다. 이는 사용자들이 우리 콘텐츠에 더 깊이 몰입하고 있다는 증거입니다."

아홉은 실제 사용자들의 앱 리뷰를 캡처하여 모아둔 화면을 보여주었습니다. 집사들이 냥냥북스를 통해 고양이를 더 잘 이해하게 되었다는 진솔한 이야기들이었습니다.

"그리고 이와 같은 몰입은 자연스럽게 비즈니스 성과로 이어졌습니다. 콘텐츠에 오래 머무른 사용자일수록 유료 구독으로 전환하는 비율이 25% 높았고, 지인에게 추천할 확률도 3배 높았습니다."

대표님의 눈이 반짝였습니다. "오, 정말 인상적인 결과네요! 체류 시간 증가가 이렇게 직접적으로 비즈니스 성과와 연결된다니 놀랍습니다."

회의가 끝나고 경수가 아홉에게 다가왔습니다. "오늘 발표 정말 좋았어요. 사용자 경험과 비즈니스 성과를 잘 연결시켰어요."

아홉이 웃으며 대답했습니다. "제가 이제 조금 이해하게 된 것 같아요. 결국 좋은 UX와 비즈니스 성과는 대립되는 게 아니라, 잘 설계된 UX 그래서 사용자가 만족해하는 UX가 자연스럽게 비즈니스 성과로 이어지는 거죠?"

경수가 고개를 끄덕였습니다. "맞아요. 사용자 중심 디자인의 본질은 변하지 않아요. 다만 그 좋은 경험이 어떻게 회사의 지속 가능성에 기여하는지 보여줄 수 있다면, 더 많은 자원을 UX 개선에 투자를 받을 수 있게 되죠."

아홉은 이제야 디자인과 비즈니스의 균형점을 조금 더 이해할 수 있었습니다. 사용자를 위한 좋은 경험을 디자인하는 목표는 그대로 유지하면서, 그것이 어떻게 회사의 건강한 성장에도 기여하는지 연결하는 능력도 중요하다는 것을 깨달았습니다.

'좋은 UX 디자이너가 되려면 사용자의 니즈를 최우선으로 하되, 그것이 비즈니스에 어떤 가치를 창출하는지도 이해해야 하는구나. 그게 '냥냥북스 프로덕트 디자이너'인 나의 역할인거야.'

아홉은 다음 프로젝트를 위한 새로운 관점을 얻었습니다.

목적과 목표 확인

01
데이터는 프로젝트 배경, 목적, 목표, 할 일에서 나온다

디자이너가 데이터 기반으로 디자인 의사결정을 내리기 위해 가장 먼저 해야 할 일은 무엇일까요? '데이터 찾기'일까요? 아닙니다. 바로 '배경' '목적' '목표' '할 일' 이 네 가지 정보를 명확하게 정리하기입니다.

디자이너는 보통 CEO, PM, PO, 기획자, 마케터가 만든 기획서를 받게 되는데 그 안에 네 가지 정보가 제대로 들어가 있는지부터 확인해야 합니다. 왜냐하면 이 정보를 통해 '디자이너가 어떤 데이터를 봐야 하는가'가 결정되기 때문입니다.

기획서에 제대로 들어가야 하는 내용_배경, 목적, 목표, 할 일의 차이 비교

(프로젝트: 판매자 상품 등록 프로세스 개편)

구분	정의	예시
배경	사용자/비즈니스에 어떤 문제가 있는가?	구매자 회원가입 지표가 계속해서 떨어지고 있다. 두 달 전 판매자가 상품을 올리기 위해 거쳐야 하는 프로세스를 바꿨다. 우리 앱의 주요 사용자인 50대 판매자가 어렵다고 느껴 판매자의 상품 등록 수가 떨어졌고 그로 인해 구매자도 들어왔다가 상품이 없으니 회원가입의 필요성을 못 느끼고 그대로 이탈하는 것으로 추정된다.
목적	문제를 해결하기 위해 어떤 결과를 이루고자 하는가?	50대 판매자도 편하게 사용할 수 있는 상품 등록 프로세스로 개선하여 등록되는 판매자의 상품 수를 확대하고 구매자의 회원가입 지표가 상승하도록 만든다.
목표	목적 달성을 무엇으로 확인할 것인가?(무엇을, 언제까지, 어느 정도 달성하겠다는 측정 가능한 수치를 써야 하지만 스타트업에서는 변수가 많고 예측이 어려워 생략되는 경우가 많음)	- 판매 상품 수 기존 대비 30% 상승 - 구매자 회원가입 수 기존 대비 상승(수치 미정)
할 일	디자이너가 해야 하는 실제 액션(업무 단위가 아닌 큰 범위에서의 할 일)	- 상품 등록 플로 전면 개편 - 50대 타깃에 맞는 UX/UI디자인

그런데 말입니다. 앞서 제가 정보를 '확인하기'가 아닌 '명확하게 만들기'라고 했습니다. 말 그대로 내가 명확하게 만들어야 한다는 말인데요, 여기에는 두 가지 이유가 있습니다.

항상 네 가지 정보가 명확하게 분류되어 있지 않다

실무는 희한하게도 언제나 급하게 돌아갑니다. 협업자끼리 배경지식이나 문제를 서로 공유하고 있다면 굳이 시간을 들여 문서로 만들지 않기도 합니다. 또한 배경, 목적, 목표, 할 일 이 네 가지는 서로 비슷해 보여 자주 혼동되기도 합니다. 특히 기획자의 역할, 배경지식, 문서 작성 스타일에 따라 이 정보를 섞어 쓰기도 합니다. 이렇듯 다양한 이유로 네 가지가 정보가 섞여 있거나 이름이 잘못 붙어 있는 경우가 많습니다. 그럴수록 디자이너가 구분 기준에 따라 네 가지 정보를 분류하고 명확하게 정리해야 데이터도, 디자인도, 결과물도 방향을 잃지 않을 수 있습니다.

기획서를 작성하는 사람도, 확인하는 사람도 많이 헷갈리는 부분이 프로젝트 배경과 목적입니다.

먼저 배경부터 이야기해보겠습니다. 종종 프로젝트 배경에 다음과 같은 내용이 들어가곤 합니다.

- 회사가 투자를 받아야 해서
- 시장 내 브랜드 확장을 위해서

그러나 프로젝트 배경에는 '사용자/비즈니스에 어떤 문제가 있는가?'에 대한 답이 드러나야 합니다.

앞서 예로 든 내용은 회사의 사정일 뿐 프로젝트의 배경이라고 보기 어렵습니다. 이렇게 작성하면 그 뒤에 이어질 목적, 목표, 할 일에서 '사용자'가 빠지게 됩니다. 디자이너 입장에서는 UX/UI 디자인을 할 대상이 사라지는 것과 같습니다.

기획서 또는 구두로 전달받은 내용이 이런 식일 경우 조심스럽게 질문을 던져보는 것이 좋습니다. 예를 들어 '회사가 투자를 받기 위해 하필 이 기능을 만드는 이유가 뭔가요?' '시장 내 브랜드 확장은 왜 하려는 거예요?'처럼 물어보면 그 뒤에 숨어 있는 배경과 맥락이 자연스럽게 드러납니다.

그러면 이런 답변을 받을 수 있습니다.

- 우리 서비스는 현재 30대를 대상으로 하고 있지만 이번 투자에서는 20대를 대상으로 해도 가능성이 있음을 보여주기 위해서예요.
- 우리 프로덕트가 시장 내 점유율이 자꾸 떨어지고 있어서 새로 브랜딩한 뒤 광고로 점유율을 회복하기 위해서예요.

이렇게 실제 배경을 알게 되면 이에 맞는 진짜 배경을 다시 정의할 수 있습니다.

- 현재 30대를 타깃으로 한 우리 프로덕트는 20대를 끌어올 수 있는 가치가 약한 상태다.
- 뷰티 시장에서 현재 우리 프로덕트의 가치가 제대로 전달되고 있지 있다.

참고로 운영 중인 프로덕트를 개선하는 것이 아니라 신규 프로덕트나 기능을 만들 때도 '배경'을 쓰는 방법은 동일합니다. 하지만 배경 안에 포함되어야 하는 '문제'의 발생 위치가 조금 다릅니다. 운영 중인 프로덕트를 개선하거나 리뉴얼할 때는 사용자/비즈니스 문제가 내부에 있습니다. 여기서 말하는 내부는 바로 '프로덕트'입니다. '회원 가입률이 저조하다'라거나 '사용자가 계속 특정 불만을 제기한다'와 같은 문제는 프로덕트가 있기에 발생할 수 있는 문제입니다.

그러나 신규 프로덕트, 기능을 만들 때는 사용자/비즈니스 문제가 바깥에 있습니다. 여기서 말하는 바깥은 바로 '시장'입니다. 이 경우에는 프로덕트가 속해 있는 시장의 문제를 작성해야 합니다. 그 문제를 해결하기 위해 프로덕트와 기능을 만드는 것이기 때문입니다. 예를 들자면 '건강에 관심이 많은 4050 남녀는 무분별하게 쏟아지는 건강 정보의 홍수에 무엇이 자신에게 맞는 정보인지 혼란스러워한다'와 같은 문제를 배경에 작성해야 합니다.

다음은 목적입니다. 목적은 '문제를 해결하기 위해 무엇을 이루려는가?'에 대한 답이어야 합니다. 앞서 이야기했든 배경을 제대로 작성해야 문제가 선명하게 드러납니다. 즉 배경은 첫 단추와 같고 이 단추를 제대로 끼워야 목적(어떠한 문제를 해결하기 위해 이뤄야 하는 것)도 정확히 설정할 수 있습니다.

예를 들어 배경에 '회사가 투자를 받아야 해서'라고만 쓰여 있다면 목적 역시 '홈 화면을 개편한다'와 같이 흐릿하게 작성되기 쉽습니다. 이러면 해당 기능을 왜 만들어야 하는지 또렷해지지 않고 뒤에 이어질 목적 역시 갈 곳을 잃습니다. 앞서 배경을 다시 정의한 것처럼 '현재 30대를 타깃으로 한 우리 프로덕트는 20대를 끌어올 수 있는 가치가 약한 상태다'라고 쓴다면 목적은 '연령별 큐레이션 기능을 홈 화면에 노출함으로써 20대부터 30대까지의 만족도를 높이고자 한다'처럼 명확하게 쓸 수 있습니다.

달성 목표와 할 일도 혼동하는 경우가 많습니다. 목표에 '앱 리뉴얼하기'나 '검색 기능 개편하기'를 쓰기도 하는데 이는 목표가 아니라 '목표를 달성하기 위해 해야 할 일'입니다. 목표는 '앱 리뉴얼 론칭 이후 3개월 이내에 신규 유저 10%에서 40%로 증가' 또는 '검색 기능 개편을 통해 하반기까지 사용자 이탈률 감소'와 같이 측정 가능한 비즈니스 성과여야 합니다.

'어차피 기획서에도 안 써 있으면 목표를 그냥 생략하면 되는 거 아닌가?'라고 생각할 수 있습니다. 그러나 정확한 수치를 예측하기 어렵더라도 '무엇을 어떻게 바꾸고 싶은지'는 방향성 있게 명시해두는 것이 중요합니다. 방향이 있어야 디자이너가 주도적으로 실험 설계도 가능하고 나중에 변화 여부도 판단할 수 있기 때문입니다.

수치 없이 '앱 리뉴얼을 통해 3개월간 신규 유저 증가' '검색 기능 개편을 통해 하반기 동안 사용자 이탈률 감소' 정도만 작성해도 괜찮습니다. 사실 스타트업에서는 그렇게 써야만 하는 경우가 훨씬 더 많습니다. 수치를 전, 후로 비교할 수 있게만 써주면 됩니다.

디자이너가 프로젝트 배경, 목적, 목표, 할 일을 어떤 식으로 파악하게 되는지 알아봤습니다. 그런데 이렇게 보니 기획서에 '배경, 목적, 목표, 할 일'이 구분되어 작성되어 있는 것처럼 느껴질 수 있습니다. 하지만 실제로는 아닙니다. 배경과 목표만 적혀 있기도 하고 기획 의도만 전달되기도 합니다. 이 기획 의도 안에도 배경, 목적, 할 일이 혼합되어 있는 경우가 많습니다. 간단하게 예를 들어 보겠습니다.

▼ 디자이너가 흔히 받아보는 기획 정보

프로젝트명

인플루언서 쇼핑 플랫폼 리뉴얼

기획 의도

- '인플루언서와 나를 잇는 쇼핑 플랫폼'이라는 브랜드 가치를 명확하게 하기 위함
- 인플루언서와의 활발한 프로젝트 활동을 위해 자사 플랫폼 개편 필요

목표

- 자사 플랫폼의 현재 디자인 요소 보완
- 추후 진행할 리브랜딩이 잘 적용되기 위한 밑바탕 설정

이 예시는 기획서에서 자주 볼 수 있는 형태입니다. 여러 정보가 섞여 있고 다소 두루뭉술한 경우가 많습니다. 읽어 보면 이해가 되기는 하지만 이를 바탕으로 '사용자 경험 설계를 위해 어떤 데이터를 수집해야 하는가?'라는 질문에 답하기는 어렵습니다. 이유는 데이터 수집의 기준이 되는 배경, 목적, 목표가 명확하지 않기 때문입니다. 기준을 확실히 하기 위해 이 정보를 재구성해보면 다음과 같이 정리할 수 있습니다.

▼ 네 가지 정보 분류에 맞춰 재구성

프로젝트명

인플루언서 쇼핑 플랫폼 리뉴얼

(1) 배경
'인플루언서와 나를 잇는 쇼핑 플랫폼'이라는 브랜드 가치가 명확하지 않다.

(2) 목적
자사 플랫폼 개편을 통해 인플루언서의 프로젝트 활동이 활발하게 이루어지도록 한다. 이로 인해 시장 내 자사 플랫폼 브랜드 인지도를 높인다.

(3) 목표
현재로선 알 수 없다.
다만 문서로 유추해봤을 때는 소비자가 '인플루언서와 내가 이어져 있다'는 느낌이 들게 하는 것이 목표인 것 같다.

(4) 할 일
자사 플랫폼의 현재 디자인 요소를 보완한다. 추후 진행할 리브랜딩이 잘 적용되도록 밑바탕을 설정하는 것이라고 했으나 이는 리브랜딩 전체 방향을 위한 준비 단계로 보이며 디자이너 개인이 단독으로 해결할 수 있는 액션은 아니다. 따라서 '참고사항'으로만 인식하고 지금 당장 수행해야 할 일로 보기 어렵다.

(5) 이 네 가지 정보로 알 수 있는 필요한 사용자 데이터
사용자가 '인플루언서와 내가 이어져 있다는 느낌'을 받고 있는지에 대한 만족도를 알아야 할 것 같다. 앱스토어 리뷰, 커뮤니티, SNS를 통해 정성 데이터를 확보해야 한다. 그리고 현재 서비스 중인 '특정 인플루언서의 소식 받아보기'를 사용자들이 이용하고 있는지에 대한 데이터가 필요할 듯하다.

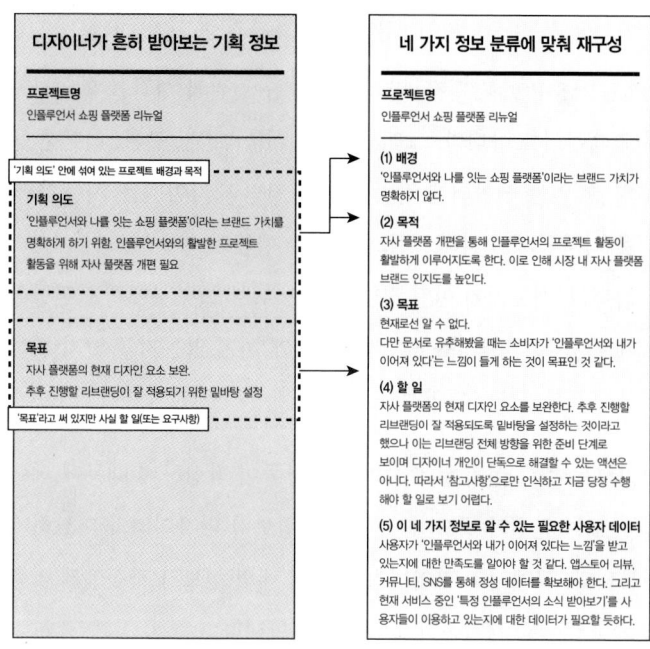

기획 의도만 있는 기획서의 정보 재구성

이처럼 정보를 다시 분류하고 나면 어떤 데이터를 수집해야 하는지 알 수 있습니다. 특히 예시처럼 목표에 구체적인 수치가 빠져 있더라도 '무엇을 바꾸고 싶은가'는 꼭 써두어야 합니다. 배경과 목적을 바탕으로 '사용자에게 어떤 행동 변화가 일어나야 하는가'를 중심으로 목표를 유추해보면 됩니다.

기획서에 쓰인 정보는 '디자이너 맞춤형 정보'가 아니다

CEO, PM, PO, 기획자, 마케터는 보통 전환과 성과를 확인하기 위해 데이터를 봅니다. 그래서 유입, 매출, 이탈, 전환, 리텐션 등을 알 수 있는 데이터에 집중하죠. 하지만 디자이너는 '사용자 경험'을 디자인하기 위해 그들의 시선과 행동 흐름을 알고자 데이터를 봅니다. 사용자가 어떤 경험을 하는지, 어느 부분에서 불편함을 느끼는지, 목표 달성을 위한 행동을 왜 하지 않는지를 알기 위해 데이터를 살펴보는 것입니다.

기획서는 주로 성과를 측정하는 사람들이 작성하기 때문에 데이터를 보는 관점과 중요하게 여기는 정보가 디자이너와 미묘하게 다릅니다. 그래서 디자이너는 기획서 내의 정보가 자신에게 맞춤이 되도록 직접 재가공하고 정리해야 합니다.

수고스러운 작업이 맞습니다. 그동안 그렇게 안 해도 일만 잘한 것도 맞습니다. 디자이너가 굳이 이렇게까지 해야 하는 이유가 무엇일까요? 바로 무수한 데이터 중 '지금 내가 사용자 경험을 설계하기 위해 무엇을 봐야 할지' 알아차리고 '내가 한 일이 비즈니스 성과에 어떻게 반영되는가'를 측정하기 위해서입니다. 즉, '디자이너를 위해서'입니다.

앞 단계에서 제대로 된 정보가 넘어오지 않았다고 해서 가만히 있으면 UX/UI 디자인을 위해 어떤 데이터를 수집할지 알 수 없습니다. 또한 이후 비즈니스에 어떻게 기여했는지도 측정하기 어렵습니다. 하물며 누가 발 벗고 나서주지도 않습니다.

회사는 다양한 사람이 모여 수많은 변수를 만들어내는 곳입니다. 정석대로 흘러가지 않는 경우가 더 많은데 그건 협업 과정에서 각자의 이유가 발현되어 그렇습니다. 이를 탓하고 바로잡으려 하기보다는 나에게 주어진 환경을 나에게 쓸모 있는 형태로 재가공하는 것이 더 효율적입니다.

조금 어렵더라도 하나씩 해보면 할 수 있습니다. 내가 공들여 정리한 그 순간부터 사용자 경험을 설계할 때 그리고 디자인 성과를 측정할 때 봐야 하는 데이터가 무엇인지 선명해지기 시작합니다.

냥펀치로켓 회사에는 냥냥북스 말고 또 하나의 프로덕트가 있습니다. 바로 고양이 용품 스토어 '냥아치잡화점'입니다. 냥아치잡화점팀에는 콘텐츠 디자이너만 있기 때문에 회사 내 유일한 프로덕트 디자이너는 아홉입니다. 아홉은 냥냥북스팀의 업무가 잠시 한가해진 틈을 타 냥아치잡화점팀의 업무를 지원하게 되었습니다.

"안녕하세요, 아홉 님. 처음 함께 작업해보네요. 잘 부탁드립니다." 킥오프 미팅 날 냥아치잡화점팀의 PM 태진은 아홉에게 사람 좋은 웃음을 건네며 프로젝트를 소개했습니다.

"이번에 냥아치잡화점 앱에 '반려동물 사료 급여 알림' 기능이 들어갑니다. 여기 기획서 열어보시면 스토리보드가 있습니다. 정책도 오른쪽에 자세하게 써두었습니다. 화면을 한번 리뷰해드리자면요…."

태진은 기획서를 열어 제일 첫 장에 있는 기획 의도를 빠르게 넘긴 뒤 스토리보드(화면설계서) 첫 장부터 아홉에게 상세하게 설명해주었습니다. 듣는 동안 아홉은 신기하다는 생각을 했습니다.

'경수 님은 프로덕트 디자이너인 나에게 프로젝트 설명이 담긴 문서 파일로(PRD, 제품 요구사항 정의서) 주시는데, 태진 님은 와이어프레임과 화면 상세 정책이 담긴 스토리보드를 주시는구나. 심지어 기획 의도는 그냥 스킵하고 화면부터 설명해주시네. 냥냥북스의 PM 경수 님과 냥아치잡화점의 PM 태진 님은 한 회사이고 동일한 직군인데도 기획서를 다르게 주시다니, 신기하군.'

기능과 화면에 관한 설명을 마친 태진은 "레이아웃과 텍스트는 마음껏 수정하셔도 괜찮습니다."라는 말을 마지막으로 화면 리뷰를 마쳤습니다. 아홉이 '몇 가지 궁금한 게 있는데 정리해서 메신저로 요청드리겠다'고 말한 뒤 회의는 종료되었습니다. 자리에 돌아온 아홉은 태진이 빠르게 넘긴 기획서 첫 장의 기획 의도를 가장 먼저 읽어보았습니다.

▼ 태진이 준 기획서(화면설계서/스토리보드) 첫 장에 쓰인 기획 정보

프로젝트명
냥아치잡화점 앱 반려동물 사료 급여 알림 기능 추가

프로젝트 배경
경쟁사에서 한 달 전 '반려동물 사료 급여 알림 기능'을 출시했는데 이후 냥아치잡화점의 매출이 떨어지고 있다. 이에 따라 매출 감소 방어를 위해 사료 급여 타이머 기능을 도입하려 한다.

기획 의도
'반려동물 사료 급여 알림'의 핵심 기능은 입력한 반려동물의 몸무게와 고객이 구매한 사료 종류를 매칭하여 적절한 급여량을 안내해주는 것이다. 경쟁사에는 아직 없는 기능이며 자사에서 먼저 출시함으로써 고객을 뺏기지 않기 위한 전략으로 삼으려 한다.

확인을 마친 아홉은 곰곰이 생각해보았습니다.

'경쟁사가 이미 출시했구나. 경쟁사에는 아직 없는 기능으로 고객을 다시 데려

오려는 거군. 더 뺏기기 전에 빨리 출시하는 게 관건이겠네. 그렇다면 더더욱 사용자에게 편리한 사용자 경험을 제공하고 싶은데… 태진 님이 그려준 화면설계서를 보면 사용자 동선이 조금 복잡해 보여. 어떻게 개선해야 사용자가 잘 쓰려나?

사용자가 이 기능을 통해 결국 어떤 만족감을 느껴야 하는 거지? 그들이 이 기능을 통해 궁극적으로 어떤 액션을 취해야 하는 걸까? 사용자 특징을 좀 알고 싶은데 무슨 데이터를 봐야 할지 모르겠어. 더구나 기존 기능을 개선하는 것이 아니라 신규 기능을 추가하는 것이라서 어떤 데이터에서 단서를 얻어야 할지도 모르겠고. 태진 님한테 물어보는 수밖에 없겠다.'

메신저에서 태진을 찾아 대화 창을 열어 물었습니다.

> **아홉** 태진 님, 반려동물 사료 급여 알림 기능은 누구의 어떤 행동을 유도하기 위해 만드는 건가요?

한참 뒤 태진에게 답이 왔습니다. 아무래도 몇 번을 썼다 지웠다 한 것 같았습니다.

> **태진** 아홉 님, 죄송하지만 질문을 이해하지 못했어요. 사용자에게 유도하는 행동이 '사료 급여 알림 받아보기' 자체인데 어떤 게 궁금하신 걸까요?

아홉 죄송해요. 제 질문이 조금 추상적이었네요. 제가 궁금한 건 이 기능을 사용하는 사용자의 특징은 어떤지, 이 기능으로 사용자가 앱을 더 자주 열게 만들어서 재방문율을 높이려는 건지, 아니면 사료 급여 관리를 통해 사료 구매 주기를 파악하고 재구매를 유도하려는 건지 등등… 이런 게 궁금했습니다.

태진이 이번엔 바로 답장을 보내왔습니다.

태진 아, 이제 이해했어요. 알림 기능은 경쟁사가 이미 출시한 기능이라 우리도 서둘러 추가하는 겁니다. 아까 킥오프 미팅 때 설명해드렸듯이 '반려동물 사료 급여 알림'의 핵심 기능은 '입력한 반려동물의 몸무게와 고객이 구매한 사료 종류를 매칭하여 적절한 급여량을 안내해준다'인데요. 이건 경쟁사에 아직 없는 기능입니다. 우리가 먼저 출시해서 고객을 뺏기지 않기 위한 전략이에요.

아홉은 이미 기획서로 확인한 정보만 말하는 태진에게 한 번 더 물었습니다.

아홉 아, 그렇군요…! 그럼 사용자의 특징은 어떻게 되나요? 제가 UX/UI 디자인할 때 거기에 맞춰서 설계하고 싶어서요.

한참 뒤 태진에게 답이 왔습니다.

> **태진** 음… 냥아치잡화점의 사용자는 남녀노소입니다. 고양이는 누구나 키울 수 있으니까요.

아홉은 '내가 또 너무 추상적으로 물어봤나?'라고 생각하고 태진에게 되물었습니다.

> **아홉** 넵. 그럼 혹시 냥아치잡화점에 GA가 심어져 있는 걸로 아는데 제가 볼 수 있을까요? 그리고 그 외에 사용자 데이터를 보고 싶은데 영업팀이나 마케팅팀에 물어보면 될까요?

이번에도 태진은 바로 답하지 않았습니다.

> **태진** GA는 마케팅팀에 문의하면 됩니다. 그리고 아홉 님, 그냥 반려동물 사료 급여 알림을 만들어주시면 됩니다. 그게 가장 핵심입니다. 화면설계서에 모든 기능은 상세히 써두었으니 화면 기능에 대해 궁금한 사항 있으면 말씀해주세요.

> **아홉** 아… 넵, 알겠습니다.

아홉은 태진에게 더는 물어볼 수 없었습니다. 한숨을 한 번 쉬고 커피를 사러 일어나려는데 마침 회의를 마치고 자리로 돌아오는 경수가 보였습니다.

"경수 님, 잠깐 커피 사러 같이 가실래요?"

"네, 아홉 님. 마침 말씀드릴 게 있었는데 잘됐네요. 가시죠."

가는 길에 아홉은 경수에게 물었습니다.

"이번에 냥아치잡화점팀의 업무 지원하는 거 말이에요."

"안 그래도 그거 여쭤보려 했어요. 얼마나 걸릴 것 같아요? 저희 바로 다음 프로젝트에 들어가야 해서요."

"하… 모르겠어요. 태진 님한테 스토리보드를 받았는데요, 사용자 데이터를 확인하고 싶어서 요청드렸더니 딱히 협조적이지 않으세요. 그래서 뭘 기준으로 UX/UI 디자인을 해야 할지 모르겠어요. 물론 스토리보드 그대로 디자인하면 완성은 되겠지만, 저는 정작 사용자의 특성을 모르잖아요. 그게 정말 사용자를 위한 디자인일까요? 이전 회사에서도 그렇게 일했는데 지엽적인 수정만 쌓이고 진도는 잘 안 나갔어요. 저는 너무 답답했고요. 뭐랄까… 근본적인 문제를 해결하는 느낌이 안 든다고 할까요? GA 데이터도 확인할 수 있기는 한데 정작 뭘 봐야 할지 모르겠어요."

"태진 님에게 프로젝트 목적과 목표는 확인해봤어요?"

"프로젝트 목적과 목표요? 어… 아뇨. 그냥 스토리보드와 화면 상세 정책만 받았어요. 맨 앞장에 기획 의도와 배경도 전달받긴 했고요. 그리고 목표면 '냥아치잡화점 반려동물 사료 급여 알림 기능 추가'가 프로젝트 목표 아닌가요? 음… 아닌가? 이건 목적인가?"

"그건 아홉 님의 할 일이고요. 예를 들면 목적은 '사용자가 온보딩 단계에서 냥냥북스의 핵심 가치를 느끼지 못한 채 이탈하는 것을 막는다'고요, 달성 목표는 '3개월 이내에 온보딩 완료율을 10%에서 50%로 올린다' 이런 것들이에요. 제가 드리는 PRD 문서에 항상 써 있는 내용이죠."

아홉은 경수가 건네주던 기획 문서를 떠올렸습니다. 거기에 항상 프로젝트 배경, 목적, 목표가 써 있던 것이 기억났습니다. 그동안 그것을 기준 삼아 프로덕트 디자인을 해왔는데 막상 그 정보가 없는 상황이 되자 무엇이 빠졌는지 인식조차 하지 못한 채 헤매고 있었던 것이었습니다.

'목적과 목표라… 그러네. 그동안 나는 '프로젝트명'이 목표라고만 생각했어. 경수 님이 기획 문서에 항상 목적과 목표를 제시해주셨으니까 그게 당연한 줄 알았던 거지. 그런데 그게 없으니까 어디서부터 시작해야 할지 모르겠는 거야. 애초에 그걸 기준으로 삼아야 한다는 걸 모르니 없어도 찾을 생각을 못했던 거고. 아는 만큼만 보이는 거니까. 결국 이 기준을 알아야 어떤 데이터를 수집해야 할지도 알겠구나. 그럼 태진 님에게 다시 물어볼까? 아, 근데 좀 망설여지네… 딱히 다시 줄 것 같지도 않고.'

아홉이 생각에 잠긴 틈을 타 경수가 아홉의 커피까지 받아왔습니다. 커피를 한 모금 마시며 경수가 덧붙였습니다.

"가장 좋은 건 태진 님에게 기획서를 다시 요청하는 건데 현실적으로 좀 어려울 거예요. 태진 님의 평소 기획서 작성 스타일이 아니기도 하고요. 제가 도와드릴 수 있는 게 아니라 아쉽네요. 음, 이참에 아홉 님이 한번 다시 정의해보는 거 어떠세요? 어차피 세상의 모든 기획자는 다 각자의 방식대로 기획 문서를 줄 텐데 이 기회에 아홉 님만의 정보 재구성 능력을 만들어보는 거죠. 평소 문서를 직접 써볼 일이 없으니 좀 막막할 거예요. 저도 처음엔 그랬거든요. 몇 가지 팁을 드리자면요…."

커피를 들고 자리로 돌아오는 동안 경수는 자신의 팁을 아홉에게 공유해주었습니다. 아홉은 경수가 있어 다행이라고 생각했습니다.

'그래, 해보자. 어차피 어느 조직을 가든 이런 일은 계속 발생할 거야. 이참에 해보는 거야.'

아홉은 화면 왼쪽에 태진이 기획서에 기록해둔 내용을 두고 오른쪽에 메모장을 켰습니다.

'네 가지에 맞춰 정보를 재분류하고 보완해서 완성하라고 했지? 목표가 써 있지 않다면 어차피 내가 설정할 수 있는 영역이 아니니 사용자에게 유도할 목표를 기준으로 러프하게 유추만 하면 된다고 했고.'

아홉은 더디지만 문장을 하나씩 바꿔보기도 하고 정보를 여기저기 배치해보며 다시 정의하기 시작했습니다. 평소 하던 일이 아니어서 어려웠지만 검색도 해가며 몇 시간을 끙끙대다 보니 분류가 완료되었습니다.

▼ 아홉이 네 가지 정보를 재분류한 기획 정보

프로젝트명

냥아치잡화점 반려동물 사료 급여 알림 기능 추가

(1) 배경

경쟁사에서 한 달 전 '반려동물 사료 급여 알림 기능'을 출시했는데 이후 냥아치잡화점의 매출이 떨어지고 있다. 여기에 내 의견을 보태자면 사료는 '급여하기 위해' 구매하는 제품이다. 당연히 사용자 여정에서도 '구매' 이후 '사료 급여'로 이어지는 흐름이 자연스럽다. 이 흐름을 경쟁사에서 잡은 만큼 사용자를 뺏기는 것은 마땅하다고 생각된다.

(2) 목적

냥아치잡화점도 '반려동물 사료 급여 알림'을 만들되 사용자가 입력한 자신의 반려동물 몸무게와 구매한 사료 종류를 매칭하여 적절한 급여량을 안내해주는 기능을 추가한다. 그로 인해 경쟁사로 이동한 고객을 다시 유입시키고 매출을 회복하고자 한다.

(3) 목표

따로 명시되어 있지는 않지만 고객이 반려동물 사료 급여 알림 기능을 통해 다시 냥아치잡화점에서 사료를 재구매하도록 유도해야 할 것 같다. 즉 냥아치잡화점 회원이 '반려동물 사료 급여 알림' 기능을 사용하게 만들어야 한다. 물론 비즈니스 지표 측면에서의 목표는 이와 다르겠지만(매출 증대로 예상) 내가 필요한 목표는 이 정도면 충분하다고 생각한다.

(4) 할 일(또는 요구사항)

- 사료 급여 알림 화면 디자인
- 사료 종류와 몸무게 입력 화면 디자인
- 알림을 받고 사료를 구매하기까지의 여정 추가 설계(태진 님이 준 스토리보드에는 없음)

(5) 이 네 가지로 알 수 있는 필요한 사용자 데이터

신규라서 지금 수집할 사용자 데이터는 없다. 문제 있는 부분을 수정하는 것이 아니라 그 문제를 해결하기 위해 아예 없는 기능을 만드는 것이기 때문이다. 대신 출시 이후 성과 측정을 위해 수집할 데이터가 있다. 이는 수집 가능하도록 미리 데이터 트래킹 환경을 세팅한 뒤 출시해야 한다. 잊지 말기!

- 사료 급여 알림 기능을 실제로 설정한 사용자 비율
- 급여 알림을 켠 사용자의 수
- 기능 사용 후 사용자가 남긴 피드백(앱 리뷰, SNS, CS 등)에서 사용자 만족도 확인
- 급여 알림을 받은 뒤 실제 사료 구매로 이어졌는지에 대한 데이터 등

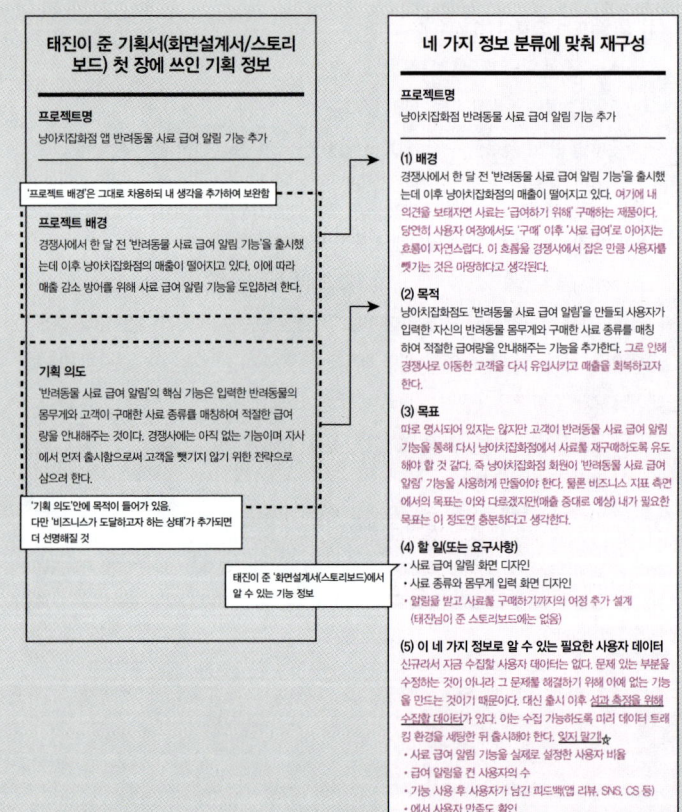

프로젝트 배경과 기획의도만 있는 기획서의 정보 재구성

작성을 마친 아홉은 천장을 보며 숨을 크게 내쉬었습니다.

'후아…! 뭔가 선명해진 것 같아! 와, 이걸 하니 어떤 데이터를 봐야 할지도 진짜 명확해지네! 목적과 목표가 부정확할 순 있으나 적어도 나한텐 나침반이 생긴 거야. 그래, 그거면 충분하지! 이걸 기반으로 UX/UI 디자인을 완료한 뒤 태진 님에게 확인하면 되겠다.'

아홉은 확실히 기존과 다르게 할 일이 명확해지는 느낌을 받았습니다. 할 일도 확실해지고 그에 따라 봐야 하는 데이터도 대략적으로 감이 오는 것 같았습니다. 아홉은 프로젝트의 목적과 목표를 기준으로 삼고 태진이 그려준 스토리보드를 다시 살펴보았습니다. 그리고 자신의 아이디어를 보태어가며 사용자 여정과 화면을 디자인하기 시작했습니다. 며칠 뒤 아홉은 태진에게 디자인 결과물을 리뷰했습니다.

"두 개의 디자인이 있습니다. 하나는 태진 님이 잡아주신 것 그대로 반영한 거고요. 하나는 제가 추가 아이디어를 낸 건데요…."

아홉은 자신의 아이디어가 반영된 새로운 사용자 여정과 화면을 태진에게 보여주며 이 근거에 '자신이 재정의한 기획 정보'가 있음을 보여주었습니다.

"태진 님이 주신 기획서 정보를 토대로 제가 배경, 목적, 목표, 이후 추적할 사용자 지표를 정리해봤는데 틀린 게 있으면 말씀해주세요."

태진은 처음에는 놀랐지만 아홉의 제안을 검토한 후 긍정적인 반응을 보였습니다.

"정보는 모두 맞습니다. 달성 목표가 좀 다르긴 하지만 뭐 큰 틀에서는 동일합니다. 그리고 새롭게 만들어주신 사용자 여정과 그에 따른 화면 모두 좋습니다. 이대로 진행하겠습니다. 감사합니다."

이후 냥아치잡화점의 '반려동물 사료 급여 알림 기능'은 빠르게 개발되어 출시되었고 그로부터 한 달 뒤 태진에게 메시지가 왔습니다.

> **태진** 아홉 님, 냥냥북스 매출이 목표치를 달성했습니다. 고생 많으셨습니다.

냥아치잡화점의 정확한 달성 목표가 무엇이었는지는 여전히 알 수 없지만 아홉은 현실적으로 이 정도면 충분하다고 생각했습니다. 무엇보다 앞으로 어떤 기획서를 받아도 UX 전략을 짜기 위한 정보를 재정의할 수 있을 것 같아 자신감이 생긴 점이 가장 좋았습니다.

02
프로젝트 배경만 알 수 있을 때: '임시 목적'을 설정해서 데이터 방향 잡기

앞서 기획 의도에 목표와 목적 그리고 할 일이 버무려진 경우가 많다고 했습니다. 그러나 안타깝게도 이 '기획 의도'조차도 없는 경우가 있습니다. 주로 '프로젝트 배경'만 전달되는 경우입니다. 'CEO, PM, PO, 기획자에게 물어보면 되지 않냐'고 할 수 있지만 분위기상 묻기 어려울 때도 있습니다.

그렇다면 이런 상황에서 디자이너는 어떻게 해야 할까요? 가공에 필요한 정보도 없는데 도대체 디자이너는 무엇을 기준으로 디자인해야 할까요? 이럴 때는 배경 정보를 바탕으로 '임시 목적'을 설정하면 됩니다. '아니 어차피 받은 정보도 없는데 뭘 또 그렇게까지 노력해야 해?'라고 생각할 수 있습니다. 조금은 억울한 생각도 들 수 있고요. 하지만 재차 말씀드리지만 이건 결국 '디자이너'를 위해서입니다. 임시 목적은 디자이너의 추측이긴 하지만 이를 명시해두면 이후에 실제 목적이 밝혀지더라도 수정 방향을 설정하기 쉽습니다. 또한 UX/UI 디자인의 의도도 목적에 따라 움직이기 때문에 나침반 삼아 디자인할 수도 있습니다. 더불어 어떤 데이터를 수집해야 할지, 출시 이후 성과를 보기 위해 어떤 데이터를 봐야 할지도 알 수 있게 해줍니다.

냥냥북스 팀 회의 때 경수가 아홉에게 새로운 프로젝트를 설명했습니다. 단 이번 프로젝트는 내부가 아닌 외부 프로젝트였습니다.

"아홉 님, 이번에 냥냥북스가 반려동물 전문 플랫폼인 A사와 협업하게 되었습니다. 정확히 말하면 A사가 매월 말에 지자체와 함께 진행하는 '반려동물데이'의 랜딩페이지 리뉴얼을 우리가 하게 된 건데요. 아홉 님이 UX/UI 디자인을 맡아주시면 될 것 같아요. 아마 오늘 중으로 A사의 담당자가 메일로 기획안을 보내드릴 겁니다. 저는 참여하지 않으니 참고해주세요."

회의가 종료되고 아홉이 자리로 돌아오자 마치 아홉을 기다렸다는 듯이 곧바로 메일이 도착했습니다.

메일 제목: [반려동물데이 랜딩페이지 리뉴얼 디자인 요청] 기획안 전달드립니다
메일 내용
안녕하세요, 냥냥북스팀 프로덕트 디자이너 아홉 님. A사 플랫폼사업팀 최은빛입니다.
이번 프로젝트 관련하여 기획안을 공유드립니다.
'반려동물데이'는 저희 A사의 플랫폼에서 매월 말일에 지차체와 함께 진행하는 프로모션으로 해당 일에 정해진 반려동물 물품을 사면 수익의 50%를 지역에 기부하게 됩니다. 신뢰감 회복을 위해 리뉴얼을 진행할 예정이며 기존 기능은 유지하되 리뷰 쪽만 강화하고 나머지는 디자인만 변경해주시면 됩니다. 기획서 파일 안에 기획 내용과 화면설계서가 있으니 편하게 확인해주시고 궁금한 점은 말씀해주세요. 디자인은 마음껏 바꾸셔도 됩니다.
그럼 잘 부탁드립니다.

아홉은 메일을 읽은 뒤 함께 첨부된 '반려동물데이_랜딩페이지_리뉴얼.pptx' 파일을 열었습니다. 첫 번째 장에 프로젝트에 대한 간략한 소개가 있었습니다.

▼ 최은빛의 기획서 첫 장에 쓰인 기획 정보

프로젝트명: 반려동물데이 랜딩페이지 리뉴얼

목적: 최근 반려동물데이에 대한 반응이 전반적으로 낮아지고 있어 브랜드 인지도를 다시 한번 끌어올리고자 합니다. 특히 신뢰도가 많이 떨어졌다는 내부(지자체) 의견이 있어 이벤트의 가치와 메시지를 더 잘 전달하여 사용자들이 신뢰할 수 있도록 개선하고자 합니다.

타깃 사용자: 반려동물을 키우는 20대~40대

디자인 요청사항: 전반적인 분위기를 기존보다 더 감성적으로 리디자인해주세요. 특히 후기 콘텐츠 영역에서는 '믿을 수 있는 후기' '진정성 있는 사용자 이야기'처럼 느껴지도록 시각적으로 구성해주세요. 메인 컬러는 유지해주시고 배치나 텍스트 구조는 자유롭게 조정하셔도 좋습니다.

프로젝트 소개를 읽고 난 아홉은 혼자 작게 중얼거렸습니다.

"달성 목표는 없네. 목적도 타이틀은 목적이지만 내용은 프로젝트 배경에 가까워. 전에 냥아치잡화점 태진 님이 준 건 양반이었구나. 앞으로 어떤 기획서를 받아도 재구성할 수 있을 거라 생각했는데 아니었어. 어쩌지? 일단 경수 님이 항상 주시는 PRD랑 비교해봐야겠다."

아홉은 평소 경수가 주던 PRD를 열어 비교해봤습니다.

'경수 님 PRD에는 목적이 어디 보자… 가장 비슷한 게… 여기 있다! 냥냥북스 리뷰를 리뉴얼했을 때.'

경수가 준 PRD에는 이렇게 적혀있었습니다.

▼ 경수가 준 PRD

프로젝트명: 냥냥북스 콘텐츠 리뷰 리뉴얼

배경: 비구독자에게도 공개되는 냥냥북스 콘텐츠 리뷰는 그들을 구독자로 전환시키는 역할을 해야 한다. 하지만 콘텐츠 작성자들이 자신의 SNS 채널로 유도하기 위해 리뷰 창에 홍보 글을 작성하는 경우가 많다. 그로 인해 리뷰의 신뢰도가 점점 떨어지고 있다.

목적: 리뷰 시스템을 개편해 콘텐츠에 대해 진짜 후기만 등록이 가능하도록 만든다. 이를 통해 비구독 사용자가 구독 사용자로 전환되게 만든다.

달성 목표: 리뉴얼 이후 구독 전환율 증가(증가 포인트는 미정)

아홉은 두 기획서를 한 화면에 나란히 놓고 비교하며 중얼거렸습니다.

'역시 달라. 은빛 님의 기획서는 내가 이전 회사에서 받았던 것과 거의 유사해. 그때는 기획서에서 부족한 게 무엇이었는지 몰랐지만 지금은 알 수 있어. 명확한 목적과 달성 목표가 없어. 은빛 님에게 다시 요청해볼까?'

아홉은 회신 메일을 쓰려다 멈칫했습니다.

'그런데 이걸 말하기엔 좀… 아직 얼굴 한 번 못 봤고 서로 어떤 식으로 일하는지도 모르잖아. 이런 상황에서 '이 프로젝트의 배경이 아닌 목적을 알려주세요. 그리고 달성 목표도 궁금합니다'라고 보내는 건 좀 그래. 심지어 A사에서 리딩하는 프로젝트에 나는 참여자일 뿐인걸. 괜히 그런 질문 했다가 '이 사람 뭐야?'라고 할 수도 있어. 괜한 오해가 생길 수도 있고… 그렇지만 그냥 감으로 UX를 디자인할 수는 없어. 어쩌지?'

아홉은 고민했습니다. 이럴 땐 커피가 최고라고 생각하며 일어나려는데 갑자기 경수가 전에 했던 말이 머릿속에 떠올랐습니다.

'전에 경수 님이 그랬지. 본인도 대표님이나 다른 직군 사람들이랑 미팅하고 나면 목적이나 목표가 명확하게 정리되지 않아서 본인이 만든 다음 확인한다고. 그게 더 빠르다고. 그리고 그럴 때 목표는 '지금보다 좋아지는 것'으로만 설정하고 목적만 명확히 한다고 했어. 그럼 나도 그렇게 해볼까…? 어차피 다 각자의 방식대로 기획 문서를 작성할 거야. 일부러 그렇다기보다는 상황상 그럴 수밖에 없는 경우가 많고. 그럴 때마다 다시 요청하는 건 현실적으로 어려워. 결국 나에게 주어진 정보에서 나에게 필요한 걸 재정의한 다음 이게 맞는지를 묻는 방식으로 진행하는 연습을 해야 해. 목적이라고 써 있지만 사실은 프로젝트 배경인 이 정보를 가지고 목적만 뽑아보자.'

▼ 배경, 목적 정의

- **배경**
  - 정의: 사용자/비즈니스에 어떤 문제가 있는가?
  - 예시: 구매자 회원가입 지표가 계속해서 떨어지고 있다. 두 달 전 판매자가 상품을 올리기 위해 거쳐야 하는 프로세스를 바꿨다. 우리 앱의 주요 사용자인 50대 판매자가 어렵다고 느껴 판매자의 상품 등록 수가 떨어졌고 그로 인해 구매자도 들어왔다가 상품이 없으니 회원가입의 필요성을 못 느끼고 그대로 이탈하는 것으로 추정된다.
- **목적**
  - 정의: 문제를 해결하기 위해 어떤 결과를 이루고자 하는가?
  - 예시: 50대 판매자도 편하게 사용할 수 있는 상품 등록 프로세스로 개선하여 등록되는 판매자의 상품 수를 확대하고 구매자의 회원가입 지표가 상승하도록 만든다.

아홉은 다시 자리에 앉아 정리해두었던 메모장과 은빛의 메일을 함께 띄우고 비교해봤습니다.

'이렇게 비교해보니 더 확실히 알겠다. 은빛 님이 써준 건 목적이 아니라 배경에 가까운 게 맞았어. 그리고 배경에 있는 정보로 충분히 목적을 정리할 수 있을 것 같아. 좋아. 그럼 은빛 님이 준 기획서와 기존 랜딩페이지의 정보를 기반으로 내가 목적을 한번 써보자.'

▼ 아홉이 네 가지 정보를 재분류한 기획 정보

프로젝트명: 반려동물데이 랜딩페이지 리뉴얼

배경: 최근 반려동물데이에 대한 반응이 전반적으로 낮아지고 있어 브랜드 인지도를 다시 한번 끌어올리고자 한다. 특히 신뢰도가 많이 떨어졌다는 내부(지자체) 의견이 있어 이벤트의 가치와 메시지를 더 잘 전달하여 사용자들이 신뢰할 수 있도록 개선하고자 한다.

목적: …

아홉은 새 메모장을 열어 적다가 손을 멈췄습니다.

'음… 막상 쓰려니까 막막하네. 결국 '목적'을 '배경'으로만 바꾸니 끝인데… 정작 목적은 뭘 기준으로 써야 하지?'

몰랐던 것을 알았다는 사실은 단서일 뿐, 알았다고 해서 목적이 '뿅' 하고 저절로 떠오르진 않았습니다. 아는 것과 실행하는 것에는 어마어마한 차이가 있음을 느꼈습니다.

'아무래도 추가 정보가 필요하겠어. 나에게 있는 정보를 최대한 활용해보자.'

아홉은 다시 한번 심기일전하여 흩어지는 생각을 정리해보았습니다.

'본질적으로 접근해보자. 질문의 주어를 '사용자'로 바꾸는 거야. 사용자는 왜 반려동물데이에 대해 신뢰도가 떨어졌다고 느끼는 걸까?' '정말 기부가 제대로 되는가' '이벤트 취지가 진짜인가'와 같은 의심이 들어서? 그러고 보니 그런 정보가 안 보이네. 그러니 자연스럽게 구매하지 않게 되고….

그래, 맞아. 나도 그래서 항상 기부를 망설이거든. 아, 이제 보니 주어진 글 자체를 곱씹을 것이 아니라 사용자 입장에서 '왜 이런 일이 벌어졌을까'를 상상해 보는 과정이 필요했던 거구나! 사용자 경험 설계에 가장 중요한 질문 방법, '주어에 사용자 놓기'를 놓치니까 계속 제자리걸음이었던 거야. 그리고 목적을 못 쓴 이유는 배경에 자꾸 해결 방법을 놓아서였어. 그건 목적인데 말이지. 배경에는 '문제'만 써야 했어.'

아홉은 뭔가 정리되는 느낌을 받았습니다. 그 느낌을 놓치지 않고 목적을 마저 완성했습니다.

▼ 아홉이 네 가지 정보를 재분류한 기획 정보

프로젝트명: 반려동물데이 랜딩페이지 리뉴얼

배경: 최근 반려동물데이에 대한 반응이 전반적으로 낮아지며 브랜드 인지도도 함께 낮아지고 있다. 특히 신뢰도가 많이 떨어졌다는 내부(지자체) 의견이 있었다.

목적: 사용자에게 '반려동물데이'의 사회적 가치를 명확하게 전달하고 이를 통해 행사에 대한 신뢰와 호감도를 높여 사용자의 물품 구매 참여를 자연스럽게 유도한다. 이로 인해 더 많은 수익금이 발생하게 만든다.

할 일: 후기를 단순히 감성을 자극하는 시각적 장치로 꾸밀 것이 아니라 가치를 증명하고 신뢰를 형성하는 수단이 되게끔 UX/UI를 설계해야 한다.

봐야 하는 데이터: 사용자가 반려동물데이를 어떻게 인식하고 있는지, 사용자가 '기부'에 대한 인식이 어떤지, 후기에서 주로 어떤 정보를 확인하는지 등. 당장 수집하긴 어려우니 최대한 데스크 리서치를 이용한다.

적고 나니 비로소 자신이 어떤 디자인을 해야 할지 그리고 어떤 데이터를 확인해야 할지 방향이 보이기 시작했습니다.

'이제 감이 온다. 문제를 정확히 정의하면 목적이 자연스럽게 따라오는구나. 그러면 사용자에게 진짜 필요한 UX/UI 디자인도 저절로 따라오는 거고. 봐야 할 데이터도 거기에 맞게 당연히 정리되네. 그럼 이제 화면설계서에도 이게 잘 반영되어 있는지 볼까?'

아홉은 화면설계서를 다시 확인했습니다. 화면설계서에는 기존 구조를 거의 그대로 유지한 채 후기 섹션만 강조되어 있었습니다.

'이 구조로는 행사 취지의 메시지를 명확하게 전달하기 어렵겠어. 정보 구조가 분산돼 있어 사용자가 행사의 의미를 파악하기도 전에 이탈할 가능성이 높아 보여. 신뢰도 상승과 참여 유도가 목적이라면 후기 콘텐츠는 단순히 감성을 자극할 것이 아니라 가치를 전달하는 방향으로 설계해야 해. 색상이나 시각적인 장치로 될 부분이 아니고 사용자를 몰입하게 만드는 사용자 경험 흐름이 필요해.'

아홉은 이 인사이트를 바탕으로 사용자 여정을 재설계하고 그에 따른 후기 섹션을 새롭게 디자인하기 시작했습니다.

03
프로젝트 배경, 목적, 목표를 모두 알 수 없을 때: 회사의 존재 이유로 데이터 감 잡기

가장 난이도가 높은 상황입니다. 하지만 동시에 많은 디자이너가 실제로 맞닥뜨리는 현실이기도 합니다. 목표나 목적도 없이 그저 '이 화면 리뉴얼 한번 하죠' '요즘 이 기능 많이 쓰니까 넣어보죠'와 같은 요청만 있는 경우가 많습니다. 또한 프로젝트의 목적과 목표가 명확하더라도 디자이너에게 알려주지 않는 경우도 있습니다. 물론 디자이너가 CEO, PM, PO, 기획자에게 재차 묻고 확인하면 되지만 회사 분위기상 그런 질문 자체가 쉽지 않은 환경일 수 있습니다.

그렇다면 이런 상황에서 디자이너는 도대체 어떤 기준으로 사용자 경험을 디자인하고 어떤 데이터를 봐야 할까요? 이럴 때는 더 큰 그림을 보면 됩니다. 바로 '회사의 존재 이유' 즉 '회사의 목적'입니다.

회사의 목적은 '이 회사는 왜 존재 하는가?'에 대한 답으로, 회사의 존재 이유와 방향성을 말합니다. 프로젝트의 목적과 목표는 결국 회사의 목적을 이루기 위해 존재하는 작은 조각들입니다. 내가 만들 조각이 최종적으로 어떠한 큰 그림을 만들기 위함인지만 알아도 방법은 있습니다. 예를 들자면 '사람들에게 건강한 식습관을 제공하기 위해서' '반려동물이 더 안전한 세상에서 살 수 있게 하기 위해서' '지구 환경을 보호하고 지속 가능성을 추구하기 위해서'와 같은 것이 회사의 목적입니다.

'이 회사가 왜 존재하는가?'에 대한 답인 만큼 추상적이고 철학적인 성격을 띠고 있어 목적을 이루었는지 정량 지표로 측정하기 어렵습니다. 그래서 측정 가능한 목표를 설정해 '목적을 이루고 있음을 확인하는 것'입니다. 물론 측정 가능한 목표가 없다면 '사용자들이 우리 서비스를 사용한 후 실제로 더 건강한 식사를 하게 되었는가?'와 같은 실질적인 결과를 통해 간접적으로 측정하기도 합니다.

회사가 프로젝트의 목적과 목표를 제대로 정의하지 않고 일을 한다면 디자이너도 이를 역으로 이용하면 됩니다. 역으로 이용한다는 것은 바로 '내가 이해하기 쉬운 방향으로 기준을 세우는 것'을 말합니다. '이 회사는 왜 존재하는가?'라는 질문은 '그렇다면 지금 내가 무엇을 지켜야 하고 어떤 방향으로 사용자 경험을 만들어야 하는가'에 대한 기준이 됩니다. 그러면 살펴봐야 하는 데이터도 추릴 수 있습니다.

예를 들어 회사의 목적이 '건강한 식습관을 돕는 것'이라면 사용자가 '음식 선택에서 느끼는 혼란'을 줄여주는 디자인을 고민할 수 있고 '건강 식단 콘텐츠 클릭률' '저당 식단 필터 사용 비율' 같은 데이터를 관찰 포인트로 삼을 수 있습니다. 회사의 목적이 '지속 가능성을 추구하는 것'이라면 사용자에게 친환경 제품을 더 쉽게 선택할 수 있는 흐름을 만들어주는 것이 맞는 방향이고 '친환경 태그 클릭률' '재활용 가이드 콘텐츠 체류 시간' 같은 데이터를 추적할 수 있습니다.

이처럼 회사의 목적은 정량 지표를 설정하는 기준이 되기도 하고 데이터를 해석하는 관점이 되기도 하며 아무 기준이 없을 때 디자이너가 붙잡을 수 있는 마지막 나침반이 되기도 합니다. 프로젝트 목표도 없고, 목적도 없고, 알려주는 사람도 없다면 회사의 존재 이유가 내 디자인의 기준이자 데이터를 바라보는 기준이 되어야 합니다.

"아홉 님, 냥냥북스 앱 온보딩이 불편하다고 하니 개선하는 게 좋겠어요." 냥펀치로켓 대표가 아홉의 자리로 와 느닷없이 업무를 지시했습니다.

"어… 누가 불편하다고 했는지 알려주실 수 있나요?" 아홉은 당황했지만 일단 맥락을 파악하기 위해 조심스럽게 물었습니다.

"제 주변 사람들도 불편하다 하고 앱 리뷰에도 써 있어요. 저도 좀 불편하고요. 지표에 영향을 줄 수 있으니 최대한 빨리 개선해주세요." 대표가 답했습니다.

아홉은 무의식적으로 냥냥북스 PM인 경수를 찾았으나 개인 사정으로 어제부터 일주일간 휴가를 낸 그는 자리에 없었습니다. 경수가 돌아오려면 3일이나 남았습니다.

"아, 네. 경수 님 오면 팀에서 논의해보고 진행하겠습니다."

"아뇨, 지금 바로 진행해주세요. 어차피 화면 디자인만 수정하면 되는 거니까요. 경수 님에게는 제가 말할게요."

"네? 네, 알겠습니다."

휘리릭 돌아서는 대표님의 뒷모습을 보며 아홉은 한숨을 쉬었습니다. 이런 식의 업무 지시는 언제나 난감했습니다. 정확한 배경 설명도 없고 무엇이 문제인지도 모른 채 맥락 없이 디자인해야 하는 상황을 이곳에서는 안 만나길 바랐습니다.

'그때도 온보딩이었구나. 그러고 보니….'

아홉은 전 회사에서도 비슷한 일을 겪었습니다. 그곳은 대표도, 같은 팀의 PO도 자신에게 업무 단위로 일을 지시했습니다.

"온보딩을 개편하려 합니다. 사용자의 연령대가 높다는 것을 고려해봤을 때 복잡하다고 느껴 이탈이 발생하는 걸로 추정됩니다. 온보딩 복잡성을 제거하여 사용자에게 편의성을 제공하고 이탈을 방지하려 합니다."

그날도 어김없이 아홉이 있는 프로덕트팀의 PO가 이번에 진행할 프로젝트를 설명하며 기획서를 공유해주었습니다. 그의 기획서에는 항상 그랬듯이 업무 배경 설명과 함께 화면설계서가 그려져 있었습니다.

아홉은 평소처럼 화면설계시를 기반으로 화면 디사인을 진행했습니다. '사용자는 이 정보를 앞에서 확인해야 그다음을 이해할 수 있을 것 같은데?' 아홉은 사용자 입장에서 더 편리한 플로가 있다고 판단하여 화면설계서를 그린 PO와 상의한 뒤 아홉의 의견에 맞춰 온보딩 UX/UI를 완성했습니다.

PO는 대표와 다른 팀에 디자인 결과물을 공유했고 며칠 뒤 각기 다른 수정사항을 받아와 아홉에게 반영을 요청했습니다. 하나하나 살펴보니 PO와 대표는 의견이 달랐고 영업팀은 '폰트를 더 키워달라'와 같은 지엽적인 수정사항이 주를 이루었습니다.

아홉은 디자인이라는 자신의 배에 너무 많은 사공이 탄 느낌이었습니다. 이 사공들은 태운 적이 없는데 제멋대로 올라타더니 내려가지도 않았습니다. 아홉은 사용자를 대신한다는 사명감으로 그들의 입장에서 받아들일 수 있는 의견은 수용하고 그렇지 않은 것은 거절했습니다. 특히 '온보딩 단계에서 사람들이

건너뛰기를 할 수 없도록 건너뛰기 버튼을 아예 빼달라'는 PO의 요구사항은 끝까지 반영하지 않았습니다. 사용자에게 선택지를 주지 않는 것은 UX 디자이너로서 받아들이고 싶지 않았기 때문입니다.

수정사항을 반영하고 나면 다시 모든 팀에 공유되고 그에 따른 또 다른 수정사항이 생기고… 이 과정을 몇 번이나 반복하는 동안 아홉은 지칠 대로 지쳤습니다. '디자인을 그만두고 싶다'고 생각할 정도로 마음도 디자인도 누더기가 된 느낌을 받았습니다. 어찌저찌 개선된 디자인이 배포되자 회사 내 구성원들이 '이번 온보딩 개선, 잘된 것 같아요. 명료하고 단순해서 고령의 사용자들이 만족할 것 같더라고요'와 같은 말을 건네왔습니다. 대표님도 만족하는 눈치였으나 아홉만 만족스럽지 않았습니다. 너무 힘들었고 다시는 이렇게 일하고 싶지 않다고 생각했습니다. 하지만 이렇게 일하지 않으려면 어떻게 해야 하는지를 몰라 답답하기만 했습니다.

그로부터 일주일 뒤에 PO가 온보딩 개편 결과를 팀에 공유했습니다. 이탈률이 더 떨어졌다고 말하며 아무래도 온보딩 개편 때 아홉 님이 피드백을 반영해주지 않아서인 것 같다는 말을 덧붙였습니다. 아홉은 그날 퇴사 의사를 밝혔습니다. 그리고 냥냥북스에 왔습니다. 면접 당시 확인한, 경수가 이끄는 팀의 의사 결정 방식이 마음에 들었고 경수에게서 많은 것을 배울 수 있겠다 싶었습니다. 그러나 오늘은, 아니 이번 프로젝트에는 경수가 없습니다. 무작정 빨리 해달라는 대표의 요청을 막아낼 힘이 아홉에게는 없었습니다.

'또 그때처럼 되면 어떻게 하지…?'

아홉은 걱정하며 온보딩 화면이 담긴 피그마 파일을 열었습니다. 총 3단계로 구성되어 있는 온보딩 화면이 눈에 들어왔습니다. 각 단계에는 앱의 기능에 대한 설명이 단계별로 써 있었습니다.

'기능의 가치가 얼마나 큰지 사용자에게 와닿지 않는 걸지도 모르겠다. 온보딩에 넣은 기능은 다 핵심 기능인데 이거 말고 다른 걸 말해줘야 하나?'

아홉은 온보딩 화면을 빠르게 수정한 뒤 대표에게 보여주었습니다. 그러나 '글자를 더 키워달라' '강조되는 부분의 컬러를 바꿔달라' '이거 말고 다른 기능을 써달라'와 같은 수정사항이 파편적으로 계속 들어왔습니다. 아홉은 이전 회사와 비슷하게 상황이 흘러가는 것을 느꼈습니다. 마음을 다스리기 위해 커피를 사러 가려던 그때, 문득 경수가 팀 미팅에서 자주 언급했던 말이 떠올랐습니다.

'우리의 모든 활동은 결국 '고양이와 집사의 일상을 행복하게 만든다'라는 회사의 목적을 이루기 위해서입니다.'

지금까지 아홉은 그 말을 그저 멋진 구호 정도로만 여겼습니다. 하지만 지금, 명확한 맥락 없이 온보딩 개선을 요청받은 상황에서 그 말의 진정한 의미를 깨닫게 되었습니다.

'냥냥북스는 궁극적으로 고양이와 집사가 행복하게 공존할 수 있도록 만드는 데 기여해야 해. 그게 우리 회사의 목적이니까. 어찌보면 냥냥북스의 최상위 목적인 거지. 그래서 '냥냥북스'는 집사와 고양이를 위해 다양한 지식/경험 콘텐츠를 제공하고 '냥아치잡화점'은 집사와 고양이를 위해 다양한 물품을 제공하는 거야. 이제 보니 그렇게 이어져 있었구나!'

아홉은 이전 회사에서의 경험을 떠올렸습니다. 그곳에서는 늘 주어진 업무만 수행했습니다. 회사의 목적이 무엇인지, 왜 이 프로젝트가 필요한지 생각해보지 않았습니다.

'이제 알겠다. 그동안 내가 끌려다닌 이유는 나 스스로 화면을 만드는 사람으로서만 일했기 때문이야. 물론 조직이 일하는 방식이나 함께 일하는 사람을 내 힘으로 바꿀 수 없지만 나 역시 이 회사가 왜 존재하는지, 이 프로젝트가 그 목적에 어떻게 기여하는지 알려고 하지 않았던 게 문제였어.'

아홉은 다시 자리에 앉아 온보딩 화면을 바라보았습니다. 기능만 잔뜩 설명하고 있고 냥냥북스가 어떤 가치를 제공하려는지에 대한 설명은 전혀 없었습니다. GA4에 접속해 온보딩 단계별로 사용자 이탈률을 확인했습니다. 실제로 이탈률이 높았습니다. 이유가 궁금했지만 정량 데이터만으로는 알 수 없었습니다. 아홉은 '기능 나열이 사용자에게 와닿지 않는 것이다. 우리 앱을 이용하면 무엇이 달라지는지 보여주면 이탈률이 줄어들 것이다'라는 가설을 세우고 기존의 기능 나열식 온보딩을 버리고 '고양이와 집사의 행복한 일상'이라는 최상위 가치를 보여주는 온보딩으로 다시 설계했습니다.

1단계에서는 냥냥북스의 핵심 가치를, 2단계에서는 그 가치가 집사와 고양이의 관계를 어떻게 풍요롭게 만드는지를, 3단계에서는 실제 사용자들의 경험담을 통해 변화를 보여주는 내용으로 구성했습니다. 마지막 4단계를 추가하여 각 기능이 '고양이와 집사의 행복에 어떻게 기여하는지'를 보여주는 걸로 마무리했습니다. 그리고 이후 추적을 위해 지금의 온보딩 단계별 이탈률을 기록해두었습니다. 기록 날짜도 빼먹지 않고 잘 적어두었습니다.

아홉은 자신감을 가지고 대표에게 온보딩 개선안을 보여주었고 대표는 매우 만족해하는 표정을 지었습니다.

"와, 이거 정말 좋은데요? 이대로 배포하시죠. 경수 님에게는 제가 말해둘게요."

기능 자체는 변하지 않았기 때문에 온보딩 변경안은 빠르게 적용되었습니다. 휴가에서 돌아온 경수는 '배포 메시지 올라오자마자 확인했다'며 엄지를 치켜올렸습니다. 아홉은 어느새 자신이 한 단계 성장했음을 느꼈습니다. 앞으로는 맥락 없는 디자인 요청이 들어와도 무엇을 기준으로 해야 할지 알게 된 것 같아 마음이 홀가분해지는 느낌이었습니다.

CHAPTER 6

데이터의 정제 상태 확인

01
데이터의 정제 상태를 디자이너가 알아야 하는 이유

데이터는 손에 넣었다고 해서 바로 분석할 수 있는 것은 아닙니다. 분석이 가능하려면 먼저 데이터를 '정제가 완료된 상태'로 만들어야 합니다. 원본 데이터에서 중복 제거, 누락값 보완, 오류 제거, 일관성 적용을 마친 상태를 말하며 이를 '정제 데이터'라고 합니다. 마치 요리에 사용할 재료가 세척되고 다듬어져 바로 조리에 들어갈 수 있는 상태가 된 것과 비슷하죠.

이와 반대되는 데이터는 '비정제 데이터'라고 합니다. 가공되지 않은 원본 그대로의 데이터로 중복, 누락, 오류값이 포함되고 정보에 일관성도 없어 바로 분석하기 어렵습니다. 밭에서 갓 수확한 채소가 서로 섞여 있고, 먹을 수 없는 것이 들어가 있고, 있어야 할 것이 없어 바로 조리할 수 없는 상태라고 볼 수 있습니다.

비정제 데이터를 그대로 쓰면 사용자의 행동을 잘못 해석하게 됩니다. 예를 들어보겠습니다. 특정 버튼의 클릭률을 중복 집계로 인한 값인 줄 모른 채 활용한다면 '클릭률이 예상 수치인 20%보다 높네! 사용자들이 우리 의도대로 이 기능을 잘 사용한다'고 착각할 수 있습니다. 퍼널 단계별 이탈 수가 누락된 값이 있다는 것을 모른 채 활용한다면 사용자의 이탈 지점을 잘못 짚어 엉뚱한 곳을 개선할 수 있습니다. 오류 때문에 회원가입자 수가 제대로 집계되지 않음을 모른 채 그 데이터를 활용한다면 실제로 존재하지 않는 문제를 해결하려 들 수 있습니다. 일관성 없게 모아진 사용자 피드백 모음인데 이를 모른 채 활용한다면 실제로 효과가 없는 디자인을 하고도 성공했다고 착각할 수도 있습니다.

'정제가 안 된 데이터도 보면 대충 뭐라도 나오지 않을까? 복잡해도 보이긴 보이잖아. 어찌저찌 분석할 수 있지 않을까?'라고 생각할 수 있습니다. 하지만 해본 분들은 아실 겁니다. 비정제 데이터를 그대로 다루는 일은 그 자체로도 충분히 험난한 여정이라는 것을요. 그건 활용이라기보다는 눈앞에 어지럽게 펼쳐져 있는 다양한 숫자와 문자에서 눈에 띄는 몇 개만 억지로 엮어 결과를 만들어 낸 것과 다름없습니다. 왜냐하면 그 과정에서 내가 뭘 보고 있는지조차 명확하지 않기 때문입니다. 그동안 내 손에 들어온 데이터를 분석하는 과정이 난감하고 어려웠다면 아마 '정제 단계'를 거치지 않아서였을 확률이 높습니다.

문제는 바로 '내 손에 들어온 데이터가 비정제인 상태'가 빈번하게 발생한다는 점입니다. 이러한 상황은 데이터 분석 인력이 부족한 조직의 UX/UI 디자이너 또는 프로덕트 디자이너가 데이터를 활용하려 할 때 자주 일어납니다. 월 방문 사용자 평균값을 내려고 했더니 중간에 있으면 안 되는 음수가 껴 있거나, CS 문의 데이터를 열었는데 문의 카테고리도 없고 그 문의가 어떻게 해결되었는지도 없거나, 기존의 유저 인터뷰 기록물이라고 해서 받아본 파일에 질문도 흐릿하고 답변도 맥락이 없으며 누군가가 임의로 요약한 내용이 섞여 있는 등 정말 많은 비정제 상태를 마주하게 됩니다. 이때 디자이너들은 넘을 수 없는 벽 앞에 서 있는 느낌을 받습니다. 그렇다면 우리는 그 벽 앞에서 발길을 돌려야 할까요?

안타깝게도 어떤 조직을 가도, 어떤 환경에 놓여도 우리가 마주치는 데이터는 완벽하게 정리되어 있을 확률보다 그렇지 않을 확률이 더 높습니다. 앞장에서 다뤘듯이 데이터는 항상 여러 곳에서 파생되고 방치되기 때문입니다. 결국 데이터의 정제 상태를 확인하는 일은 분석가의 영역이 아니라 지금 이 데이터를 가지고 사용자 경험을 고민해야 하는 '나의 일'입니다. 그러니 다리 근육을 키워 이 벽을 뛰어넘어봅시다. 제일 먼저 키울 근육은 '정제된 데이터와 비정제된 데이터 알아보기'입니다.

02
정량 데이터를 정제해보자

정제되지 않은 정량 데이터는 어떤 상태일까요? 다음 중 하나만 해당되어도 정제되지 않은 것으로 볼 수 있으며 경우에 따라 모든 조건이 해당되기도 합니다.

비정제된 정량 데이터의 상태

	구분	상태	예시
1	누락	값이 비어 있는 상태	- 앱 사용자 가입일이 빈칸이다. - 고객 성별이 일부는 표기되어 있고 일부는 표기되어 있지 않다.
2	중복	중복되는 내용이 있는 상태	- 한 사용자가 두 개의 행에 존재한다. - 같은 주문 건이 여러 번 기록되어 있다.
3	오류	잘못된 정보가 있는 상태. 오류는 '중복', '비일관'과 비슷해 보일 수 있고 겉으로는 문제가 없어 보이지만 실제로는 틀린 정보라 발견하기 어려우니 주의 필요	- 필드 제목은 요일인데 내용에는 시간이 들어가 있다. - 매출값이 음수면 안 되는데 음수로 써 있다.

4	비일관	표기 기준이 섞여 있는 상태	- 날짜 표기가 2025-12-01, 12/1과 같이 통일되지 않았다. - 유입 경로에 'instagram'과 '인스타'라는 표기가 혼용되었다.
5	정보의 정체 유추 불가	칼럼 이름 또는 항목 이름이 없어 해당 데이터가 어떤 데이터인지 유추할 수 없는 상태. 이렇게 되면 데이터 간의 관계를 알 수 없다.	- 100이라는 숫자가 적혀 있는데 그것이 가입 수인지, 클릭 수인지, 결제 수인지 알 수 없다.

그럼 정제된 정량 데이터는 어떤 상태일까요? 다음 조건이 모두 반영된 상태입니다.

정제된 정량 데이터의 상태

	구분	상태	예시
1	누락 없음	필요한 모든 값이 빠짐없이 채워져 있어 분석에 필요한 정보가 누락되지 않았다.	- 가입일, 성별, 결제일 등 모든 주요 필드에 값이 입력되어 있다.
2	중복 없음	동일한 사용자나 이벤트가 여러 행에 중복되어 기록되어 있지 않다.	- 한 사용자가 한 개의 행에 존재한다 (상황에 따라 예외는 있다). - 같은 주문 건이 한 번만 기록되어 있다.
3	오류 없음	데이터 타입과 값이 올바르게 기록되어 있으며 논리적으로도 문제없다.	- 요일 항목에 '월, 화, 수' 같은 요일만 기록되어 있다. - 매출값에 음수가 없다.
4	일관	표기 방식이나 단위가 동일하게 맞춰져 있어 해석하거나 계산할 때 혼란스럽지 않다.	- 날짜가 모두 'YYYY-MM-DD' 형식으로 통일되어 있다. - 유입 경로가 전부 'instagram'으로 통일되어 있다.
5	정보의 정체 유추 가능	데이터값이 무엇을 의미하는지 명확해져서 정보 간의 관계(시간 순서, 사용자 구분, 이벤트 흐름)를 이해할 수 있다.	- 100이라는 숫자가 '신규 가입자 수'라는 칼럼명 아래에 정확히 기록되어 있고 시간 흐름대로 정렬되어 있다.

"데이터 정제? 그거 전문 프로그램 써야 하는 거 아니에요? 아니면 엑셀 잘하는 사람만 할 수 있는 거 아니에요?" 이렇게 생각하셨나요? 괜찮습니다. 저도 엑셀 못해요. 데이터 분석 도구도 못 씁니다. 그래서 저도 진짜 현실판 데이터 정제 방법을 씁니다. 필요한 것은 딱 하나, 누구나 무료로 사용할 수 있는 구글 스프레드시트입니다. 순서대로 따라 해보세요. 딱 두 단계면 됩니다.

필요한 정보만 고르기: 목적에 맞는 정보만 남기기

우리가 갖고 있는 원본 데이터에는 정말 많은 정보가 들어 있습니다. 그중 프로젝트 목적에 딱 맞는 정보만 볼 수 있게 만들어야 합니다. 요리할 재료만 골라내듯이 필요한 열만 남기고 나머지는 다 숨기거나 지우는 겁니다.

[따라 하기]

이번 프로젝트가 '상담 신청을 늘리기 위한 상담 플로 개선'이라고 가정해보겠습니다. 회사마다 상황이 다르기 때문에 다양한 상황을 예로 들겠습니다.

- **상황 1 : 사내에 '고객 상담 내역'이 있는 경우**
  고객 상담을 담당하는 동료에게서 상담 내용이 담긴 파일을 요청하여 받습니다. 엑셀 파일이든, 구글 스프레스시트 링크든, 뭐든 열면 원본을 그대로 쓰지 말고 반드시 새로운 시트를 열어 복사해서 사용합니다. 복사한 뒤 열어보니 상담 신청 일자, 상담 종류, 상담 완료 여부, 고객 유입 경로, 추천인 아이디, 이메일 주소 등의 정보가 기록되어 있습니다. 지금 우리 프로젝트가 '상담 신청을 늘리는 것'이라면 UX/UI 디자이너 또는 프로덕트 디자이너에게 중요한 건 상담 일자, 상담 종류, 상담 완료 여부, 유입 경로입니다. 이것만 남겨두고 나머지 정보는 모두 숨깁니다.

- **상황 2: 사내에 '고객 상담 내역'이 없는 경우**
  이런 상황은 대부분 회사가 출시 초기 또는 성장 초기이거나 B2B에서 특정 고객군만 대상으로 서비스를 진행하는 경우에 주로 발생합니다. 이때는 고객 문의가 많지 않기 때문에 고객 상담을 전담하는 직원이 없습니다. 대부분 대표가 맡거나 직원 중 한 명 또는 전 직원이 맡게 됩니다. 이정도 규모에서는 주로 '카카오톡 채널 문의'나 '채널톡 문의'로 고객 문의를 받습니다(전화나 이메일도 있음). 카카오톡 채널이나 채널톡 모두 온라인으로 고객 문의를 지원하는 서비스이기 때문에 고객 상담 내역 파일을 다운로드할 수 있게 해둡니다. 권한이 필요하므로 가능하다면 권한을 받아 상담 유형별 문의 내역을 내려받습니다. 만약 권한을 받을 수 없는 상황이라면 매우 수고스럽지만 상담 문의 화면을 하나씩 들여다보며 중요하다고 생각되는 문장을 직접 구글 스프레드시트에 기록합니다. 한 칸에 고객의 말을 그대로 적고 옆 칸에 어떤 주제에 대한 문의사항인지 추가로 적습니다. 또 그 옆에 상담이 어떻게 해결되었는지 적습니다. 이렇게 하나씩 채워나갑니다. 시간이 오래 걸리고 휴먼 에러 발생 확률도 높아 최후의 방법이라고 생각하고 진행합니다(저도 종종 했습니다).

정제하기: 기준을 만들고 정리정돈하기

이제 남은 정보를 '내가 쓰기 좋은 상태'로 정리해야 합니다. 그냥 보기 좋게 정리하는 것이 아니라 데이터 분석이 가능할 만큼 정확하고 통일된 상태로 만들어야 합니다. 그것이 바로 정제입니다.

[따라 하기]

- **누락**: 정보가 비어 있는 셀은 '없음'이라고 채웁니다. 예를 들면 고객 유입 경로 항목에 어느 고객의 칸이 비어 있다면 그대로 두지 말고 '없음'으로

써줍니다.
- **중복**: 같은 정보가 반복되면 제거하거나 합쳐서 하나만 남깁니다. 예를 들면 고객이 같은 시간에 신청한 기록이 중복으로 기록되어 있다면 하나만 남깁니다. 단, 예외가 있는데 같은 고객이지만 문의 내용이 다르면 중복이 아닙니다. 분리해서 쓸지 그래도 한 고객님이니 하나로 합칠지는 내부 기준에 맞춰 정하면 됩니다.
- **오류**: 정보 자체가 틀린 경우 바르게 수정합니다. 예를 들면 상담 일자에 모두 'yyyy-mm-dd' 형식으로 쓰여 있는데 그중 한 행에 들어가면 안 되는 정보인 알파벳이 들어가서 '2025-05-01a'라고 표기되어 있다면 동일한 형식으로 수정합니다.
- **비일관성**: 표기 방식이 제각각이라면 하나의 규칙으로 통일합니다. 예를 들면 상담 종류에 어느 것은 '기능 오류'이고 어느 것은 '기능상의 오류'라고 표기되어 있다면 모두 '기능 오류'로 통일합니다.
- **정보의 정체를 유추 가능하도록 수정**: 칼럼명 또는 항목명이 모호하지 않도록 알아보기 좋은 이름을 붙여줍니다. 예를 들면 상담 종류 제목을 'subject'에서 '상담 수'로 변경해줍니다.

데이터가 개수가 많지 않다면 처음에는 감을 잡기 위해서라도 직접 하나하나 해보는 것을 추천합니다. 물론 데이터 개수가 많다면 수동으로 처리하기가 어렵습니다. 시간이 많이 소요되기도 하고 휴먼 에러가 발생하기도 쉽습니다(그래도 할 수는 있지만요). 그때는 구글 스프레드시트에서 제공하는 다양한 수식을 이용해 자동으로 하는 것이 좋은데 이때 뭘 써야 할지 모르겠다면 챗GPT나 퍼플렉시티와 같은 생성형 AI에게 물어보는 것을 추천합니다. 시간을 많이 단축할 수 있습니다. 참고로 '초등학교 5학년도 따라 할 수 있게 쉽게 써줘'라고 요청하는 것이 필수입니다.

"아홉 님, 이번 달에 구독 해지한 사용자가 좀 많아요. 저번 달에 비해 40명이나 늘었어요. 이번 달엔 새로 배포한 게 없는데 왜 그런지 모르겠네요. 사용자 여정 좀 체크해주세요."

아홉은 경수의 이야기를 듣고 사용자 경험에 어떤 문제가 있는지 확인에 들어갔습니다.

먼저 자신의 노션에 새로운 페이지를 만들어 '개선 프로젝트: 서비스 구독 해지 원인 파악'이라고 제목을 적은 뒤 배경, 목적, 목표를 간략하게 작성한 뒤 필요한 데이터를 써보았습니다.

아홉은 아무리 간단하고 작은 일이라도 배경, 목적, 목표를 설정하는 것이 얼마나 중요한지 배운 뒤부터는 혼자라도 반드시 이 세 가지를 적고 시작하고 있었습니다.

'음, 일단 사용자 구독 해지 관련 데이터가 필요하겠다. 어드민에서 내려받을 수 있는 걸로 기억하는데….'

아홉은 어드민에 접속하여 사용자의 구독 해지 사유가 기록된 파일을 내려받았습니다. csv 형식으로 된 파일을 구글 스프레드시트에서 열었더니 다양한 데이터가 혼재된 화면이 눈에 들어왔습니다. 그 데이터는 사용자의 기록이 자동으로 기록된 것도 있고, 사용자가 수동으로 입력한 정보가 자동으로 기록된 것도 있고, 어드민에서 CS팀이나 마케팅팀이 직접 수기로 기록한 정보도 있었습니다. 그나마 자동 기록된 정보는 개발팀에서 애초에 그 형태로만 데이터가 수집되게 해두었기에 동일한 기준으로 나열되어 있었으나 그 외엔 아니었습니다. 사용자가 직접 쓴 데이터나 내부 인력이 어드민을 통해 직접 쓴 데이터는 누락, 중복, 오류, 비일관성투성이었습니다.

아홉이 내려받은 구독 해지 데이터(정제 전)

'엥? 서비스에서 자동으로 기록되는 정량 데이터라서 무조건 정제되어 있을 줄 알았는데 그것도 아니네…. 전에 본 데이터는 확인할 게 명확하기도 하고 알림에 대한 단일 지표여서 파악하기 쉬웠는데 이건 여러 데이터가 연결되어 있고 섞여 있네. 으아, 어떻게 하지?'

아홉은 화면을 열어놓고 아무것도 하지 못한 채 멍하니 앉아 있었습니다.

'아냐, 겁먹지 말고 내가 할 수 있는 범위 내에서만 하자. 일단 뭐부터 해야 하지? 지금 내가 봐야 하는 데이터가 뭔지 일단 추린 다음 자동으로 수집되는 데이터와 아닌 데이터를 구분해서 써보자. 그리고 문제가 있을 수 있는 것과 아닌 것을 구분해서 써보는 거야. 그래, 이렇게 하나씩 해보면 돼.'

아홉은 노트에 표를 쓱쓱 그린 후 하나하나 써보았습니다.

사용자가 서비스 구독을 해지하는 이유

데이터 종류	나에게 필요한가?	기록 종류	문제 여부
사용자 아이디	O	자동 기록	문제없음
구독일	O	자동 기록	문제없음
해지일	O	자동 기록	문제없음
구독에서 해지까지 걸린 기간	O	자동 계산	자동 계산인데 오류 발견
해지 사유	O	사용자가 직접 선택. 자동 기록	문제없음
유입 경로	필요한가? 보류	마케팅팀 수동 기록	누락/오류/중복/일관성 문제 중 하나 이상의 문제 발생 가능
문의 기록	O	CS팀 수동 기록	누락/오류/중복/일관성 문제 중 하나 이상의 문제 발생 가능
문의 일자	O	CS팀 수동 기록	누락/오류/중복/일관성 문제 중 하나 이상의 문제 발생 가능

문의 답변 수신용 연락처	X	사용자 수동 기록	누락/오류/중복/일관성 문제 중 하나 이상의 문제 발생 가능
문의 답변 수신용 이메일 주소	X	사용자 수동 기록	누락/오류/중복/일관성 문제 중 하나 이상의 문제 발생 가능
추천인	X	사용자 수동 기록	누락/오류/중복/일관성 문제 중 하나 이상의 문제 발생 가능

'오, 벌써 정리가 되는 것 같아. 그럼 이 중에 명확하게 문제인 게 티가 나는 '구독에서 해지까지 걸린 기간'부터 확인하고 '문제 발생 가능'이라고 써둔 것만 정말 문제가 있는지 확인하면 되겠다. 어떻게 확인하면 되려나…. 눈으로 하나하나 해볼까? 어휴, 아니다. 언제 하냐. 그리고 휴먼 에러 발생 확률이 너무 높아. 아마 구글 스프레드시트에서 할 수 있을 거야. 그런데 나는 구글 스프레드시트를 제대로 써본 적이 없는데 어쩌지? 아, 그래. 챗GPT에게 물어봐야겠다.'

아홉은 아이디어를 짜거나 사용자 플로 검토할 때 종종 쓰던 챗 GPT를 열어 구글 스프레드시트에서 데이터 누락, 오류, 중복, 비일관성을 찾아낼 수 있는 방법을 알려달라고 하였습니다. 마지막에 '초등학생 5학년도 따라 할 수 있게 쉽게 설명해줘'라는 요구사항도 잊지 않고 덧붙였습니다.

챗GPT가 제시해준 따라 하기 쉬운 형태의 가이드를 하나씩 따라 해보았습니다. 글로만 설명해줘서 그런지 '뭘 클릭하라고? 없는데?' 하며 헤매기도 했습니다. 그럴 때마다 '네가 보라고 한 곳에 그 정보가 없어. 그리고 오류도 나. 다시 알려줘'라며 상태를 설명하고 가이드를 다시 받아 따라 해봤습니다. 챗GPT가 알려준 대로 생전 처음 써보는 수식을 쓰고 성공했을 때는 성취감과 자신감이 붙기도 했습니다. 모르는 걸 배워가며 할 때면 항상 오래 걸렸기에 이번에도 오래 걸릴 것을 예상해 아예 경수에게 상황을 설명하고 시간을 확보했습니다. 이틀을 씨름한 끝에 아홉은 정제된 데이터를 만들 수 있었습니다.

'와, 됐다! 이제서야 깔끔하네.'

정제된 구독 해지 데이터

아홉은 그제서야 정제를 마친 데이터로 분석을 시작했습니다. 오래 걸리고 힘들었지만 한번 해보니 몇 개의 수식만 저장해두고 사용하면 되겠다 싶어 앞으로도 할 수 있을 것 같은 느낌이 들었습니다.

03
정성 데이터를 정제해보자

비정제된 정성 데이터는 어떤 상태일까요? 다음 중 하나라도 해당되다면 정제되지 않은 데이터로 볼 수 있으며 경우에 따라 모두 해당될 수도 있습니다.

비정제된 정성 데이터의 상태

	구분	상태	예시
1	질문-답변 불일치	질문과 답변의 짝이 맞지 않는다.	– 질문: '이 기능을 사용하면서 불편했던 점이 무엇인가요?' – 답변: '잘 쓰고 있어요'
2	맥락 없음	문장이 맥락 없이 띄엄띄엄 등장하거나 뜻을 유추할 수 없이 짧다.	– '이번에 처음 가입했는데 어렵네요ㅎㅎ 검색할 때도 좀 힘들었어요.' – '어디 있는지 모르겠음'
3	맥락 혼합	하나의 문장 안에 여러 맥락이 섞여 있다.	'처음에는 괜찮았는데 나중에 광고가 많고 가입 절차도 엄청 복잡해서 막 로그인도 안 되고 거기서 겨우 넘어갔는데 그 나무 키우기던가? 그건 재밌더라구요.'

4	의미 없는 피드백 포함	의미 없는 피드백도 포함되어 있어 분석에 방해가 된다.	'앱 잘 쓰고 있어요~!' '개발자님 파이팅입니다!!!'처럼 구체적인 행동이나 상황, 감정 없는 단순한 응원성 멘트들.
5	카테고리 미분류	피드백이 카테고리별로 분류되어 있지 않고 그저 나열만 되어 있다.	- 피드백의 출처가 고객 문의, 리뷰, 메일 응답처럼 분류되어 있지 않고 날짜 순으로만 쌓여 있다. - 각 피드백이 어떤 주제에 대해 이야기하고 있는지 따로 표기해놓지 않았다.
6	피드백 출처와 수집 시기 불분명	데이터 수집의 시기나 출처가 표기되어 있지 않아 피드백에서 수집한 특정 문제가 지금도 존재하는지, 일부 연령이나 특정 사용자에게만 발생하는 문제인지 알 수 없다.	- 'CS 문의' '앱 리뷰' '설문 응답' 등 피드백의 출처가 써 있지 않다. - '2차 배포 전' 'SNS 로그인 추가 후'와 같이 시기가 써 있지 않다.

그럼 정제된 정성 데이터는 어떤 모습일까요? 이 특징이 모두 반영된 상태입니다. 다만 정성 데이터는 정량 데이터와 다르게 완벽하게 정제하기는 어렵습니다. 유실된 정보가 있을 확률이 높고 정성 데이터의 특징상 맥락을 정리하거나 카테고리를 분류하는 과정에서 개인의 해석이 들어가기 때문에 그렇습니다. 더불어 시간이 많이 소요된다는 문제도 한몫합니다. 그러니 현실과 적당히 타협하면서 '얼추' 정제하는 것이 필요합니다.

정제된 정성 데이터의 상태

	구분	상태	예시
1	질문-답변 일치	인터뷰나 설문 응답의 경우 어느 질문에 대한 대답인지 명확하게 연결되어 있어 인과관계나 흐름을 파악할 수 있다.	'이 기능을 사용하면서 불편했던 점이 무엇인가요?'라는 질문에 '잘 쓰고 있어요'라고 써 있는 답을 제거하고 인터뷰 대상자가 대화 도중 앱의 불편함에 대해 말한 것을 찾아 넣어놓는다.
2	맥락 정리	사용자 피드백 기록에 맥락이 없다면 전체 글에서 맥락을 유추하여 별도 표기로 보완되어 있다. 맥락이 혼합되어 있는 문장은 분리되어 있다.	'처음엔 좋았는데 갑자기 결제가 안 돼서 포기했어요. 그래도 캘린더 기능은 귀엽네요'라는 원문을 '처음엔 좋았는데 갑자기 결제가 안 돼서 포기했어요'와 '캘린더 기능은 귀엽네요'를 분리해놓는다.
3	의미 없는 피드백 제거	구체적인 정보 없이 긍정/부정 감정만 표현된 피드백은 제거되어 있다.	'파이팅입니다!!' '응원해요!!' '최고예요!' '잘 쓰고 있어요!' 같은 피드백은 제거한다.
4	카테고리 분류	'회원가입 관련' '가격 관련' '기능 오류' '이 앱을 사용하는 이유'와 같이 상황, 행동, 의도 등이 명확히 구분되어 있다. 반복해서 등장하는 표현이나 주제는 따로 표시되어 있어 이후 요약, 분석, 우선순위 정리가 쉽다.	다음과 같이 분리한다. [회원가입 관련] SNS 로그인 시 인증 오류 발생 [가격 관련] 쿠폰이 중복 적용되지 않아 실망했어요. [기능 오류] 알림이 와도 앱이 실행되지 않음 [사용 이유] 고양이 나이별 콘텐츠 추천이 마음에 들어요.
5	피드백 출처와 수집 시기 표기	'CS 문의' '앱 리뷰' '설문 응답' 등과 같이 피드백의 출처와 '2차 배포 전', 'SNS 로그인 추가 후'와 같이 수집 시점이 명확히 기재되어 있어 언제 어떤 경로로 수집되었는지를 판단할 수 있다. 타인이 정리해놓은 것을 가져올 때면 해당 정보가 없을 수도 있는데 이럴 때는 '없음'이라고 표기한다.	다음과 같이 표기한다. [출처: CS 문의 / 시기: 2차 배포 전] 가입하려 했는데 이메일 인증이 안됐어요. [출처: 앱 리뷰 / 시기: 없음] 우리 고양이랑 잘 맞는 콘텐츠가 많아서 좋아요. [출처: 설문 응답 / 시기: SNS 로그인 추가 후] 로그인 화면에서 자꾸 튕겨요.

정량 데이터는 데이터의 종류에 따라 이미 정제가 완료된 상태일 수도 있습니다. 개발할 때 특정 형태로만 데이터를 입력할 수 있게 설정해두면 중복, 누락, 비일관성, 오류의 가능성이 없어서 그렇습니다(간혹 있을 수 있기는 하지만 빈도와 확률이 낮습니다).

그러나 정성 데이터는 언제나 정제되지 않은 상태로 받아본다고 생각하는 편이 마음 편합니다. 고객 인터뷰, CS 문의, 리뷰, 설문 응답, 커뮤니티 반응 등은 대부분 사람의 언어로 이루어지죠. 사람의 언어는 구조가 없고 맥락이 섞여 있으며 해석이 필요하기 때문입니다.

재미있는 건 많은 디자이너가 정량 데이터는 어렵다고 느끼면서 정성 데이터는 '어느 정도는 그대로 쓸 수 있지 않을까?'라고 생각한다는 점입니다. 실제로는 이런 이유 때문에 정성 데이터야말로 정제 전에는 난해하기 그지없는데 말입니다. 데이터 분석가가 없는 환경이라면 더욱이 가장 목마른 자인 디자이너가 스스로가 정제를 해야 합니다. 괜찮습니다. 우린 정량 데이터도 정제해봤습니다. 본질은 똑같고 역시 구글 스프레드시트만 쓸 거니까요. 순서대로 따라 해보세요. 딱 두 단계면 됩니다.

데이터 모으기: 여기저기 흩어진 정성 데이터를 한군데에 모으기

정성 데이터의 기록본은 대부분 제각각입니다. 어떤 건 노션에, 어떤 건 CS팀의 슬랙에, 어떤 건 피그마에 이미지 형태로 있을 수 있습니다. 이 기록들을 구글 스프레드시트에 하나로 모으는 것부터 합니다. 무작위로 다 가져올 필요는 없고 지금 나에게 필요한 정보만 모으면 됩니다. 어떤 정보를 넣을지는 상황이나 프로젝트 목적에 따라 다르지만 어떤 상황에서도 반드시 들어가야 하는 정보의 항목은 있습니다.

정성 데이터를 모을 때 반드시 들어가야 하는 정보

- **피드백 내용**: 필수
- **데이터 출처**: 필수지만 데이터에 따라 누락된 것이 있을 수 있습니다. 그럴 경우 그냥 비워두지 말고 '누락'이든, '없음'이든, '0'이든 데이터가 없어서 쓰지 않았다는 표시를 해줍니다.
- **데이터가 수집된 시점**: 필수지만 데이터에 따라 누락된 것이 있을 수 있습니다. 그럴 경우 '누락'이든, '없음'이든, '0'이든 데이터가 없어서 쓰지 않았다는 표시를 해줍니다.

'얼추' 정제하기: 필요한 정보만 골라내기

정성 데이터를 한군데에 모았으면 필요한 피드백만 골라냅니다. 이때 주의할 점이 있습니다. 정성 데이터는 주로 '왜'를 찾기 위해 보는 데이터라고 했습니다. 그러나 가끔 '무엇'을 찾기 위해 보는 경우도 있어 이 두 개를 달리 놓고 봐야 합니다. '왜'와 '무엇'을 찾는 것이 어떻게 다른지 보겠습니다.

① 먼저 '왜'와 '무엇'에 따라 골라내야 할 것이 달라진다는 점 알기

'왜'를 찾아야 하는 경우

문제 지점과 종류를 명확히 해야 하는 경우입니다. '결제 단계 중 2단계에서 이탈률이 예상보다 높다' '상담 문의를 신청하는 신규 사용자 비율이 우리의 추정치보다 낮다'처럼 문제 지점과 종류를 알면 '문제가 뭐야?'가 아닌 '그 문제가 왜 일어났대?'를 알아야 하는 단계입니다. 이럴 때는 수집해야 하는 정보가 분명합니다.

'무엇'을 찾아야 하는 경우

문제 지점과 종류가 명확하지 않은 경우입니다. 주로 신규 프로덕트를 만들 때나 신규 기능을 추가 하는 상황입니다. 프로덕트가 존재하지 않다 보니 쌓인 데이터가 없는 것입니다. 또는 기존 프로덕트를 개선하는 것임에도 데이터 트래킹이 불가능한 상황일 수도 있습니다. 이럴 땐 '왜'가 아닌 '무엇'을 찾아야 합니다. '무엇이 가치 있는 문제이지?'를 찾는 것입니다. 이 경우 특정 기능이나 구간과 연관된 피드백만 뽑아내는 것이 아니라 전체 사용자 피드백에서 반복적으로 등장하는 주제나 표현을 스스로 발견해내는 과정이 필요합니다.

② 골라내야 할 정보가 '왜'든 '무엇'이든 상관없이 공통으로 해야 할 일

원본은 그대로 두고 시트 복사하기

원본은 훼손하지 않습니다. 구글 스프레드시트에서 새로운 시트를 하나 열어 원본 내용을 복사하여 사용합니다.

출처 작성하기

정성 데이터를 수집해온 곳이 제각각일 테니 출처를 써줍니다. 예를 들면 '사용자 인터뷰' '앱스토어 리뷰' '플레이스토어 리뷰' 'CS 문의' '설문조사 답변' '기사 발췌'와 같은 식입니다. 여기서 주의할 것은 한번 정한 표현 기준을 동일하게 가져가야 한다는 점입니다. 어떤 건 '사용자 인터뷰'라고 쓰고 어떤 건 '유저 인터뷰'라고 쓰면 안 됩니다.

시점 작성하기

데이터가 수집된 시점도 제각각일 것입니다. 일자를 써줍니다. 프로덕트는 계속 변합니다. 입사한 회사의 프로덕트를 개선하기 위해 과거 전임자가 진행했던 사용자 인터뷰를 찾았다면 그때의 내용이 지금 상황과 안 맞을 수 있습니다. 해당 데이터가 수집된 일자를 반드시 써둬야 하는데 일자를 알 수 없는 경우도 있을 것입니다. 이럴 때는 공란으로 비워놓지 말고 '알 수 없음'이든 '모름'이든 '없음'이든 하나의 표현을 정해 써둡니다.

③ 골라내야 하는 정보가 '왜'일 경우에 해야 할 일

핵심 단어 먼저 찾기

앞서 설명했듯이 이미 문제가 정의된 상태입니다. 예를 들어 '결제 단계 중간에서 사용자가 많이 이탈하고 있는' 상황이라고 해보겠습니다. 그럼 먼저 결제와 직접적으로 관련된 피드백만 찾습니다. 'Ctrl + F' 키로 특정 기능이나 플로에 대한 직접적인 단어를 찾으면 빠릅니다.

여기서 직접적인 단어란 단어 자체에서 문제가 드러나는 단어를 말합니다. '결제' '구매'와 같은 단어가 직접적인 단어입니다. 찾았으면 해당 영역은 나만의 방식으로 표기를 해줍니다. 해당 열에 색상을 칠해도 되고 해당 행의 새로운 열에 '찾음'을 쓰든 원하는 방식으로 하되 표현 방식을 통일하기만 하면 됩니다.

광범위하게 보기

그런 다음 다시 피드백을 하나씩 봅니다. 사람은 자신의 의사를 표현할 때 꼭 정확한 단어나 표현을 사용하는 것은 아닙니다. 또한 모두가 똑같은 단어나 문장을 쓰는 것도 아니죠. 언어는 다채롭고 예측이 불가해서 직접적인 표현이 아니더라도 상태나 상황, 감정을 이야기할 수 있습니다.

그래서 번거롭고 피곤하기는 하지만 하나하나 눈으로 확인하면서 관련 데이터를 확보하는 과정이 필요합니다. 특정 기능에 대한 불편함을 표현하더라도 그 기능을 잘못 표현한 것일 수도 있고 그 기능 다른 식으로 표현한 것일 수도 있습니다. 결제 단계에 대한 불만인데 '카드 등록이 안 되길래 결국 포기했어요'처럼 표현할 수도 있는 것입니다. 수고스럽지만 하나씩 살펴보고 관련 피드백인지 확인하여 아까 썼던 표기 방법을 이용해 알아보기 쉽도록 정리해둡니다.

불필요한 것 숨김처리

이제 필요한 데이터 외에는 필터 기능을 이용하여 숨김으로 처리합니다. 이제 목적에 맞는 정보만 골라낸 상태가 됩니다.

④ 골라내야 하는 정보가 '무엇'인 경우에 해야 할 일

첫 번째 라벨 붙이기 – 비슷한 이야기로 묶기

이 작업은 약간 난도가 있습니다. '어려움'의 난도가 아닌 아닌 '노동'의 난도입니다. 정성 데이터는 대부분 구체적인 문장으로 이루어져 있습니다. 이를 '비슷한 이야기'로 묶는 것입니다. 뭘 찾아야 하는지 모르기 때문에 이 단계가 필요합니다.

피드백이 쓰여 있는 열 옆에 새로운 열을 하나 추가합니다. 그리고 사용자 피드백을 하나하나 확인해가며 피드백이 하고자 하는 이야기에 라벨을 붙인다 생각하고 써줍니다. 예를 들자면 이렇습니다.

- 찜하기 해놨는데 다음날 없어졌어요
- 북마크한 책이 왜 안 보여요?
- 찜 누르면 저장되는 거 아니었나요?

이 세 가지는 각각 개별 피드백이지만 모두 '찜하기 콘텐츠가 사라지는 경험'을 공통적으로 이야기하고 있습니다. 따라서 새로운 열에 '찜하기 콘텐츠가 사라짐' 혹은 간단하게 '찜하기'라고 적어줍니다. 이렇게 의미를 분류해 표시하는 작업을 '라벨링'이라고 합니다.

라벨링 표기 방법은 정하기 나름이지만 그들의 행동이나 감정의 공통분모를 표현할 수 있는 표기 방법으로 쓰는 것이 좋습니다. 또한 하나의 표기법을 함께 써야 합니다. 예를 들어 어떤 곳에는 '찜하기 콘텐츠'라고 쓰고 다른 곳에는 '찜하기'라고 쓰는 식으로 혼용해서는 안 됩니다. '찜하기 콘텐츠'를 차용했으면 그것만 씁니다.

두 번째 라벨 붙이기 – 이야기 종류 분리하기

그런 다음 이게 기능의 오류인지 사용자 경험이 나빠서 못 찾는 건지를 기재합니다. 옆에 새로운 열을 또 하나 만들어 '오류 의심' '사용자 경험'과 같이 분리해서 써줍니다. 역시 라벨을 붙이는 것이라 생각하면 됩니다.

불필요한 것은 숨김 처리

마지막 단계입니다. 정리하다 보면 의미 없는 피드백도 있습니다. 당연히 제거합니다. 그렇게 하면 무작위로 뿌려져 있던 글자들이 목적에 맞는 정보로 재정렬된 상태가 됩니다.

<u>초록</u> 아홉 님, 안녕하세요. 냥아치잡화점의 초록입니다. 도움이 필요해서 메신저드립니다. 제가 이번에 '냥아치잡화점'의 UX/UI 디자인까지 하게 되었어요. 저희 앱 홈 화면에 있는 '취향별 큐레이션 카드' 있잖아요. 그걸 바꾸라는 요청이 계속 들어오는데 뭐가 문제인지 모르겠어요. 사용자 피드백을 확인하긴 했는데….

'냥아치잡화점'의 콘텐츠 디자이너인 초록은 난감한 상황에 놓였습니다. 그녀는 콘텐츠 디자인에는 능숙했지만 실제 화면이나 사용자 흐름을 디자인하는 건 처음이었기 때문입니다. 물론 이 회사에 들어오기 전에도 간간이 웹 디자인을 맡긴 했으나 대부분 운영 업무였고 주어진 화면만 그리는 일이 다였습니다. 브랜드 경험을 고려하며 디자인을 하다 보니 자연스럽게 사용자 경험에도 관심이 생겼고 마침 이번에 발의된 프로젝트를 아홉의 리소스를 쓰지 못하면 외주로 넘어갈 수 있다는 이야기를 듣고 자신이 해보겠다고 나선 것이었습니다.

사실 이 건은 사용자 피드백이 있으니 무엇을 바꿔야 할지 쉽게 파악할 수 있겠다 싶어 용기를 낸 것이기도 했습니다. 초록은 평소에도 자신의 디자인이 실제로 고객의 행동에 영향을 미치는지 궁금했습니다. 그러다 보니 자연스럽게 UX/UI 디자이너로 커리어를 전향하고 싶은 마음도 있었습니다. 언젠가 올 기회를 위해 평소에도 데이터 관련 콘텐츠를 보고 강의도 틈틈이 듣기는 했으나 매번 너무 어려워서 중간에 포기하곤 했습니다. 이참에 한번 다시 배우면서 적용해볼 수 있겠다 싶어 욕심을 낸 것도 있었습니다.

초록은 설레는 마음으로 CS팀에게서 고객 문의 파일을 받았습니다. 그러나 막상 열어보니 초록의 기대와는 너무 달랐습니다.

'어라? 뭐지… 강의에서 볼 때는 깔끔하게 정리된 시트였는데… 일단 쭉 보자.'

초록은 화면을 쭉 내려보다 멈췄습니다. 구글 스프레드시트에는 고객 문의 내용이 줄줄이 적혀 있었지만 정작 어떤 항목이 어디에 해당하는지조차 명확하지 않았습니다. 날짜 형식은 들쭉날쭉했고 문의 내용도 어떤 건 적혀 있었지만 어떤 건 비어 있었습니다. 어떤 행에는 정체를 알 수 없는 숫자가 적혀 있었고 또 어떤 행은 고객 이름이 두 번씩 나오기도 했습니다.

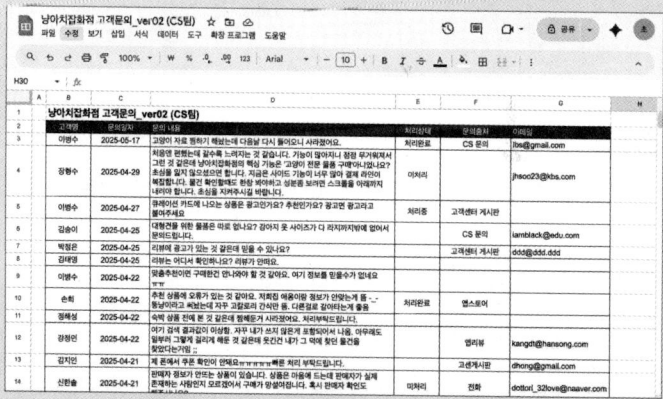

냥아치잡화점의 초록이 열어본 CS 문의 데이터(정제 전)

'뭐야 이게… 문의 주제도 없고, 처리 상태, 출처, 이메일이 누락된 건 또 왜 이렇게 많아.'

초록은 스크롤을 내리다가 눈에 띄는 몇 가지 피드백이 있길래 일단 따로 적기 시작했습니다. 그런데 적다 보니 뭔가 이상했습니다. 모두 동일한 사람이었던 것입니다.

'고양이 자료 찜하기 해놨는데 다음날 다시 들어오니 사라졌어요. -이병수-'

'큐레이션 카드에 나오는 상품은 광고인가요? 추천인가요? 광고면 광고라고 붙여주세요. -이병수-'

'맞춤 추천이면 구매한 건 안 나와야 할 것 같아요. 여기 정보를 믿을 수가 없네요. ㅠㅠ -이병수-'

'한 사람이 각각 다른 날에 다른 경로로 세 개를 쓴 거구나. 이분 엄청 열성적이다. 근데 한 사람 건데 왜 행을 따로 해놨지. 이병수 님과 같은 케이스가 더 있을 거 아냐? 그럼 문의 남긴 고객이 총 1000명이 아니라 그보다 적다는 얘기인데. 아닌가? 이름만 같고 다른 회원인 건가? 이 세 명 중 이메일이 한 명만 써 있고 나머진 안 써 있어서 모르겠네….'

초록은 점점 불안해졌습니다.

'내가 뭔가를 잘못 받은 건가…? 이게 진짜 데이터야? 이걸로 어떻게 문제를 파악하고 개선안을 만들지?'

한참을 말 없이 들여다 보다 결국 아홉에게 메신저를 보낸 것입니다.

초록 아홉 님, 지금 시간 괜찮으시면 한번 봐주실 수 있을까요…? 고객 문의 데이터를 보고 있긴 한데요. 뭐랄까, 제 눈엔 그저 사람들이 자기가 직접 마음대로 쓴 방명록 같아서요…. 이걸로 뭘 해야 할지 모르겠어요.

잠시 후 아홉이 노트북을 들고 초록의 자리로 왔습니다.

"안녕하세요, 초록 님. 고객 문의 데이터는 CS팀에서 받으신 거죠? 저도 처음엔 난감했어요. 처음엔 '이게 데이터라고?' 싶더라고요. 근데 데이터 맞아요. 단 '아직 분석할 수 있는 상태가 아닌' 데이터인 거죠. 정제가 안 된 거예요."

"아… 그럼 어떻게 해요?"

"지금 맡으신 프로젝트 목적이 뭐예요?"

"목적이요? 취향별 큐레이션 카드 개선이에요."

아홉은 과거 자신과 똑같이 답하는 초록을 보며 속으로 웃음을 터뜨렸습니다.

"그건 초록 님 할 일이고요. 목적은 그 개선을 통해 뭘 이루고 싶냐는 거예요"

"아, 음… 잘은 모르지만 미팅 때 듣기로는 그걸 바꿔서 매출을 올리려는 것 같아요. 요즘 냥아치잡화점 매출이 자꾸 떨어지고 있거든요. 그래서 큐레이션 카드에서 추천하는 상품을 퀄리티 좋은 상품으로 재구성하여 고객이 다른 데가 아닌 우리 거에서 구매하게 만들려고 해요."

"그럼 그게 '취향별 큐레이션 카드 개선을 하는 이유'이고 곧 '프로젝트 목적'

이 되겠네요. 냥아치잡화점 큐레이션 카드 개선을 통해 고객이 '어차피 살 거 여기가 믿을 만하니 여기서 사자'라고 생각하게 만들고 결국 구매하도록 만드는 게 목적인 거죠. 이제 목적이 명확해졌으니 이 데이터를 어디에 어떻게 쓸 수 있을지 생각해볼 수 있어요."

아홉은 화면을 가리켰습니다. "그런데 지금 이 상태로는 분석이 어렵죠. 누락된 것도 많고 중복도 있고 기준도 들쭉날쭉해요. 근데 이건 이상한 게 아니에요. 원래 데이터는 '분석 가능한 상태'로 태어나지 않거든요. 특히나 자동으로 쌓이는 데이터가 아닌 사람이 직접 수동으로 하나씩 쌓는 CS 데이터는 더 그렇고요."

초록은 고개를 끄덕이며 말했습니다. "데이터를 분석하고 활용하려면 이걸 쓸 수 있게 만드는 게 먼저군요."

"맞아요. 그러려면 '정제'를 해야 해요. 물론 데이터 분석가가 있다면 요청하는 게 가장 좋지만 내 곁에 매번 데이터 분석가가 있진 않아요. 우리 회사처럼 없는 회사가 훨씬 많죠. 이럴 땐 직접 해야 해요. 정확도가 조금 떨어질 수 있고 시간도 오래 걸리겠지만 뭐, 회사에서 우물 파는 장비 안 준다고 우물을 안 팔 수는 없으니까 감안하고 내가 할 수 있는 최선을 다하는 거죠.

사실 저도 얼마 전에 데이터를 정제해야 한다는 걸 모른 채 비정제 정량 데이터를 그냥 써서 크게 실수했어요. 심지어 그땐 제가 자진해서 한 일인데 제 실수의 결과가 안 좋아 죄책감이 어마어마했죠. 그런데 뭐, 그러면서 배우는 거라고 경수 님도 마케팅팀 정희 님도 다독여줬어요.

다행히 데이터를 정제해서 낸 새로운 인사이트를 재빠르게 반영해서 지표도 다시 올렸어요. 이렇게 데이터 분석 전문가가 없다고 있는 데이터를 그냥 쓰면 정확도는 더 떨어질 거예요. 그러니 서투르더라도 안 하는 것보다 하는 게 낫다고 봐요. 아무튼, 어떻게 정제하냐면요…."

아홉은 자신의 노트북을 열어 자신이 예전에 경수에게 배우면서 정리해둔 정량 데이터, 정성 데이터의 정제 방법에 대해 보여주며 설명했습니다.

"아, 이렇게 해야 하는 거군요. 데이터를 손에 넣으면 바로 분석을 할 수 있을 줄 알았어요. 그 전에 할게 많네요. 저 이런 거 처음 해보는데 어떻게 하죠? 사실 구글 스프레드시트도 거의 안 써서 좀 어렵거든요."

"그렇죠. 저도 처음엔 그랬어요. 지금도 잘하는 건 아니지만 하다 보니 익숙해지는 것 같아요. 뭐든 처음엔 어렵잖아요. 하지만 데이터에서 원하는 걸 찾기 위해선 반드시 거쳐야 해요. 그래야 내가 데이터에 던지는 질문에 제대로 된 답을 얻을 수 있으니까요. 지금 초록 님이 이 데이터에 던지는 질문이 뭐라고 했죠?"

초록은 고민하다 조심스럽게 말했습니다. "질문이요? 음, 큐레이션 카드가 왜 잘 안 먹히는지… 그걸 사람들이 어떻게 받아들이고 있는지…?"

"좋아요. 그러면 먼저 '큐레이션'과 관련된 피드백과 더불어 결국 상품을 구매하게 만들어야 하니 '구매와 관련된 피드백' 이렇게 두 가지 주제에 관한 피드백만 모으세요. 그리고 제가 아까 알려드린 대로 정제 단계를 거치세요. 아 참, 누락된 건 초록 님이 채울 수 없으니 내버려두세요."

"정제 과정에 누락을 채우라고 하셨잖아요. 그냥 내버려둬도 돼요?"

아홉은 초록에게 '괜찮아요. 우린 주어진 환경 안에서 우리의 최선을 다하는 것만으로도 충분해요'라는 눈빛으로 답했습니다.

"원래는 그러면 안 되지만 어쩔 수 없으니까요. 필요한 정보가 아닌 건 어느 정도 타협하는 거죠. 절대 타협할 수 없는 정보는 '문의 내용'이니 그 외엔 현실과 타협하면서 정제해야 해요. 원본 자체에 펑크가 난 걸 우리 힘만으로는 메울 수 없으니까요."

초록은 아홉의 말을 이해했다는 듯이 고개를 끄덕인 뒤 한동안 말없이 화면을 보다가 조용히 말했습니다.

"저는 이 프로젝트를 하겠다고 했을 때 '문의 내역이 있으니 그것만 보면 답이 나오겠지'라고 생각했어요. 데이터만 열면 바로 내가 활용할 수 있겠구나 생각한 거죠. 그렇게 배웠으니까요. 쉽게 생각하고 열었는데 눈에 보이는 건 제 기대랑 달랐어요. 볼수록 '어, 뭐지?' 하는 생각에 심장이 철렁하더라고요. 아홉 님 덕분에 조금 길이 보이는 것 같아요. 감사합니다."

아홉은 '파이팅'이라며 자리를 떠났고 혼자 남은 초록은 다시 자세를 고쳐 앉으며 중얼거렸습니다.

"좋아. 자, 어디 해볼까?"

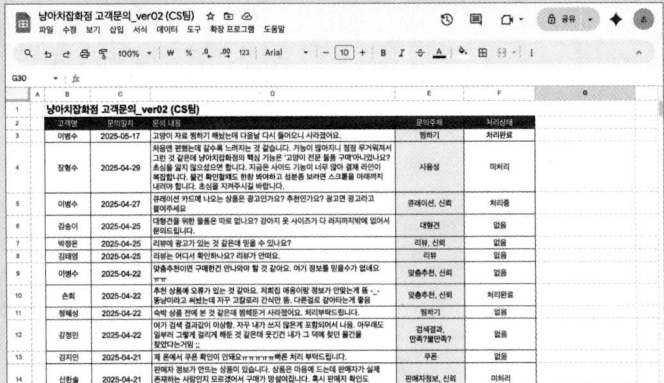

정제된 CS 문의 데이터

초록은 CS팀에게 받은 냥아치잡화점 고객 문의를 다음과 같이 정제했습니다.

- 지금 나에게 필요한 열만 유지: 고객명, 문의 일자, 문의 내용, 처리 상태 (문의 출처, 이메일 삭제)

- 누락 표시 통일: 없는 건 그대로 두지 않고 '없음'이라고 표기

- 중복된 고객명 유지: 고객을 하나로 합치는 게 맞나 싶었지만 중요한 건 '문의 내용'이고 문의별로 분석할 예정이라 중복 고객 유지. 단, 동명이인 인지 한 명의 고객인지 CS팀을 통해 확인 마쳤음. '이병수'는 동일한 고객 이 맞았고 '장형수'는 동명이인

- 불필요한 행 제거: 중간에 ver01 자료가 잘못 삽입된 22개의 행이 있었는 데 제거

- 오류 수정: 일부 날짜 정보가 미래 날짜로 되어 있는 것을 수정

CHAPTER 6 데이터의 정제 상태 확인

PART 3
이미 있는 데이터 활용하기

데이터는 의외의 곳에 숨어 있다

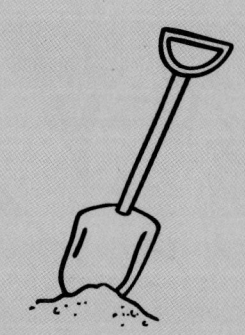

01
다른 직군이 가지고 있는 데이터를 요청하는 방법

UX/UI 디자이너 또는 프로덕트 디자이너는 사용자 데이터를 누구보다 절실히 원합니다. 하지만 우리 손에는 아무 데이터도 없는 경우가 많습니다. 사용자를 직접 만난 사람은 영업팀이고 사용자의 문제를 수집하는 사람은 CS팀이고 사용자 기록을 저장한 사람은 개발자입니다. 디자이너는 언제나 빈손으로 시작합니다.

영업팀은 고객을 직접 만나며 얻은 고객 니즈 정보를 가지고 있습니다. CS팀은 수많은 사용자가 쏟아낸 불만 정보를 가지고 있습니다. 프런트엔드 개발자는 특정 페이지에 방문한 사용자에 관한 수치 정보를, 백엔드 개발자는 사용자의 구매 이력 정보를 보유하고 있습니다. PM/PO는 현재 기능이 사용자의 어떤 요구사항을 반영한 것인지 알고 있으며 마케터는 서비스 유입 채널별 방문자 수와 관련된 정보를 가지고 있습니다. 이렇듯 데이터는 의외의 곳에 정보라는 모습으로 숨어 있습니다.

숨어 있는 것도 모자라 그 정보를 가지고 있는 사람들은 디자이너에게 그 정보가 필요하다는 사실조차 모를 때가 많습니다. 그러니 먼저 요청해야 합니다. 하지만 데이터를 요청하는 일은 생각보다 어렵습니다. "사용자 데이터 좀 주세요"라고 요청하면 "어떤 데이터요? 보고 싶은 데이터를 정리해주세요"라며 또 다른 요청으로 되돌아옵니다. 이는 어쩌면 당연한 일입니다. 상대는 디자이너가 무엇을 원하는지 모르기 때문입니다. 각자 자신의 관점으로 데이터를 수집하고 정리할 뿐, 디자이너가 보고 싶어하는 방식으로 정리해놓지 않습니다. 따라서 제대로 요청하는 것이 중요합니다.

다른 직군에 제대로 데이터 요청하기

① 내가 궁금한 사용자 데이터가 무엇인지 정리하기

디자이너가 사용자 데이터를 살펴보는 이유는 사용자를 이해하기 위해서입니다. 우리가 누군가를 이해하기 위해서는 크게 세 가지 정보가 필요합니다.

첫째, '누구인지'를 알려주는 정보입니다. '어떤 정체성으로 살아왔는가'에 대한 정보이며 누군가를 이해하기 위해 가장 첫 번째로 필요한 정보입니다. 여기에 해당하는 데이터는 성별, 연령, 직업, 지역, 사용하는 디바이스, 접속 시간대, 디지털 사용 습관 등이 있습니다.

둘째, '무엇을 이루려 하는지'에 관한 정보입니다. 이는 '사용자가 이 서비스로 무엇을 이루고 싶은가'에 대한 정보로 누군가의 선택을 이해하기 위해 필요합니다. 여기에 해당하는 데이터는 유입 채널, 검색 키워드, 고객 문의 내용, 유저 인터뷰 결과, 설문조사 결과 등이 있습니다.

셋째, '원하는 것을 이루었는지'를 보여주는 정보입니다. '원하는 것을 이루었는가'에 대한 정보로 누군가의 행동 성취 여부를 이해하기 위해 필요합니다. 여기에 해당하는 데이터는 페이지뷰, 클릭 수, 이탈률, 전환율, 후기, 사용성 테스트 결과, 유저 인터뷰 결과, 설문조사 결과 등이 있습니다.

이 많은 정보 중 자신에게 필요한 사용자 데이터는 무엇인지 명확하게 정의해야 합니다. 이는 '프로젝트 목적/목표'에서 선별하면 됩니다(목적/목표는 5장 참고). 이때 유의할 점이 있습니다. 단순히 '구매 회원 데이터'처럼 단일 항목을 나열하는 것이 아니라 '1월부터 6월까지 1회 이상 구매한 이력이 있는 회원'과 같이 조건과 기간을 포함하는 것이 좋습니다. 그래야 요청하기 좋습니다.

② 누구에게서 얻을 수 있는지 확인하기

조직 규모가 작고 이제 막 시작한 스타트업이라면 하나의 팀 혹은 한두 명만 파악해도 대부분의 정보를 얻을 수 있습니다. 하지만 조직 규모가 크고 팀이 분리되어 있다면 내가 원하는 데이터를 누가 가지고 있는지 바로 알기 어렵습니다. 이럴 때는 2장의 '육수 같은 인사이트'에서 설명했듯이 '회사 조직도'를 참고하거나 팀의 리더, 동료에게 묻는 것이 좋습니다. 대개 한 프로젝트에 필요한 데이터가 여러 직군에 흩어져 있는 경우가 많기 때문에 필요한 정보를 각각 요청해야 합니다.

예를 들어 '검색 기능 개편'이라는 프로젝트라고 하면 마케팅팀에 '유입 검색어 파일'을 요청합니다. 이후 백엔드 개발자에게 '사용자가 우리 프로덕트 검색창에 입력한 검색어 파일'을 요청합니다. 그리고 프런트엔드 개발자에게 GA가 삽입되어 있는지 물어본 뒤 삽입되어 있다고 하면 '검색 결과를 본 사용자가 다음으로 어느 페이지로 이동했는지'를 GA에 들어가서 직접 확인합니다.

③ 원하는 데이터 요청하기

데이터를 요청할 때는 내 의도를 정확히 전달하는 것이 중요합니다. "홈 화면 개편 작업 중입니다. 사용자들이 가장 많이 구매한 상품 위주로 홈 화면 상단에 노출하는 플로를 구상하려 하는데 이번 달 사용자의 상품 구매 데이터를 확인할 수 있을까요?"와 같이 활용 목적을 정확하게 말해야 합니다. 그래야 상대방도 내 의도를 이해하고 적절한 데이터를 찾아줄 수 있습니다.

참고로 '원하던 것을 이루었는지'에 관한 데이터에는 사용자 행동 데이터가 많이 포함되어 있습니다. 이는 GA나 앰플리튜드와 같은 사용자 행동 추적 도구가 웹이나 앱에 미리 설치되어 있어야 확인할 수 있습니다. 만약 해당 도구가 설치되어 있지 않거나 설치되어 있어도 필요한 이벤트가 세팅되어 있지 않다면 개발자나 PO, PM에게 도움을 요청해서 세팅해야 합니다. 도구를 설치하려면 웹, 앱에 코드를 삽입해야 하기 때문에 특히나 개발자의 도움이 필수입니다.

간혹 세팅을 요청하기 어려운 조직에 있거나 요청해도 반영해주지 않는 동료와 일하는 분들이 있습니다. 그런 경우라면 디테일한 행동 데이터는 빠르게 포기합시다. 내 노력으로 해결할 수 없는 일이라면 무리해서 붙잡지 않아도 됩니다. 그리고 유의할 점이 하나 더 있습니다. 사용자 정보는 자칫 개인정보로 이어질 수 있습니다. 그래서 개발자는 개인을 식별할 수 없는 상태로 데이터를 전달해 줍니다. 이 부분은 미리 알고 요청하는 것이 좋습니다.

디자이너가 가능한 선에서 최선을 다할 수 있도록 질문 예시를 준비했습니다. 회사나 조직마다 환경이 달라 정답은 없지만 너무 막막한 분들을 위해 준비했습니다.

▼ 여러 조건이 섞인 데이터가 필요할 때

안녕하세요. 현재 [프로젝트 이름] 작업을 진행 중입니다. 이번 작업의 목적은 [프로젝트 목적]입니다. 그 과정에서 [사용자의 행동이나 특성]을 파악하고자 합니다. 관련하여 아래 데이터를 받아볼 수 있을까요?
- **기간**: [확보하고자 하는 데이터의 기간]
- **필요 데이터**: [조건별 데이터(포함 항목도 작성 필요)]

> (적용 예시)
> 안녕하세요. 현재 마이페이지 개편 작업을 진행 중입니다. 이번 작업의 목적은 사용자의 상품 재구매율 향상입니다. 그 과정에서 사용자의 구매 패턴을 파악하고자 합니다. 관련하여 아래 데이터를 받아볼 수 있을까요?

- 기간: 2025년 1월~6월
- 필요 데이터
  - 2회 이상 구매를 반복한 사용자 리스트(포함 항목: 사용자 디바이스 정보, 성별, 연령, 구매 품목, 구매 일자)
  - 2회 이상 판매가 일어난 상품 리스트(포함 항목: 상품명, 상품 판매 일자, 상품 판매 개수)

▼ 단일 데이터가 필요할 때

안녕하세요. 문제 파악을 위해 사용자가 [서비스/기능명]을 어떤 방식으로 이용하고 있는지 확인하려고 합니다. 특히 [사용자의 행동이나 문제에 대해 확인하고 싶은 것]이 궁금하여 아래와 같은 조건을 가진 사용자 데이터가 필요합니다. 해당 데이터를 확인할 수 있을까요?

- **기간**: [확인하고 싶은 기간]
- **요청 데이터**: [확인하려는 데이터]

(적용 예시)

안녕하세요. 문제 파악을 위해 사용자가 검색 기능을 어떤 방식으로 이용하고 있는지 확인하려고 합니다. 특히 사용자가 검색 후 얼마나 이탈하는지, 무엇이 문제인지가 궁금하여 아래와 같은 조건을 가진 사용자 데이터가 필요합니다. 해당 데이터를 확인할 수 있을까요?

- 기간: 최근 3개월
- 요청 데이터: 검색 키워드, 검색 페이지 접속자 수, 검색 페이지 이탈률

냥아치잡화점의 디자이너 초록은 얼마 전 아홉의 도움을 받아 '냥아치잡화점 홈 화면의 취향별 큐레이션 카드 개선' 프로젝트를 무사히 마쳤습니다. 첫 UX/UI 디자인 결과물이었는데 나름 '정성 데이터'를 기반으로 해서인지 사용자 반응이 좋았습니다. 평소에도 자신의 콘텐츠 디자인이 실제로 고객을 움직이게 하는지 궁금했던 참이었기에 이번 경험은 매우 소중했습니다. 초록은 이참에 UX/UI 디자이너로 전향하기로 마음먹고 냥아치잡화점 UX/UI 디자인 업무를 본격적으로 수행하게 되었습니다. 그렇게 이번에 '냥아치잡화점 홈 화면 개편 프로젝트'를 맡게 되었습니다.

프로젝트 킥오프 날, 초록은 PM인 태진에게 화면 기획서를 받은 뒤 간략하게 기획 의도를 늘었습니다.

"몇 달간 냥아치잡화점 매출이 계속 떨어지고 있습니다. 경쟁사 앱이 많이 생기기도 했고 고양이 관련 상품을 쿠팡이나 네이버 스토어에서도 많이 파니까 그런 것 같아요. 홈 화면에서 상품이 잘 보이도록 재배치도 할 겸 홈 화면을 개편하고자 합니다. 기획 의도만 벗어나지 않는다면 얼마든지 바꿔도 돼요. 초록님이 판단해서 수정하셔도 괜찮습니다. 그럼, 진행하다가 궁금한 거 있으면 언제든 말씀하세요."

"네, 궁금한 거 있으면 말씀드릴게요."

태진에게는 말하지 않았지만 초록은 속으로 난감했습니다. '어떤 사용자 데이터를 봐야 할지 전혀 모르겠어…. 궁금한 거 있으면 물어보라고 하셨지만 내가 무슨 데이터를 봐야 할지 모르니 질문도 못 하겠네.'

호기롭게 맡았지만 막상 시작하려니 어떤 데이터를 봐야 할지 머리가 새하얘졌습니다. 자리로 돌아온 초록은 '사용자 데이터' 'UX 데이터 드리븐'과 같이 갈 곳 잃은 검색어로 검색창을 채우다가 결국 마음이 급해져 평소 하던 대로 손부터 움직이기 시작했습니다. 일단 피그마부터 열어 핀터레스트에서 다양한 벤치마킹 자료를 봐가며 이렇게도 해보고 저렇게도 해봤습니다. 하지만 이것도 좋아 보이고 저것도 좋아 보여 계속 방향을 바꾸다 보니 이틀이 지나고 삼일이 지나도 뚜렷한 결과물은 나오지 않았습니다. 그러다 문득 깨달았습니다. '잠깐, 나 지금 뭐하고 있는 거지? 사용자를 위한 디자인을 하려면 사용자를 연구해야 하는데 전혀 안 했네….'

초록은 그제서야 마우스를 놓고 노트를 꺼내 펜으로 한 글자씩 꾹꾹 눌러서 써 보았습니다.

> 냥아치잡화점의 홈 화면은 도대체 어떤 사람들을 위해 존재하는 걸까?

자신이 쓴 글을 한참을 바라보다가 속으로 생각했습니다.

'어떤 사람들이긴, 고양이 용품을 구매하는 사람들이겠지. 이렇게 생각을 시작하면 안 되겠어. 일단 사용자 데이터를 확인해봐야겠다. 뭘 봐야 하지? 뭐든 달라고 하면 주지 않을까? 전에 아홉 님이 '백엔드 개발자에게 사용자 데이터를 요청해보라'고 조언해줬지. 물어봐야겠다. 백엔드 개발자랑은 협업할 일이 없어서 거의 소통을 안 해봤는데… 긴장되네.'

초록의 뒷자리에는 백엔드 개발자가 앉아 있었습니다. 초록은 용기 내어 말을 걸었습니다.

"저… 민호 님, 혹시 사용자 데이터 좀 받을 수 있을까요?"

백엔드 개발자 민호는 귀에서 이어폰을 빼며 초록을 물끄러미 바라보더니 되물었습니다. "사용자 데이터요? 어떤 데이터요?"

초록은 멈칫했습니다. '아, 나도 정확히 뭘 보려고 했는지 모르겠는데….'

당황한 초록은 얼버무리며 말했습니다. "음… 그… 사용자가… 뭘 좋아하는지 같은 거요…. 아니면 방문한 기록 이런 거요."

"네? 어… 뭘 원하시는지 정확히 말씀해주셔야 뽑아드릴 수 있어요. 회원가입 기록을 원하시는 건가요? 아니면 고객 구매 기록이 필요하신 건가요? 아, 그리고 기간도 알려주셔야 해요."

민호는 난감한 표정을 지으며 초록에게 이야기했습니다. 그 순간 초록은 얼굴이 빨개졌습니다. 그리고 깨달았습니다. '아… '사용자 데이터 주세요'라고 하면 되는 게 아니구나.'

"아… 네, 죄송해요. 저도 제가 지금 뭐가 필요한지 몰라서요… 제가 뭘 볼 수 있는지도 모르겠어요."

"음… 그럼 보고 싶은 정보를 저에게 일단 리스트업해주세요."

"네, 알겠습니다. 제가 다시 정리해서 말씀드릴게요."

말은 그렇게 했지만 초록은 난감했습니다. 어디서부터 다시 생각해야 할지 갈피조차 잡지 못했기 때문입니다. 도움을 청하기 위해 아홉의 자리로 슬그머니

가보니 아홉은 퇴근하고 없었습니다.

'어쩌지… 내일 오시면 물어볼까… 아, 지금 시간을 너무 많이 써서 빨리 데이터를 확보해야 하는데….'

그때 아홉이 했던 말이 문득 떠올랐습니다.

'데이터는 그냥 보면 안 보여요. 먼저 배경과 목적이 있어야 보여요. 기획서에 배경, 목적, 목표가 누락된 경우가 종종 있어요. 기획서를 준 사람에게 물어보는 게 가장 정확하지만 그게 어려운 상황에서는 두 가지 방법으로 대체할 수 있어요. 하나는 프로젝트 배경, 기획 의도 등 내가 알고 있는 정보를 조합해서 '프로젝트 배경, 목적'을 다시 정의해보는 거예요. 그걸 기준으로 데이터를 수집하면 돼요. 또 하나는 '프로덕트 배경, 목적'을 명확하게 하는 거예요. '우리 서비스는 왜 존재하는가?'에 대한 답이 곧 프로덕트의 배경과 목적이 될 거예요. 그걸 기준으로 데이터를 수집하면 돼요.'

'맞다. 목적! 그때 아홉 님이 신신당부하셨는데. 그새 또 까먹었네.'

초록은 다시 자리에 앉아 노트에 써 내려갔습니다.

- 냥아치잡화점 프로덕트 배경과 목적 = 우리 서비스가 왜 존재하는가? = 고양이와 집사의 일상을 행복하게 만들기 위해 존재
- 이번 프로젝트의 배경과 목적 = 프로젝트는 왜 하는가? = 매출을 올리기 위해서? 이게 맞나? 모르겠다.
- 필요 데이터 = 그럼 내가 지금 가장 알고 싶은 건?

초록은 여기까지 쓴 뒤 쉽게 글을 이어가지 못했습니다. '내가 알고 싶은 게 뭘까… 아, 모르겠다. 어렵네. 배경과 목적을 안다고 바로 떠오르는 게 아닌 것 같은데… 모르겠다. 일단 오늘은 퇴근!'

초록은 '작전상 후퇴'를 외치며 회사를 나왔습니다. '배고프네. 저녁이나 먹고 가야겠다. 어디 보자… 뭘 먹나.'

근처를 둘러보니 찌갯집과 파스타집이 보였습니다. '윽, 파스타는 지금 안 당겨. 찌갯집은 무슨 찌개를 파는 거지? '찌갯집' 말고는 아무것도 안 써있네. 대표 메뉴 좀 써주지. 가서 봐야겠다.'

초록은 찌갯집 앞에 가서 내부를 들여다봤습니다. 메뉴판을 보니 동태탕을 팔고 있었습니다. 초록은 다시 주변을 두리번거렸고 저 뒤로 좋아하는 메뉴인 '묵은지 김치찌개' 집이 보였습니다. 신난 발걸음으로 간 가게 앞에는 '직접 만드는 묵은지로 끓입니다. 국산 고춧가루, 국산 배추, 한돈 돼지고기. 오로지 국산만 씁니다'라고 써 있었습니다.

'이야, 믿음 간다. 진짜 맛있겠다.' 초록은 설레는 마음으로 힘차게 문을 열고 들어가 자리를 잡았습니다.

메뉴판을 보니 기본 메뉴가 있었고 그 옆에 A4 용지에 따로 써놓은 '오늘의 할인 메뉴' '어떻게 사람이 김치찌개만 먹니 메뉴'가 별도로 있었습니다. 잠시 고민하고 있자 사장님이 물을 들고 초록에게 다가와 말을 걸었습니다.

"저희 가게 처음 오셨죠? 저희 인기 메뉴는 '묵은지 김치찌개'예요. 그런데 오늘 '꽁치 김치찌개'가 할인 메뉴예요. 오늘 꽁치가 싱싱해서 많이 사왔거든요."

초록은 그 이야기를 들으며 생각했습니다. '아, 꽁치가 싱싱해서 오히려 할인이라고? 그 반대일줄 알았는데 의외네. 꽁치 김치찌개도 맛있는데 그럼 그걸 먹어볼까? 그나저나 사장님은 내가 처음 온 걸 어떻게 아셨지? 여기 직장인이 많은 곳이어서 얼굴을 다 기억하진 못하실 텐데….'

사장님은 마치 초록의 마음을 읽은 듯이 답했습니다. "우리 가게 항상 오는 분들은 시키시는 게 있어요. 메뉴판을 그렇게 오래 안 보신다고. 그리고 아까 앞에서 서성이시는 거 보니까 메뉴 보시는 것 같더라고요. 그런 분이 좀 많아서 일부러 메뉴판 엄청 크게 만들어놨죠. 밖에서 잘 보이라고."

"네, 맞아요. 오늘 처음 왔어요. 회사가 이 근처인데 이런 식당이 있는지도 몰라서 못 왔었네요. 그럼 저 꽁치 김치찌개주세요."

"우리가 홍보할 줄을 몰라서… 그래도 한번 온 손님들은 또 와요. 20대 젊은 친구들은 잘 안 오고. 저녁 장사도 안 하려 했는데 술 먹으러들 많이 와서 열어둬요. 처음엔 참치 김치찌개도 있었는데 남자들은 잘 안 먹더라고. 그래서 손님들 입맛에 맞춰서 반찬이랑 메뉴도 좀 바꿨어요. 이러니까 젊은 친구들이 더 안 오는 것 같긴 해. 물도 봐봐. 원래 생수였는데 50대 아저씨들이 하도 오니까 헛개수로 바꿨어요. 꽁치 김치찌개 하나죠? 아가씨 입맛에 맞도록 내가 맛있게 해줄게요. 아 참, 반찬은 아가씨 취향을 내가 몰라서 기본 반찬 줄 건데 맛있는 건 또 달라고 해요. 그러면 다음에 올 때 그거 더 많이 해줄게."

초록은 성격 좋은 사장님 말에 웃으면서 '감사합니다'라고 답하다가 갑자기 번뜩 무언가 떠올랐습니다.

'여기 사장님은 매일 수십 명의 손님을 상대하면서도 처음 온 손님인지, 뭘 궁금해하는지, 뭘 선택할지를 계속 탐색하고 계시는구나! 우리 서비스도 똑같아. 우리 앱 첫 방문 사용자와 재방문 사용자는 기대하는 게 다르겠지. 특히 첫 방문 사용자는 나처럼 '여기가 뭘 파는 곳인가?'를 알기 위해 메뉴판 역할을 하는 홈 화면을 탐색하겠지?'

초록은 두서없이 떠오른 생각이 날아갈 새라 서둘러 노트를 펼쳤습니다.

[식당에서 알 수 있었던 홈 화면의 역할]

- 사용자에게 '여긴 이런 걸 판다'고 처음에 알려줘야 한다. (밖에서 봐도 보이는 큰 메뉴판)
- 사용자에게 '여긴 믿을 만한 곳'임을 한눈에 알려줘야 한다. (간판 이름, 국산 재료)
- 인기 있는 메뉴(상품)는 눈에 띄어야 한다. (사장님이 말로 설명)
- 오늘의 특가나 프로모션은 적극적으로 드러내야 한다. (메뉴판)
- 특가인 이유가 품질이 저렴해서가 아니라 오히려 품질이 좋아서라는 점을 알려야 한다. (싱싱한 꽁치라는 정보 전달)
- 처음 온 사람과 자주 오는 사람에게 보여주는 콘텐츠가 달라야 한다. (처음 온 사람과 단골 손님에게 다르게 주는 반찬)
- 핵심 사용자의 디테일한 취향을 충족시켜줘야 한다. (생수에서 헛개수로 변경)

초록은 그제서야 뭔가 알 것 같았습니다. 순식간에 저녁을 먹은 초록은 다시 회사로 돌아갔습니다. 지금 이 번뜩이는 생각을 놓치면 안 될 것 같았습니다. 서

둘러 자리에 앉아 메신저 슬랙을 열어 백엔드 개발자에게 보낼 메시지를 썼습니다.

> 초록 민호 님, 안녕하세요. 미리 보내두는 메시지이니 내일 출근하여 확인 부탁드립니다.
> 제가 지금 냥아치잡화점 홈 화면 개편 작업을 진행 중인데요, 초기 진입 사용자에게 어떤 정보와 흐름을 제공해야 할지 UX를 설계하고 있습니다. 그 과정에서 사용자 행동과 관련된 몇 가지 데이터를 확인하고 싶어 요청드립니다. 아래 조건과 항목을 기준으로 확인 가능할지 말씀해주시면 감사하겠습니다.
>
> [기간]
> 2025년 1월부터 이번 달 오늘까지(6개월간)
> [필요 데이터]
> - 냥아치잡화점 홈 화면 총방문자 수 / 첫 방문자 수 / 재방문자 수
> - 냥아치잡화점 홈 화면 총방문자 / 첫 방문자 / 재방문자 각각 이탈률
> - 냥아치잡화점 홈 화면에서 가장 많이 이동한 화면
> - 냥아치잡화점 홈 화면에서 가장 많이 클릭한 상품

- 냐아치잡화점 상품 구매 고객 중 2회 이상 구매한 사용자
 (속성은 디바이스, 연령, 성별, 구매이력)

혹시 위 데이터 중 확인이 어려운 항목이 있다면 말씀해주세요. 어렵다면 그걸 확인하기 위해 제가 무엇을 선행해야 하는지도 알려주시면 감사하겠습니다. 다시 한번 늦은 시간에 죄송합니다. 언제든 편한 시간에 회신 부탁드립니다. 감사합니다.

'이렇게 보내는 게 맞나? 알고 싶은 걸 다 쓰고 기간도 알려달라고 해서 말씀드리긴 했는데…'

머리를 긁적이며 자신이 민호에게 보낸 메시지를 다시 읽고 있는데 민호에게 답이 왔습니다.

민호 다 드릴 수 있긴 한데… 맨 마지막 거 한 개 빼고는 직접 GA로 보는 게 원하는 데이터를 얻기 편하실 거예요. 지금 왠지 이것저것 보고 싶으실 것 같아서요. 근데 제가 알기론 GA가 삽입되어 있긴 한데 클릭 이벤트 같은 건 설정 안 해놓은 걸로 알고 있어요. 아무튼 프런트엔드 개발자인 희용 님에게 물어보세요. 요청하신 건 제가 내일 오전에 뽑아드리겠습니다.

'GA? 그게 뭐지? 음… 일단 다 볼 수 있다는 거네. GA인가 뭔가는 다음에 희용 님에게 물어보면 되겠지. 아무튼 이렇게 요청하는 게 맞나 싶었는데 맞나 보다. 휴, 다행이야.'

초록 늦었는데 확인해주시고 답변도 빠르게 해주셔서 감사합니다! 내일 뵙겠습니다!

초록은 민호의 답변 덕분에 조금은 속이 시원해지는 느낌을 받았습니다.

02
관리자 페이지에 숨어 있는 데이터를 확인하는 방법

대부분 어드민(관리자 페이지)은 '무언가를 등록하거나 수정하는 페이지' 정도로만 생각합니다. 실제로도 상품 등록, 콘텐츠 편집, 유저 등급 조정 등의 업무에 주로 활용되죠. 하지만 사실 어드민은 사용자에 대한 정보가 상당히 많이 담겨 있는 곳입니다. UX/UI 디자이너 또는 프로덕트 디자이너가 어드민에 접근할 수만 있다면 사용자 경험을 개선하는 데 필요한 다양한 데이터를 발견할 수 있습니다.

예를 들어 어드민에서 많이 팔리는 상품을 볼 수 있다면 '사용자들은 어떤 상품을 주로 구매하는가?'를 파악할 수 있습니다. '상품별 재구매 횟수'를 볼 수 있다면 '사용자는 정기적으로 어떤 상품의 구매를 반복하는가?' 또는 '특정 기간 동안 어떤 유형의 상품을 집중적으로 구매하는가?'와 같은 데이터를 확보할 수 있습니다. 이렇듯 어드민에 담긴 정보는 단순한 리스트처럼 보이지만 그 안에는 '사용자의 선택 패턴'이 함께 들어 있습니다.

또한 어드민에서 사용자별 '가입 일자' '최근 접속일' '탈퇴 여부'와 같은 항목이 함께 제공된다면 이를 매우 기초적인 사용자 여정 데이터로도 활용할 수 있습니다.

참고로 개인정보 보호로 인해 특정 직원 외에는 어드민에 접근이 불가능한 경우가 있습니다. 이 경우 백엔드 개발자에게 개인 식별이 불가능한 범위 내에서 익명으로 처리된 데이터를 요청하는 것으로 대체하면 됩니다.

어드민 구조는 서비스마다 다르고 문서화되어 있지 않은 경우가 많습니다. 게다가 대부분 개발자 혼자 만들어 디자인에 일관성이 부족하거나 사용성이 고려되지 않은 경우가 많습니다. 그러니 혼자 찾아 헤매기보다는 어드민을 자주 사용하는 팀원(운영팀, 고객지원팀 등)에게 물어보는 것이 빠릅니다. 예를 들어 이렇게 물어보세요.

"상담 신청 플로 개편을 위해 UX/UI 디자인을 하려는데 혹시 상담 신청과 관련된 사용자 데이터가 어드민에 있을까요?"

이렇게 물어보면 대부분의 동료는 기꺼이 알려줍니다.

다음날 초록은 백엔드 개발자 민호가 준 csv 파일 세 개를 구글 스프레드시트에서 열어 데이터를 확인했습니다. 2025년 1월부터 이번 달 오늘까지 6개월간의 다양한 데이터가 눈에 들어왔습니다.

'아… 어젠 뭔가 유레카 같은 느낌이었는데 이걸 가지고 뭘 어떤 인사이트를 얻어야 하는지 모르겠어. 각각 데이터가 왜 필요한지는 알겠는데 이것들을 어떤 기준으로 엮어서 어떤 결론을 내야 하는 거지? 으… 아홉 님 자리에 계신가…? 오, 계신다! 물어봐야겠다.'

초록은 노트와 펜을 들고 아홉의 자리로 가 말을 걸었습니다.

"아홉 님, 안녕하세요."

"초록 님, 안 그래도 이야기 들었어요. 이번에 냥아치잡화점 홈 화면 개편한다고요! 어려운 점은 없어요?"

"안 그래도 사용자 데이터 수집하는데 막히는 게 있어서 여쭤보러 왔어요. 그때 알려주신 대로 백엔드 개발자인 민호 님에게 사용자 데이터 몇 개 요청드려서 받긴 했는데… 사실 봐도 모르겠어요. 지금 시간 괜찮으신가요?"

"하하 저도 그랬어요. 눈앞에 있는 리스트를 보고 있자면 머리가 멍해지더라고요. 내가 뭘 봐야 하는지, 여기서 뭘 뽑아내야 하는지 도저히 감이 안 오고요. 초록 님은 뭐가 제일 어려우세요?"

"저도 딱 그거요. 사실은 어제 말이에요…."

초록은 어제 민호에게 다짜고짜 데이터를 요구했다가 '이렇게 하면 안 되는구나'를 알게 된 일, 하지만 정작 뭘 봐야 하는지 몰라 퇴근했다가 식당에서 깨달음을 얻어 다시 돌아와 데이터를 요청한 일을 설명했습니다. 그리고 지금 받은 데이터가 무엇인지도 덧붙였습니다. 그러다 아홉은 눈을 크게 뜨고 놀라워하며 말했습니다.

"와… 초록 님, 어제 퇴근길 식당 에피소드 대박인데요? 그리고 너무 찰떡이에요. 데이터로 UX/UI 디자인 해본 적이 그때가 처음 아니었어요? 그 큐레이션 카드요. 와, 그런데 어떻게 이렇게 감이 좋아요?"

초록은 얼굴이 빨개졌습니다. "네? 아니에요. 저 지금 엄청나게 버벅대고 있어요. 제가 너무 바보 같은 걸요."

아홉은 웃으며 답했습니다. "바보라뇨. 저도 처음에는 데이터를 엄청 어렵게 생각했어요. 데이터 분석가가 아니면 다룰 수 없다고 생각했죠. 나에게 그럴 권한이 없다고 스스로 답을 내렸어요. 그런데 사실은 이미 우리가 일상에서 데이터를 해석하고 있다는 걸 깨달았어요. 식당 사장님도 결국 데이터 기반의 의사결정을 하신 거예요. 눈으로 본 손님들의 행동을 토대로 다음 메뉴 전략을 짜셨잖아요."

"아…! 그러네요." 초록은 자신 역시 데이터를 너무 어렵고 거창하게 생각하고 있었다는 것을 알았습니다.

"그런데 아홉 님, 말씀 덕분에 데이터를 다루는 마음이 가벼워지긴 했어요. 좀 더 만만해지긴 했는데… 그렇다고 해서 달라지는 건 없는 것 같아요. 어제 민호 님에게 요청드릴 때만 해도 '이런 데이터가 있으면 되겠다' 싶었는데 막상 받아

보니 무엇을 기준으로 엮어서 어떤 결론을 내야 하는지 모르겠어요."

초록의 말에 아홉은 잠시 생각하더니 물었습니다.

"초록 님, 이 프로젝트의 배경과 목적이 뭐였죠?"

"아, 목적! 맞다. 아홉 님이 전에 어떤 데이터를 봐야 할지 모를 땐 배경과 목적을 보라고 하셨죠. 그래서 정리하다가… 정작 그래서 무슨 데이터가 필요한지 몰랐다가… 식당에 갔다가… 아, 어느 순간 잊고 있었어요."

"맞아요. 배경과 목적은 모든 의사결정을 할 때 기준이 되는 북극성 같은 거예요. 처음에 확인하고 끝이 아니죠. 저도 이걸 알기까지 참 오래 걸렸어요. 이상하게 일에 몰두하다 보면 배경과 목적을 잊게 되는 것 같단 말이죠. 음, 그래서 정의하셨나요?"

"네, 기획서가 화면설계서만 있어서 일단 우리 프로덕트의 목적만 정의했어요. 소개 페이지를 보니까 냥아치잡화점은 고양이와 집사의 일상을 행복하게 만드는 거더라고요. 태진 님이 항상 우리 회사의 존재 이유가 '고양이와 집사의 일상을 행복하게 하는 것'이라고 말씀하셔서 프로덕트 목적은 다를 줄 알았는데 같았어요. 그런데 이번 프로젝트의 목적은 도저히 모르겠어요. 일단 태진 님이 기획서 설명해주실 때 '매출을 올려야 한다'고 하셔서 그걸 프로젝트 목적이라고 생각하고 있어요."

"아직 제대로 정의가 안 됐군요. 그럼 첫 단추가 제대로 잠가지지 않은 거예요. 태진 님에게 물어보셔야죠. 지금 얼른 물어보세요. 배경, 목적, 목표 전부 다요."

"네? 아… 지금이요?"

초록은 태진이 어려웠습니다. 질문을 해도 항상 단답으로 답변이 돌아왔고 속 시원한 답변도 아니었던 기억 때문에 점점 질문을 하지 않게 되었습니다. 그래도 이번엔 잘 해내고 싶어 한 번 더 용기를 냈습니다.

> **초록** 안녕하세요, 태진 님. 혹시 이번 냥아치잡화점 홈 화면 개편의 배경, 목적, 목표를 공유해줄 수 있으실까요?

잠시 후 태진에게 답이 왔습니다.

> **태진** 목적은 매출을 올리는 데 있습니다. 배경도 동일하고요. 정확한 목표 매출 수치는 아직 정하고 있습니다.

"아홉 님, 태진 님이 답을 해주셨어요. 휴… 다행이에요. 답을 안 해주실 줄 알았거든요."

"초록 님은 태진 님이 어려워요? 왜요?"

"음… 모르겠어요. 뭔가 무서운 상사 느낌이에요."

"근데 저도 그래요. 태진 님 뭔가 어려워요. 하하하. 그래도 물어볼 건 물어봐야죠. 필요한 정보는 내가 노력해야 얻을 수 있어요. 남들은 내가 그게 필요한지 모르거든요. 그리고 제때에 물어봐야지 어렵다고 안 물어보면 나중에 더 큰 사고로 이어져요. 전혀 엉뚱한 디자인을 하고 있을 수 있거든요."

아홉은 이어서 말했습니다.

"사실 지금 태진 님이 말씀해주신 배경과 목적은 반쪽짜리긴 해요. 무슨 문제가 있는지, 그 문제를 해결하기 위해 왜 '홈 화면 개편'을 선택했는지를 알아야 그에 맞는 사용자 경험 설계를 할 수 있거든요. 이상적인 기획서는 '배경(사용자나 비즈니스에 어떤 문제가 있는가), 목적(그 문제를 해결하기 위해 이루고자 하는 것은 무엇인가), 목표(무엇을 달성하면 목적을 이루었다고 볼 것인가)가 모두 들어 있는 건데 현실은 항상 바쁘잖아요. 그래서 기획서에 누락되기도 하니 앞으로 기획 리뷰 시간엔 반드시 이걸 물어보세요."

초록은 그렇지 않아도 태진이 기획 의도를 설명해줄 때 자신과 상관없다고 생각하고 허투루 들은 일이 떠올랐습니다. 그래서인지 질문도 생각 나지 않았는데 앞으로는 꼭 물어봐야겠다고 다짐했습니다.

"아무튼 지금은 정확한 배경도, 목적도, 목표도 모르니 매출을 올리기 위해 홈 화면을 개편한다 정도로만 생각하면 될 것 같아요."

"네, 그런데 홈 화면에서 어떻게 매출을 올려요? 그게 디자인 개편으로 되나요?"

"매출을 올리는 방법은 여러 가지가 있어요. 1인당 객단가를 높이거나 재구매 비율을 늘리는 방법이 있어요. 아예 신규 회원을 확보해서 구매하게 만드는 방법도 있고요. 어떤 방법을 쓸지는 모르겠으나 어쨌든 홈 화면을 통해 사용자를 더 많이 가입시키고 상품을 더 많이 소개하여 결국 판매로 이어지게 해야죠. UX/UI 디자인도 그에 맞춰서 나와야 하고요. '디자인 개편으로 매출을 올린다'보다는 '매출 확대로 이어지도록 홈 화면을 개편한다'라고 생각하시면 더 정확할 것 같아요."

"아! 마치 제가 식당에 갔을 때 그냥 나가지 않고 결국 주문하게 만드는 것과 같은 거군요. 메뉴판 자체가 매출을 내는 건 아니지만 고객이 메뉴를 잘 파악하도록 도와줌으로써 결국 주문하게 만드는 것! 그것도 손님이 '원하는' 메뉴로요."

"맞아요! 하나를 알면 열을 깨우치는군요. 그러니 우리는 홈 화면을 디자인하지만 봐야 하는 데이터는 홈 화면에서 벗어나야 해요. 홈을 벗어나 사용자가 무엇을 왜 사는지, 홈 화면에서 무엇을 보고 '더 탐색하고 싶다'고 느꼈는지 알아야 하는 거죠. 더불어 냥아치잡화점의 목적이 '집사와 고양이의 일상을 행복하게 만드는 것'이라고 했죠? 그럼 그냥 소비가 아닌 '행복한 소비'로 이어지게 만드는 것도 UX/UI 디자인에서 풀 수 있는 만큼 풀어야 해요."

"아… 그러네요. 아휴, 신경 쓸 게 많네요. UX/UI 디자인이라는 게 이런 건가요?"

"그럼요. UX/UI 디자이너는 화면을 그리는 사람이 아니에요. 사용자를 움직이게 만드는 사람이에요. 말 그대로 사용자의 경험을 디자인하는 거죠. 설계에요, 설계."

"생각보다 어렵고 오묘해요. 아, 그런데 '무엇이 많이 팔리는가'는 알 수 있는데 '왜 팔리는가'와 '홈에서 뭘 보고 탐색을 이어가기로 했는가' '행복한 소비를 하고 있는가' 이런 건 지금 민호 님에게 받은 데이터로는 알 수 없어요."

"네, 그건 결국 사용자에게 직접 물어보는 게 가장 정확해요."

"유저 인터뷰 말씀하시는 건가요? 책에서 봤어요. 그런데 음… 태진 님이 납득하지 않을 것 같아요…."

"아, 그렇죠. 그럼 관리자 페이지에서도 혹시 데이터를 찾아보셨나요?"

"관리자 페이지요? 아, 어드민이요? 어… 아뇨? 거길 왜요?"

"어드민 데이터를 한번 확인해보세요. 상품 구매 패턴을 볼 수 있을 거예요. 그 데이터를 보면 주로 사용자가 어떤 물품을 많이 구매하는지, 재구매는 몇 번이나 이루어지는지, 구매 주기는 어떤지 등을 알 수 있어요. 그 데이터를 재료 삼아 사용자들이 실제로 어떤 상품을 통해 '행복한 소비 경험'을 하고 있는지 유추할 수 있을 거예요. 궁극적으로 냥아치잡화점은 사용자에게 '여기서 구매하면 나와 고양이의 일상이 행복해질 거야'라는 가치가 느껴지게 만들어야 하니까요. 구매 전이든 구매 후든요. 개인정보 보호법을 준수하기 위해 개인을 식별할 수 있는 데이터에는 접근하면 안 되는 거 기억하시고요. 저도 냥아치잡화점 거는 권한이 없어 봐드릴 수가 없네요. 태진 님에게 요청하시거나 백엔드 개발자에게 요청하시면 될 거예요."

"네, 알겠습니다. 해볼게요. 그런데 아홉 님. 그럼 제가 민호 님에게 받은 데이터는 쓸모없는 건가요?"

"아니에요. 그건 다른 데이터와 조합해 활용할 수 있어요. 그리고 UI의 근거가 되기도 할 거고요. 지금은 퍼즐을 모은다고 생각하세요.

예를 들어 '고양이와 집사의 행복한 일상 만들기'가 냥아치잡화점이 이루고 싶은 거라면, 일상은 '매일'이잖아요? 집사와 고양이의 매일을 지켜줄 물품은 재구매가 필수예요. 현재 수집한 총사용자 수, 재방문자 수, 신규방문자 수 데이터가 있다면 거기서 재구매 방문자와 신규 방문자 수의 수치를 기록해두세요. 이번 프로젝트 목표가 '매출 증대'이지만 그건 비즈니스 성과 지표고요, 이후 사용자 경험에 대한 성과를 측정할 때 재방문자 수가 얼마나 늘었는지를 보면서 '사용자가 만족했는가'를 간접적으로 확인할 수 있어요. 이런 건 회사가 시키지 않아도 내가 나를 증명하기 위해 미리 수집해둬야 하는 지표인 거죠.

디바이스 정보를 수집하셨다면 그건 UI 디자인에 활용될 수 있어요. 재방문 사용자 중 최근 3개월간 2회 이상 구매한 사용자 정보는 사용자 구매 패턴에 따라 홈 화면을 재방문했을 때 다르게 보여주도록 정책을 만들고 설계하는 데 쓰여요. 이렇듯 무언가를 선택할 때 근거가 되어줄 퍼즐을 모은다고 생각하면 됩니다."

초록은 그제서야 조금 시야가 트이는 느낌을 받았습니다. "그렇군요. 데이터 하나로 모든 게 해결된다거나 디자인 아이디어가 당장 번뜩 떠오를 줄 알았는데 전혀 아니네요."

"네, 그럼요. 데이터는 답이 아니라 무언가를 선택할 수 있게 도와주는 재료일 뿐이에요. 선택의 순간은 계속 찾아오고 선택해야 하는 것도 매번 달라지고요."

"그렇군요. 감사합니다. 다음에 커피 살게요. 아홉 님."

초록은 아홉에게 감사 인사를 한 뒤 자리로 돌아와 바로 백엔드 개발자 민호에게 어드민 권한을 요청하여 받았습니다. 접속해보니 개인정보를 볼 수 없는 레벨이라 확인할 수 있는 정보에 한계가 있었지만 초록의 눈에는 그마저도 방대하다고 느꼈습니다. 평소 MD나 영업팀, 마케팅팀만 어드민에 들어가는 거라고, 자신과 관계가 없다고 생각했기에 눈에 보이는 모든 것이 낯설었습니다. 더구나 어드민 UI는 디자이너의 손길이 닿지 않고 개발자가 다양한 팀의 요청을 받아 만들어서인지 사용성이 좋지 않았습니다. 초록은 반나절을 헤매다가 '상품 관리' 메뉴에서 이것저것 확인해봤습니다. 상품 관리 메뉴 안에는 '상품명' '카테고리' '판매량' '재구매율' '재구매 사용자 수' 등의 항목이 정리되어 있었습니다. 초록은 항목을 천천히 훑어보다가 유독 자주 등장하는 상품명에 눈길이 멈췄습니다. '참치 간식' '고양이 장난감' '스트레스 해소' … 특히 '고양이 장난감' 중에서는 자동 낚싯대 장난감과 혼자 노는 스마트 공이 판매량도 높고 재구매율도 높았습니다.

"오… 이거다." 초록은 자기도 모르게 소리 내어 말했습니다. 아차 싶어 입을 손으로 가리며 속으로 생각을 이어갔습니다.

'나와 고양이의 일상을 행복을 행복하게 해주는 경험을 하고 있는지 그걸 유추할 수 있는 뭔가가 있을 것 같아. 사료나 간식은 어차피 반드시 먹어야 하는 거니까 그건 제외하고 보자. 그럼 나머지 재구매 항목은… 장난감… 혼자 노는… 그렇다면 혹시 사용자들은 자신이 없을 때도 고양이가 행복하길 바라는 거 아닐까? 그래서 '고양이가 혼자 있어도 잘 노는 모습' 또는 '혼자서도 지루해하지 않는 모습'을 상상하며 이 물품들을 사는 거 아닐까?'

상품명과 설명, 리뷰를 다시 확인해보니 맞는 것 같았습니다. 사용자들은 단지 장난감을 산 것이 아니라 '외로움 없이 혼자 잘 놀고 있는 고양이의 모습'을 구매하고 있었습니다. 세상 모든 집사의 마음은 같을 것입니다. 이 포인트를 잘 내세우면 신규 방문자도 구매를 할 것이고 그동안 이런 장난감이 있는지 몰랐던 기존 회원들의 구매도 이끌어낼 수 있겠죠. 그러면 자연스레 매출도 오를 것입니다. 초록은 이 인사이트를 놓치지 않기 위해 서둘러 노트에 적기 시작했습니다.

[관찰자 페이지의 데이터 확인 후 알게된 것]
- 알게된 것: 사료/간식을 제외하고 사용자들이 재구매하는 상품의 공통점은 '고양이 혼자 시간을 잘 보낼 수 있는 장난감'이라는 것이다.
- 결론: 사용자들은 단지 혼자 잘 노는 장난감'을 사는 게 아니라 '내가 없을 때 고양이가 혼자서도 행복하길 바라는 마음'을 담아 구매하는 것 같다. 홈 화면에서 그런 니즈를 반영하는 것이 필요하다.

초록은 자신이 한 단계 앞으로 나아갔음을 느꼈습니다. 물론 데이터 분석가와 같은 레벨의 분석 결과물이 아니라는 것을 알고 있습니다. 조금은 엉뚱한 답을 냈을지도 모른다는 불안감도 있습니다. 하지만 그건 중요하지 않았습니다. 자신이 진짜 사용자의 삶에서 답을 찾으려 했다는 사실만으로 충분했습니다. 초록은 발견한 것들을 화면에 반영하기 위해 피그마를 열었습니다.

03
자주 묻는 질문에 숨어 있는 데이터의 정체

대개 UX 리서치라고 하면 '유저 인터뷰'나 '설문조사'와 같은 고전적인 방법론을 떠올립니다. 사용자를 이해하기 가장 좋은 방법이기에 많은 책이나 강의 또는 교육 기관에서 이 방법론을 알려줍니다. 그러나 현실에서는 이 방법을 실행하기가 쉽지 않습니다. 회사의 허락이 있어야 가능하며 설령 허락을 받더라도 매번 사용자를 만나 이야기를 듣는 일은 비용과 시간 면에서 비효율적일 수 있습니다. 이럴 때는 내부의 보물 상자를 열어보는 것으로 사용자를 이해해볼 수 있습니다. 바로 '자주 묻는 질문(FAQ)'입니다.

'자주 묻는 질문'은 말 그대로 반복해서 들어온 질문입니다. 또는 '아직 질문이 들어오지 않았으나 사용자가 질문할 것으로 예상되는 궁금증'이기도 합니다. 무엇이 되었든 본질은 같습니다. 사용자들이 실제로 헷갈렸거나, 불편했거나, 불안했거나, 확인하고 싶었던 지점을 정리하여 모아둔 문서라는 점입니다. 이 문서 하나만 잘 살펴보아도 '사용자 입장에서 서비스가 어디에서 막히고 있는지, 어떤 부분을 불안해하는지, 어떤 조건이 있어야 믿고 구매하는지'와 같은 사용자 경험을 저해하는 핵심 장애물을 발견할 수 있습니다. 예를 들어 이런 질문이 있다고 가정해보겠습니다.

- 당일 예약이 가능한가요?
- 환불하려면 꼭 사진을 첨부해야 하나요?
- 쿠폰은 신규 회원만 쓸 수 있나요?
- 이 기능을 유료인가요?
- 구독 해지하면 남은 기간은 환불되나요?

이 질문들은 단순한 안내 문의가 아닙니다. 사용자의 행동을 멈추게 하는 장애물의 정체입니다. 특히 이런 질문은 한두 명만의 문제가 아니라 많은 사용자가 공통적으로 겪는 어려움이나 혼란일 가능성이 큽니다. 따라서 이를 UX 설계나 UI에 반영하면, 실제로 사용자 경험을 한층 더 만족스럽게 만들 수 있습니다.

자주 묻는 질문이 보물 상자인 이유는 또 있습니다. 바로 '서비스 정책과 사용자 경험이 충돌하는 지점'을 확인할 수 있다는 점입니다. 환불 조건, 쿠폰 조건, 유료 기능 여부 같은 운영 정책이 사용자 입장에서는 기대와 다르거나 명확하지 않은 부분일 수 있습니다. 따라서 UX를 설계할 때 서비스 정책을 아는 것은 굉장히 중요합니다.

여기서 자연스럽게 이런 의문이 생길 수 있습니다. '서비스 정책을 왜 자주 묻는 질문에서 찾지? 서비스 정책 문서에 있을 텐데?'라는 의문을요. 맞습니다. 서비스 정책은 서비스 정책 문서에 있어야 합니다. 그러나 현실은 꼭 그렇지만은 않습니다. 제대로 문서화하지 않았거나, 작성된 적이 없거나, 작성했지만 업데이트가 멈췄거나, 혹은 해당 담당자 머릿속에서만 존재하는 경우도 허다합니다. 마치 전래동화처럼 구전되는 정책인 셈이죠.

이제 막 시작하는 스타트업이거나, 작은 조직으로 오랜 시간 운영해온 회사이거나, 회사 내에 체계가 없거나, 구성원이 자주 바뀌는 곳이거나, 대표의 의사결정만을 따르기에 서비스 정책을 정리하는 사람이 조직 내에 아무도 없거나 하는 등 다양한 이유로 흔히 일어나는 현상입니다. 게다가 서비스, 프로덕트는 한번 만들면 끝이 아니라 계속 성장하는 생물체와 같기 때문에 서비스 정책 역시 함께 변해야 하는데 그 변화를 매번 반영하기가 쉽지 않은 것 또한 현실입니다.

워터폴 조직에서는 반영하기 어렵지 않지만(시간의 문제) 애자일 조직에서는 수시로 변신하는 정책을 매번 완벽하게 문서화하는 것이 현실적으로 어렵습니다(효율의 문제). 이런 상황에서 디자이너는 매우 난감해집니다. 특히나 새로 입사한 회사인데 서비스 정책 문서가 없다면 더더욱 난감합니다. 화면을 설계하려면 사용자의 행동을 제한하거나 안내하는 정책이 분명히 있어야 하는데 그 정책을 알 수 없기 때문입니다. 결국 눈에 보이는 것만 기준 삼아 디자인하게 되고 사용자 행동을 이끌어낼 수 없습니다. 이렇게 서비스 정책서가 없을 때 '자주 묻는 질문'으로 이 문제를 풀어볼 수 있습니다.

정리하자면 자주 묻는 질문은 '사용자가 내부의 어떤 제약 조건 때문에 막히고 있는지'를 알려주는 힌트가 됩니다. 이로써 유저 인터뷰나 설문조사를 하지 않아도 '사용자 경험의 장애물'을 파악할 수 있습니다.

다만 자주 묻는 질문을 사용자 데이터로 삼을 때 한 가지 주의할 점이 있습니다. 질문이 많다고 해서 반드시 문제가 있는 것은 아니라는 점입니다. 때로는 서비스가 복잡하거나 혁신적이어서 사용자들이 익숙해지는 데 시간이 필요한 경우도 있습니다. 따라서 '자주 묻는 질문'은 다른 사용자 행동 데이터와 함께 종합적으로 검토하는 것이 중요합니다.

냥아치 잡화점

"기획 의도만 벗어나지 않는다면 얼마든지 바꿔도 돼요. 초록 님이 판단해서 수정하셔도 괜찮습니다."

초록은 피그마가 켜진 모니터를 앞에 두고 앉아 한참을 고민하다 태진이 화면설계서를 설명해주며 했던 말을 떠올렸습니다. 그땐 뭔지 모르겠지만 '바꿔도 된다'는 말 자체가 좋았습니다. 자기 자신에게 디자인의 자유가 주어진 것 같았고 그 자유는 내 디자인 센스를 발휘하기에 반드시 필요하다고 생각했습니다. 그러나 지금의 초록은 다른 생각을 하고 있습니다.

'지금 디자인 센스가 중요한 게 아니라 이걸 넣는 게 맞는지 아닌지 자체를 모르겠는데. 태진 님이 준 화면설계서를 보면 맨 위에 인기상품이 있어. 들어오자마자 이게 보이는 게 사용자에게 좋을까? '고양이 집사의 일상을 더 행복하게 만드는 상품'도 아니고 '고양이 혼자 시간을 잘 보낼 수 있는 장난감' 위주도 아니야. 물론 우리 고양이에게 신상품을 선물해주고 싶은 집사가 많겠지. 아닌가? 휴, 고양이를 안 키워서 모르겠다. 내 생각엔 아닐 것 같긴 한데… '내가 없을 때 고양이가 혼자서도 행복하길 바라는 마음'을 충족시킬 수 있는 상품을 보여주는 게 맞을 것 같은데….'

초록은 계속 고민하다가 며칠간 자신이 열심히 수집한 데이터를 떠올리며 용기를 냈습니다. '그동안 데이터를 통해 최대한 사용자의 시각에서 보려고 했어. 분명히 매출을 올리는 데 도움도 되고 사용자가 행복한 소비를 했다고 느끼게 만드는 더 좋은 화면 구성이 있을 거야. 나를 믿어보자. 어차피 바꿔도 된다고 했으니까.'

초록은 태진이 화면설계서에 넣어둔 홈 화면 콘텐츠 구성을 전면 수정하기로 결심했습니다.

▼ 초록이 설계한 홈 화면 변경사항(태진 버전과 초록 버전 비교) ①

[첫 번째 섹션]
- 태진 버전: 인기상품 리스트
- 초록 버전 ①: '집사 퇴근 전까지 혼자 잘 노는 고양이 장난감' 테마 큐레이션 (어드민에서 확인한 실제 재구매율이 높은 상품 기준)

[두 번째 섹션]
- 태진 버전: '이번 주 기획전' 배너
- 초록 버전 ①: '냥아치잡화점 정기 구독하면 행복이 자동 배달돼요!' 배너

[세 번째 섹션]
- 태진 버전: '가입하고 할인받자' 배너
- 초록 버전 ①: '고양이 용품, 지금 필요한 거 찾고 계신가요? 가입하고 쿠폰 + 적립금 받아보세요' 배너

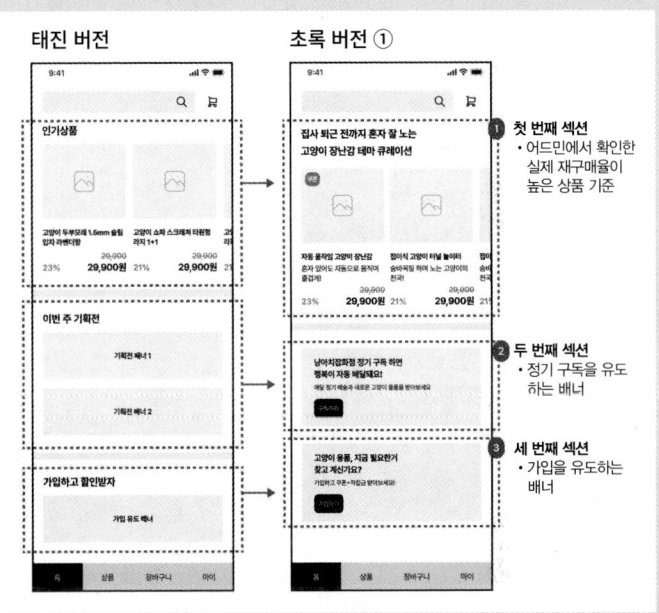

태진과 초록의 홈 화면 UX/UI 구성 차이 ①

'됐다…! 태진 님이 준 화면설계는 사용자 개개인에게 맞춤화되어 있는 느낌이 아니었어. 그냥 누구에게나 동일한 화면이니 사용자가 별 다른 메리트를 못 느낄 거야.'

초록은 완성한 디자인을 태진에게 보여주었습니다. 태진은 화면을 확인하고는 고개를 갸웃했습니다.

"이건 지금 도입이 안 됩니다."

초록은 당황한 얼굴로 말했습니다.

"기획 의도만 맞으면 바꿔도 된다고 하셔서… 이건 사용자 데이터를 기반으로 구성한 거예요."

"기획 의도랑 전혀 다르게 되었는데요? 예를 들어 저 재구매율 높은 상품들, 큐레이션이라고 하셨는데 누가 큐레이션할 거죠? 직접 하실 건가요? 그리고 제가 만들어놓은 '인기상품'은 왜 빼셨나요? 그건 마케팅팀과 논의하여 선별한 상품들이에요. 마음대로 빼시면 안 됩니다. 이거 쿠폰도 이렇게 막 쓰시면 안 돼요. 가입하면 무조건 쿠폰을 쓸 수 있는 건 아니에요. 적립금도 지금 정책이랑 안 맞고요."

초록은 공격 펀치를 연달아 맞은 느낌에 얼얼했습니다. 정신을 차리고 태진에게 물어봤습니다.

"아… 그런 조건이 있었군요. 그럼 어디에 그런 정보가 있나요?"

태진은 쓴웃음을 지으며 답했습니다.

"그냥 저랑 마케팅팀, 운영팀, 영업팀이 조율해서 결정하는 거예요. 저도 여기저기 물어봐야 해요. 그리고 대부분은 제가 그냥 알고 있어서…."

초록은 말문이 막혔습니다. 자신이 그동안 놓쳤던 게 무엇인지 알게 된 것과 동시에 어이가 없었습니다.

'태진 님은 다양한 조건을 기반으로 화면을 설계했구나. 이걸 뭐라고 하지? 아,

그래. 서비스 정책. 검색하다가 들어봤어. 근데 그걸 나한테는 말씀을 안 하셨네. 아니, 말을 안 한 게 아니라 문서가 아예 없는 거구나. 원래 이런 건가?'

초록은 머릿속이 복잡해졌습니다. 화면은 바꿔도 된다면서 막상 바꾸면 안 되는 조건이 숨어 있는 상황. 자신은 그 조건을 알 방법이 없었습니다.

"혹시 서비스 정책서? 그런 거 가지고 계신가요?"

"없어요. 매번 바뀌기도 하고 그런 거 정리할 시간도 없고요. 그냥 이게 맞다 싶으면 다 저희가 기억하고 적용하고 있어요. 어차피 제가 다 알고 있기도 하고요."

"아, 네. 그런 제가 다시 사용사 입장에서 살펴보면서 수정해볼게요."

"네, 벌써 일주일이나 지났는데 조금 서둘러주세요."

"네, 알겠습니다."

초록은 혼란스러웠지만 일단 한 발 물러섰습니다. 아니, 물러설 수밖에 없었습니다.

'서비스 정책을 모르면 사용자 경험은 그냥 그럴싸한 그림일 뿐이야. 그런데 지금 나한텐 아무런 문서도 없잖아. 그렇다고 정리해서 달라고 하기도 그렇고… 그럼 내가 할 수 있는 건 없는 건가? 하아, 사용자 데이터로 알게 된 사실들이 있는데 이걸 반영하지 않기엔 태진 님의 화면설계서는 너무 사용자의 입장이 배제되어 있어. 공급자 입장에서만 만들어져 있단 말이지. 그렇다고 정책을 알고 있는 태진 님을 정책을 모르는 내가 설득할 수도 없고 어쩌지?'

자리로 돌아온 초록은 답답한 마음을 달래기 위해 냥아치잡화점 홈페이지를 다시 둘러보았습니다. 그러다 '자주 묻는 질문(FAQ)' 메뉴를 발견했습니다.

"어? 잠깐만…."

가볍게 눌러봤다가 화면에 떠 있는 질문을 읽고 멈췄습니다.

냥아치잡화점 자주 묻는 질문(FAQ)

- 질문: 쿠폰은 전 상품에 적용되나요?
  답변: 사료, 간식, 위생용품 같은 일부 카테고리는 쿠폰 적용이 어려워요.
- 질문: 첫 구매 적립금은 항상 지급되나요?
  답변: 이벤트 기간에만 지급되며 이벤트 기간은 매월 10일~17일 총 7일간이에요.
- 질문: 구독권은 모두 할인 적용되나요?
  답변: 1개월 구독권은 할인 대상이 아니며 2개월 구독권부터 할인 대상이에요. 3개월부터 최대 할인율이 적용돼요.

초록은 눈이 커졌습니다. '이거다! 이거 다 정책이잖아! 아니, 정확히는 정책 때문에 생기는 사용자 질문이잖아! 그들이 불안해하거나 혼란스러워 하는 지점인 거야. 회사가 실제 운영하고 있는 정책의 흔적인 거지!'

그제야 초록은 깨달았습니다. 지금까지 자신이 설계한 UI는 '기획 의도'만 보고 만든 것이고 그 기획 의도조차 정책이라는 제약의 틀 안에서 만들어진 결과물이라는 사실을요. 초록은 자주 묻는 질문 페이지를 꼼꼼히 읽으며 메모를 시작했습니다.

> [자주 묻는 질문을 통해 알게 된 서비스 정책 일부]
> - 쿠폰은 전 상품에 적용되지 않는다(사료, 간식, 위생용품 같은 일부 카테고리는 쿠폰 사용 불가).
> - 첫 구매 적립금은 이벤트 기간에만 지급한다.
> - SNS로 회원 가입한 고객은 적립금과 쿠폰 사용이 불가하다.
> - 구독권 할인은 2개월 이상 구독 시에만 적용된다.
> - 구독권 해지 시 남은 기간에 대한 환불은 불가하다.

다 쓰고 보니 사용자 입장에서 불편함을 느낄 것 같았습니다. 혜택을 제대로 받으려면 사료, 간식, 위생용품과 같은 상품을 사면 안 되고 이벤트 기간 안에만 구매해야 하며 SNS가 아닌 이메일로 가입해야 했습니다. 정기 구독도 구독하자마자 할인 혜택을 느낄 수 없고 구독 기간이 최소 1년인데에 비해 남은 기간 환불이 불가한 것은 막무가내로 느껴졌습니다.

'이러면 '행복한 소비'를 느끼기도 전에 기분이 나쁘겠는데? 애초에 홈에서 '할인 혜택'을 내세우면 안 될 것 같아. 그러면 배신감 느끼고 더 기분 나쁠 거 아냐. 아예 내세우지 않으면 오히려 구매할 때 '어? 할인도 해주네?' 하고 기분 좋기라도 하지. 정기 구독도 굳이 내세우면 안 되겠다.'

생각이 여기까지 미친 초록은 무언가 머리를 스쳤습니다.

'아! UX/UI 디자인할 때 어떤 정보를 강조할지에 대한 결정을 이런 데서 할 수 있구나. 서비스 정책은 사용자에게 아무리 다 퍼주고 싶어도 내부 상황이나 비즈니스 전략 때문에 어쩔 수 없이 제약이 있는 경우가 많지. 콘텐츠 디자인할 때 그건 이미 많이 들어서 알고 있다고. 그렇다면 정책이 보장할 수 있는 가치 중 사용자의 기대와 가장 잘 맞는 것을 선택해서 강조해야 하는 거야. 아무리 사용자에게 좋은 가치여도 결국 정책이랑 충돌하면 그 가치는 더 이상 높은 가치가 아니게 되니까. 사용자 경험을 설계하려면 서비스 정책과 사용자 니즈를 함께 알아야만 하는 이유가 여기에 있네.'

초록은 노트를 접고 피그마를 켰습니다. 머릿속에 마구잡이로 떠오르는 정리되지 않은 정보, 정제되지 않은 생각을 정돈해가며 홈 화면을 완전히 완전히 다시 설계했습니다.

▼ 초록이 설계한 홈 화면 변경사항(태진 버전과 초록 버전 비교) ②

[첫 번째 섹션]
- 태진 버전: 인기상품 리스트
- 초록 버전 ①: '집사 퇴근 전까지 혼자 잘 노는 고양이 장난감' 테마 큐레이션 (어드민에서 확인한 실제 재구매율이 높은 상품 기준)
- 초록 버전 ②: '혼자서도 잘 노는 고양이템' 제목의 상품 리스트
  - 어드민 기준 재구매율 높은 상품만 노출
  - [쿠폰 사용 가능 상품] 라벨 명확하게 부착
  - '우리 아이에게 혼자 있어도 덜 외로운 하루를 선물하세요' 감성 문구 포함

[두 번째 섹션]
- 태진 버전: '이번 주 기획전' 배너
- 초록 버전 ①: '냥아치잡화점 정기 구독하면 행복이 자동 배달돼요!' 배너
- 초록 버전 ②: '우리 집사님들이 제일 자주 찾은 상품이에요' 제목의 상품 리스트
  - 인기상품과 동일한 상품을 노출하지만 '인기상품' 타이틀 대신 사용자 기반 데이터로 큐레이션된 느낌 강조

[세 번째 섹션]
- 태진 버전: '가입하고 할인받자' 배너
- 초록 버전 ①: '고양이 용품, 지금 필요한 거 찾고 계신가요? 가입하고 쿠폰+적립금 받아보세요' 배너
- 초록 버전 ②: '시간대별로 필요한 아이템' 상품 리스트
  - 실제 재구매가 많았던 상품을 아래 기준으로 구성
  - 아침: 고양이 습식 간식 / 영양제 / 스크래처
  - 점심: 장난감 / 스크래처
  - 저녁: 건사료 / 수면방석 / 숨숨집
  - 시각적 큐레이션만 조정했으며 판매 조건이나 정책을 건드리진 않음. 사람이 큐레이션하는 게 아닌 상품을 자동으로 내보내는 것. (확인 필요)

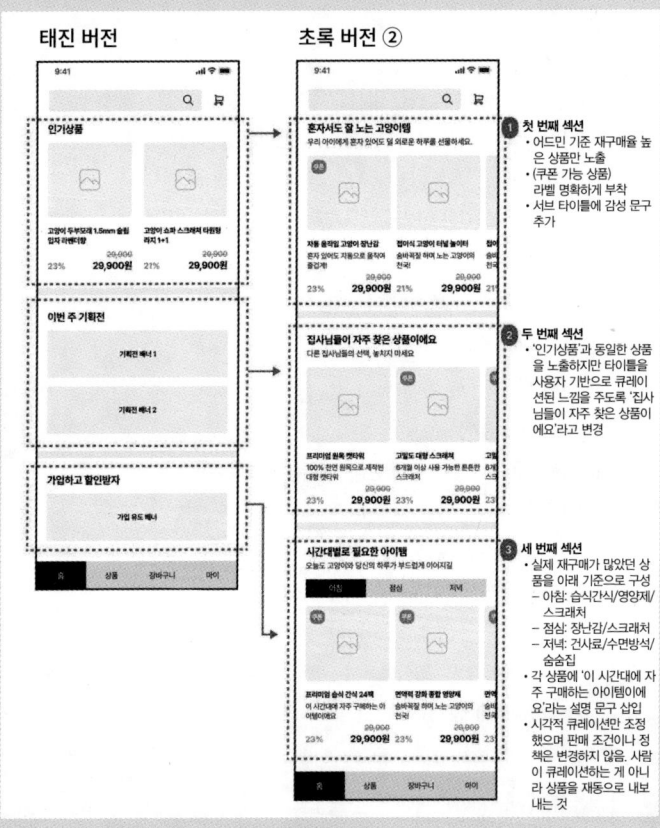

태진과 초록의 홈 화면 UX/UI 구성 차이 ②

초록은 화면을 다 그리고 나서 크게 숨을 내쉬었습니다.

'이게 정답인지는 모르겠지만 아무리 사용자에게 최우선 가치를 둔다 해도 서비스 정책을 고려하지 않으면 결국 허공에 그리는 그림이라는 걸 알았어. 정말 쓰이는 UX/UI는 어쩌면 이상적인 경험을 그리는 게 아닌 현실 안에서 사용자의 길을 매끄럽게 만드는 것 아닐까? 아까 태진 님의 피드백 정말 속상했지만 감정을 제거하고 본질만 보면 태진 님 입장도 이해가 돼. 내가 가져간 건 현실을 전혀 고려하지 않은 '예쁜 그림'같이 보였을 거야. 지금의 나는 이제 막 깨닫기 시작했으니 이 정도면 충분해. 부족한 부분은 태진 님에게 도움을 요청해서 보완하자.'

스스로를 다독이며 자신의 성장을 인정하는 초록이었습니다. 그러나 이내 울컥한 마음도 들었습니다.

'아니, 그런데 태진 님 말이야. 그래도 꼭 그렇게 말을 해야 해? 본인도 서비스 정책 문서화 안 한 건 매끄러운 협업을 방해한 것 맞잖아. 서로 부족했으면 좀 더 부드럽게 알려주면서 말할 수도 있는 것 아닌가? 아니 뭐 자긴 처음부터 다 알고 잘했나? 아휴, 모르겠다. 일단 퇴근!'

초록은 오늘 큰 성장통을 겪어서 그런지 마음이 조금 쓰렸습니다.

'사용자 데이터를 통해 니즈를 유추하는 것도 중요하지만 막상 사용자 경험을 설계할 때는 '정책의 벽'을 고려해야 한다는 것을 그리고 그 벽을 넘지 못할 땐 그 앞에서 사용자가 혼란스럽지 않도록 해주는 것이 UX/UI 디자이너의 역할일 수 있겠다.'

초록은 성장통이 꽤 아팠지만 그만큼 하룻밤 사이에 쑥 커져 있을 자신을 생각하며 훌훌 털고 전철역으로 향했습니다.

04
남이 설정해놓은 GA4에 숨겨져 있는 사용자 데이터

GA[1]는 Google Analytics의 약자입니다. 구글에서 만든 사용자 행동 분석 도구로 우리 앱이나 웹사이트에 GA 코드를 설치하기만 하면 사용자가 얼마나 들어왔는지, 어디에 머물렀는지, 어디서 들어오고 나갔는지와 같은 사용자 행동 데이터를 수집해줍니다.

---

1 요즘 GA는 최신 버전 GA4로 바뀌었습니다. 이전 버전은 GA3라고 부를 법도 하지만, 공식 명칭이 Universal Analytics이기 때문에 보통 UA라고 지칭합니다. GA4는 UA와 비교했을 때 구조가 꽤 다르며 이 책에서는 GA4를 기준으로 설명합니다.

GA4 홈 화면(구글 애널리틱스 데모 페이지 캡처)

GA4에서는 '이벤트'라는 것을 기준으로 사용자 행동을 추적합니다. 사용자가 하는 모든 행동이 '이벤트'로 기록되죠. 그 말인즉슨 GA는 '사용자가 실제로 어떻게 행동했는지'를 보여주는 데이터 창고입니다. UX/UI 디자이너 또는 프로덕트 디자이너가 아무리 '이 디자인은 사용자가 목표를 달성하기에 딱 좋을 거야'라고 생각하며 디자인했다고 해도, 실제로 사용자가 어떻게 반응했는지를 확인해야 정말 사용자에게 좋은 디자인인지 아닌지 알 수 있습니다.

예를 들어 사용자가 '저장하기' 버튼을 정말 눌렀는지, 홈 화면에서 상품 리스트 화면으로 이동했는지, 화면은 끝까지 스크롤해서 정보를 습득 했는지, 무언가를 클릭한 뒤 바로 나갔는지 이어서 다른 행동을 했는지 등을 확인함으로써 실제 반응을 알 수 있는 거죠. 이를 '사용자 행동 데이터'라고 부릅니다. 이 데이터를 보면 우리가 설계한 화면이 '의도한 대로' 사용자를 움직이게 했는지 확인할 수 있습니다.

이렇게만 보면 GA는 만능인 것 같습니다만 현실은 조금 다릅니다. GA는 설치만 한다고 해서 데이터를 다 알려주지 않습니다. 디바이스 정보, 신규 사용자 수, 재사용자 수, 페이지 뷰, 이탈 수와 같이 기본적으로 수집되는 데이터도 많지만 그것만으로는 사용자의 모든 발자국을 확인할 수 없습니다. 사용자의 세부 행동을 제대로 추적하려면 '어떤 행동을 추적할지'를 미리 설정해야 합니다. 이를 '이벤트를 설정한다'고 말합니다.

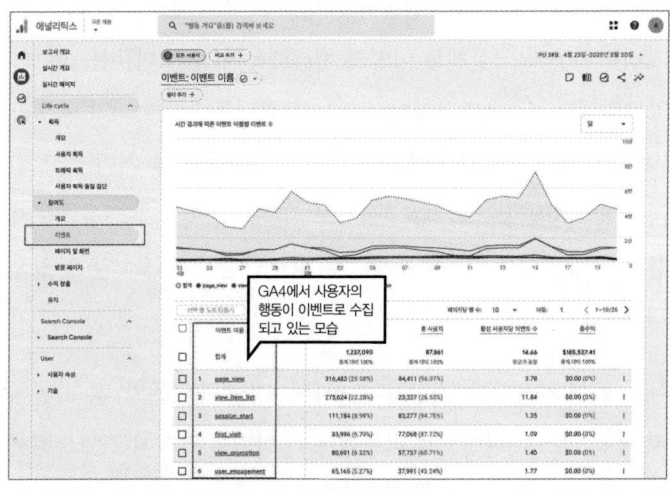

GA4 이벤트 수집 화면(구글 애널리틱스 데모 페이지 캡처)

예를 들어 '회원가입 버튼을 누른 사용자 수'를 확인하고 싶다면 '회원가입 버튼 클릭'이라는 이벤트를 미리 등록해야 합니다. '홈 화면에서 상품을 클릭한 사람 수'를 알고 싶다면 '상품 클릭'이라는 이벤트를 미리 설정해야 합니다. 여기까지만 봐도 '미리 등록만 해두면 볼 수 있는 거 아냐?'라고 생각할 수 있습니다. 맞습니다. 처음부터 데이터 수집 계획을 세우고 그에 맞춰 이벤트를 등록해두면 당연히 볼 수 있습니다.

여기서 이 장의 제목을 다시 한번 떠올려보겠습니다. '남이 설정해 놓은 GA4에 숨겨져 있는 사용자 데이터'였죠. 새로운 회사에 입사한 디자이너의 입장이 되어보겠습니다. 대부분의 회사에서는 이 이벤트를 디자이너가 아닌 PO, PM, 마케터 그리고 그들의 요청을 받은 개발자가 등록합니다. 그래서 GA에 들어가봐도 정작 디자이너가 보고 싶은 데이터는 세팅되어 있지 않을 수 있습니다. 등록하는 사람 입장에서 궁금한 것을 중심으로 GA를 세팅해두기 때문입니다. 마케터는 유입 경로가 궁금하고 PO는 방문자 수, 퍼널별 이탈률, 기능별 전환율과 같은 비즈니스 지표가 궁금하죠. UX/UI 디자이너 또는 프로덕트 디자이너가 궁금한 것은 '사용자의 행동 기록'입니다. 랜딩페이지에 도착한 사용자가 내가 설계한 흐름대로 가는지, 안 간다면 어디로 가는지, 들어와서 얼마나 머무는지, 주로 어떤 패턴으로 앱을 사용하는지, 정보는 충분히 습득하다 가는지와 같은 사용 흔적이 궁금합니다. 그렇다 보니 디자이너가 아닌 사람이 GA를 세팅해두면 디자이너가 궁금한 데이터는 빠져 있는 경우가 많습니다. 다른 UX 디자이너가 사용자 행동 데이터를 확보하기 위해 세팅해두었다 해도 이벤트 이름이 이해되지 않아 데이터를 확보하지 못하는 문제도 생깁니다.

GA4 이벤트명 문서화 예시

예를 들어 'event_click_btn_A'와 같은 이벤트명으로는 사용자의 어떤 행동을 수집한 것인지 알 수 없습니다. 이럴 때는 누가 만든 이벤트인지 물어보거나 GA 설정 담당자에게 어떤 행동을 추적하는 이벤트인지 꼭 확인해야 합니다. 그래서 GA 이벤트는 설정한 뒤 이벤트 위치와 이벤트명을 반드시 문서로 정리해두어야 합니다.

또한 중요한 행동이 빠져 있을 수 있습니다. 예를 들어 '홈에서 노출하는 상품별 클릭 유저 수'라든가 '회원 가입 버튼을 클릭한 유저 수 대비 회원 가입을 마친 유저 수' 같은 것은 애초에 이벤트 또는 리포트가 설정되지 않은 상태일 수 있습니다. 그래서 본인이 직접 세팅하지 않은 GA 데이터를 확인할 때는 '의외의 데이터를 탐험하듯이' 확인하는 태도가 필요합니다.

우선 마음을 비우고 GA 데이터를 수집하려는 목적을 적어봅니다. 무엇이든 일을 시작할 때는 목적부터 명확히 하면 많은 것이 풀립니다. 예를 들어 '홈 화면 개편을 위해 사용자가 어떤 부분에서 탐색하는지를 알고자 한다' '아이디 찾기가 잘 안 된다는 CS 문의의 원인을 파악하기 위해 아이디 찾기를 시도한 사용자의 플로를 파악하고 싶다'처럼 구체적으로 써보는 겁니다. '목적'이라는 단어가 어렵게 느껴진다면 '내가 어떤 이유로 어떤 데이터를 보고 싶은지를 써본다'라고 생각하면 쉬워집니다.

다음으로 이미 수집 중인 이벤트가 무엇이 있는지 확인합니다. 확인하는 방법은 PO, PM, 마케터, 개발자와 같은 포지션의 동료에게 물어보거나 아예 GA 접속 권한을 받아서 직접 확인하는 방법이 있습니다. 가장 좋은 것은 이 두 가지 방법을 함께 활용하는 겁니다. 동료에게 기존에 무엇이 세팅되어 있는지 물어본 뒤 직접 접속하여 필요한 정보를 수집하는 거죠.

예를 들어 이렇게 물어보면 좋습니다. "사용자가 홈 화면에서 어디를 많이 클릭하는지 알고 싶은데 그런 이벤트가 세팅되어 있을까요?" "아이디 찾기 플로를 개선하려는데 사용자가 페이지별로 이동한 흐름을 볼 수 있도록 이벤트가 설정되어 있을까요?" "사용자 홈 화면을 개편하기 위해 사용자의 행동 흔적을 다각도로 확인하려 합니다. GA 권한을 요청하려면 어느 분/팀에게 요청드리면 될까요?"라는 식으로 물어보면 협업이 훨씬 원활해질 것입니다.

초록은 퇴근 길에 '사용자 데이터를 활용한 UX/UI 디자인'에 대해 이것저것 검색하고 있었습니다. 뭐라도 알아야 궁금한 게 생기면 아홉에게 도움을 요청할 수 있을 것 같아 의식의 흐름대로 유튜브와 블로그를 오가며 정보를 흡수 중이었죠. 그러던 중 한 블로그 제목이 눈에 들어왔습니다.

'GA4로 사용자 데이터 수집하기'

'응? GA4? 아… 그러고 보니….'

초록은 며칠 전 백엔드 개발자 민호의 메신저 답변이 떠올랐습니다.

> 민호 다 드릴 수 있긴 한데… 맨 마지막 거 한 개 빼고는 직접 GA로 보는 게 원하는 데이터를 얻기 편하실 거예요. 지금 왠지 이것저것 보고 싶으실 것 같아서요. 근데 제가 알기론 GA가 삽입되어 있긴 한데 클릭 이벤트 같은 건 설정 안 해놓은 걸로 알고 있어요. 아무튼 프런트엔드 개발자인 희용 님에게 물어보세요. 요청하신 건 제가 내일 오전에 뽑아드리겠습니다.

그때는 무슨 말인지 잘 몰라 '내일 희용 님에게 물어봐야지'라고 생각하고는 곧 잊어버렸던 용어였습니다. 검색하다 보니 GA4는 Google Analytics 4의 약자로 앱이나 웹에 설치하면 사용자 데이터를 수집할 수 있는 것 같았습니다.

'이걸로 사용자 데이터를 확인할 수 있다고?'

초록은 블로그 글을 읽기 시작했습니다. 그런데 '이벤트' '데이터 스트림' '퍼널' '전환율'과 같은 낯선 단어들이 화면에 쏟아졌습니다. 집중은커녕 눈이 버거워졌습니다. 창을 닫으려는 순간 초록의 눈을 붙잡는 문장이 있었습니다.

> '당신이 만든 그 UX, 사용자가 정말 의도대로 움직였는지 확인하지 않으면 결국 '만들기만 한'것으로 남습니다. 배포 후 사용자 행동을 추적하지 않으면 내 디자인이 의미가 있는지 없는지 알 길이 없습니다.'

초록은 한동안 그 문장을 멍하니 바라봤습니다.

'맞네. 내가 탐색을 유도하려고 A 흐름을 설계했는데 실제 사용자가 A 흐름으로 가고 있는지 확인하지 않으면 모르는 거잖아. 난 만드는 것만 생각했네. 만들고 난 후 확인할 생각을 아예 안 하고 있었어.'

초록은 갑자기 가슴이 뜨거워져 GA4 관련 콘텐츠를 밤새 탐색했습니다. 개념은 어렵고 용어는 낯설었지만 '이걸 알아야 다음 단계로 갈 수 있다'는 생각 하나로 자기 전까지 멈추지 않았습니다.

다음날 아침, 초록은 출근하자마자 프런트엔드 개발자 희용에게 말을 걸었습니다.

"희용 님, 안녕하세요. 어제 GA4 관련해서 찾아보다가 궁금한 게 생겨서요. 지금 냥아치잡화점 앱에 GA가 설치돼 있다고 들었는데요… 혹시 어떤 이벤트들이 세팅되어 있는지 알 수 있을까요?"

희용은 사내에 비치되어 있는 과자를 아침 대용으로 먹으며 고개를 끄덕였습니다.

"가능하죠. 다만 GA는 설치해놓기만 하면 원하는 게 자동으로 척척 나오는 줄 아는 분도 있는데 그렇진 않아요. 자동으로 추적하는 이벤트가 있긴 하지만 제한적이죠. 정확히 뭘 추적할지 처음부터 정해서 이벤트를 따로 걸어줘야 해요. 그러니까 초록 님이 보고 싶은 사용자 행동을 리스트로 만들어주시면 그걸로 이벤트를 만들어드릴 수 있어요."

초록은 살짝 난감한 얼굴로 대답했습니다.

"그게… 제가 지금은 GA에 뭐가 있는지도 잘 모르겠고 뭘 수집해야 할지도 잘 몰라서요. 그럼 당장 지금은 어떤 데이터를 확인할 수 있을까요?"

희용은 친절하게 GA4에서 기본적으로 확인 가능한 데이터를 간단히 설명해주었습니다.

"지금 GA4는 마케팅팀의 요청으로 심어둔 거라 기본 세팅만 되어 있어요. 유입 경로, 화면별 사용자 방문자 수, 체류 시간, 이탈률 같은 기본 정보는 GA4가 자동 수집하는 거라 확인할 수 있어요. 그리고 사용자 디바이스나 OS 정보, 성별이나 연령, 접속 지역 이런 것도 나와요. 물론 사용자가 누구인지는 식별할 수 없고요."

"아, 그럼 홈 화면에 들어온 사용자 수는 확인 가능한 거예요?"

"네, 그건 가능해요. 근데 '어디를 클릭했는지' 같은 건 따로 이벤트 설정을 안 해놓으면 안 나옵니다."

초록은 빠르게 메모장을 꺼내 '지금 당장 확인할 수 있는 것'과 '나중에 확인하고 싶은 것'을 나눠 적기 시작했습니다.

[지금 GA4로 확인 가능한 것(기본 데이터)]
- 홈 화면에 들어온 사용자 수
- 홈 화면 이탈률
- 사용자의 평균 체류 시간
- 사용자의 디바이스, OS
- 유입 채널 (예: 인스타그램 광고, 검색 등)

[지금 GA4로 확인 불가하지만 추후 확인하고 싶은 것(이벤트 설정 필요)]
- 면의 섹션별로 상품 클릭 수
- 홈 화면의 스크롤을 아래로 내린 사용자의 비율

"아 참, 유입 채널은 웹이나 모바일웹은 추적이 쉬운데 앱은 중간에 '앱을 설치하는 과정'을 거치기 때문에 흐름이 끊겨요. 그래서 추적이 어려워요. 뭐… 방법이 있는 것 같긴 한데 저도 그렇게까지 공부하진 않아서 모르겠네요. 지금 적으신 '추후 확인하고 싶은 것'은 제가 바로 이벤트를 만들어드릴 수 있어요. 피그마에서 확인하고 싶은 영역에 표시하시고 이벤트명 정해서 알려주세요. 이벤트명 정하는 게 지금 어려우시면 제가 임의로 정해서 알려드리는 방법도 있어요."

"와, 정말요? 그러면 배포 후에 제가 결과를 측정할 수 있겠네요. 제가 그럼 피그마에 표시해두고 말씀드릴게요. 정말 감사합니다!"

"네, 전 그럼 세팅할 준비하고 있을게요. 그리고 GA4에서 기본적으로 수집하는 데이터들이 꽤 많은데 구글에 'GA4 자동 수집 이벤트'라고 검색하면 구글 공식 '애널리틱스 고객센터' 페이지가 떠요. 거기서 확인하셔도 되고 많은 분이 블로그 같은 데에 쉽게 써놓은 게 있어요. 그런 걸로 확인하셔도 돼요. 아니면 챗GPT한테 물어보세요. 제가 일단 초록 님 회사 이메일로 GA4 권한을 드릴 테니 한번 살펴보세요."

"아, 네! 감사합니다!"

초록은 희용에게 연신 감사 인사를 하며 자리로 돌아왔습니다. 앉자마자 analytics.google.com에 접속하여 희용이 권한을 부여했다는 회사 아이디로 로그인을 했습니다. 눈 앞에 GA4 홈 화면이 보였습니다.

'오… 이렇게 생겼구나. 와… 뭐가 뭔지 하나도 모르겠다…!'

초록은 낯선 화면에서 마우스를 어디로 둬야 할지 몰라 멍하니 쳐다봤습니다. 정신을 차리고 가장 궁금했던 '홈 화면 이탈률'을 확인하기 위해 희용의 조언대로 챗GPT에게 확인 위치를 물어봤습니다. 알려준 대로 몇 번 클릭하고 나니 홈 화면 이탈률을 확인할 수 있었습니다.

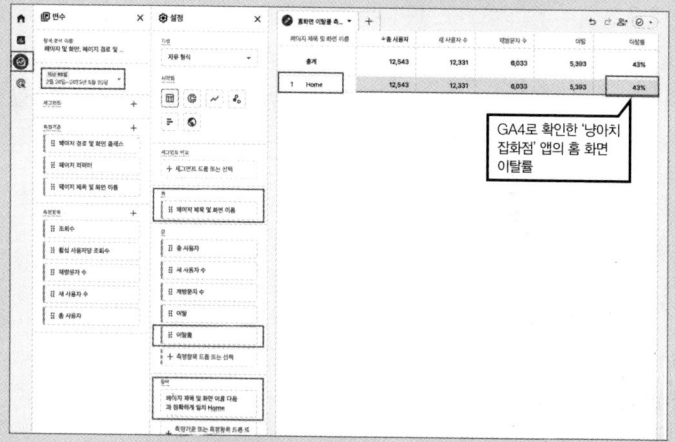

GA4로 확인한 냥아치잡화점 앱의 홈 화면 이탈률

'어라? 18%? 예상보다 낮네. 아, 기간이 이번 주로 되어 있구나. 어디… 기간을 3개월로 늘리면? 오… 43%로 늘어났어. 평균값이 왜 이렇게 차이가 나지? 내가 뭐 잘못 설정했나? 아무것도 한 게 없는데… 이거 자세히 보려면 어떻게 봐야 하는 거지? 음… 일단 혹시 모르니까 지금 화면을 캡처해두고 기록도 해둬야겠다.'

아직은 낯선 땅을 탐험하는 입장인지라 눈 앞에 보이는 숫자들이 제대로 수집된 건지 아닌지 알 방법이 없었습니다. 초록은 '이후 좀 더 공부하다 보면 알겠지'라는 생각으로 일단 현재 상태를 캡처해 남겨두었습니다. 이렇게 해야 배포 후 비교를 통해 자신이 설계한 사용자 경험이 어떤 결과로 나타날지 알 수 있었기 때문입니다.

좀 더 둘러보니 '이벤트'를 확인할 수 있는 곳이 있었습니다. 거기엔 'event_screen_view' 'event_button_CTA' 'list_open' '전환' '가입' 등 무엇을 의미하는지 모를 이벤트명이 섞여 있었습니다. '이게 뭐지?' 초록은 마침 회의실에서 태진이 나오는 것을 보고 태진의 자리로 가 물어보았습니다.

"태진 님, 제가 GA를 보고 있는데요, 'event_button_CTA' '전환' 이런 이벤트명이 있더라고요. 혹시 뭘 뜻하는 이벤트명인지 태진 님은 아실까 해서요."

태진이 자리에 앉으며 답했습니다.

"아, 그거요? '전환' 이벤트는 제가 예전에 쓰읍… 한 7개월 전인가? 그때 강아지 관련 상품 구매 전환율을 측정하려고 심어둔 이벤트였어요. 'event_button_CTA' 이건 잘 모르겠네요. 마케팅팀한테 물어보세요."

"아, 네 감사합니다. 앗, 혹시요, 이벤트명 따로 정리해둔 것 있으신가요? 여러모로 좀 보고 싶어서요."

"없습니다."

"넵, 감사합니다"

초록은 태진에게 인사한 뒤 자리로 돌아와 다시 노트를 펼치며 생각했습니다.

'아직 태진 님에게 공유하기 전이니까 지금 확인할 수 있는 데이터로 내 설계 방향이 크게 어긋난 건지 아닌지를 미리 점검해보자. 일단 지금 확인할 수 있는 데이터로 내가 설계한 홈 화면 개편안이 사용자에게 통할지 미리 예상해보려면 GA4에서 수집하는 기본 데이터 중 뭘 봐야 하지?'

초록은 고민 끝에 조심스럽게 한 글자씩 써 내려갔습니다.

'이러면 되려나…? 아직은 좀 어렵네. 뭔가 더 측정해야 할 것 같은데… 음, 아냐. 할 수 있는 만큼만 하면 돼. 주눅들지 말자! 홈 화면 이탈률, 평균 체류 시간, 사용자 디바이스, 사용자 유입 채널 이것만이라도 확인해서 반영하자.'

[GA에서 자동 수집하는 데이터로 알게 된 것]
- 홈 화면 이탈률: 월 평균 51%

'허어… 들어오면 반은 나간다는 뜻이네. 그들은 자신이 원하는 것과 홈 화면에 보이는 것이 다르다고 생각해서 나가는 걸까? 웹이나 모바일 웹이라면 '잘못 들어왔나 보다' 할 수 있겠지만 우린 앱이잖아. 일부러 본인 휴대폰에 설치를 해야 한단 말이지. 그럼 실수로 들어오는 건 아니야. 원하는 거랑 달라서 이탈했다는 뜻일 거야. 우리 사용자가 원했던 건 뭐였을까? 지금의 나는 정확히 알 수 없어. 사용자에게 물어볼 수도 없고.

일단 우리 프로덕트의 존재 이유는 '집사와 고양이의 일상을 행복하게 해주는 것'이야. 사용자는 이걸 기대하고 앱에 들어왔을 텐데 2명 중 1명은 못 느꼈다는 셈이 되는 거지. 이번 홈 화면 개편의 목적이 '매출 상승'이니까 홈 화면에서 사용자가 '이 서비스가 나와 고양이의 일상을 행복하게 해준다'고 믿게 만들어야 해. 그리고 그걸 기반으로 구매까지 이어지게 만들어야 하지. 무엇보다 들어오자마자 보여야 이탈하지 않고 계속 탐색할 거야.

내가 이번에 디자인한 걸 다시 보자. 첫 번째 섹션이 재구매율이 높은 '혼자서도 잘 노는 고양이템 TOP 3' 제목의 상품 리스트니까 괜찮은 것 같은데? 방향을 잘 잡은 거 같아. 타이틀명만 바꿔도 사람들은 그걸 기준으로 상품을 바라보게 되니까 이걸 최상단에 놓는 게 맞을 것 같아. 데이터도 있으니 더 확신이 드네.'

• 사용자의 평균 체류 시간: 약 1분 20초

'생각보다 낮네… 난 한 5분씩 둘러볼 거라 생각했는데. '고양이와 나의 일상을 행복하게 해주는 곳'에서 1분 20초는 안 어울리지 않나…? 더 오래 둘러보게 해야 할 것 같아. 지금 거 내가 어떻게 했지? 아, 탐색에 적합하도록 만들어놨구나. 잘한 것 같아!'

• 사용자 디바이스: 삼성 갤럭시 폴더블 스마트폰 20%, 삼성 갤럭시 보급형폰 17%, 아이폰 8%…

'와, 난 내가 아이폰을 써서 별 생각 없었는데 갤럭시가 진짜 많구나. 보급형폰도 많이 쓰고 폴더블 스마트폰을 진짜 많이 쓰네. 폴더블폰 특성상 휴대폰을 접을 때 가운데 선이 생겨서 클릭이 잘 안 되는 경우가 있어. 엄마가 그거 쓰면서 맨날 나한테 뭐가 안 된다고 했으니까. 홈 화면과 상관은 없지만 온보딩이나 회원가입처럼 페이지 하나에 정보가 얼마 없을 경우 중요한 버튼이 그 부분에 걸치지 않도록 해야겠구나. 메모!'

초록은 GA에서 자동으로 수집 가능한 데이터만 봐도 많은걸 알 수 있었습니다. UX/UI 디자인을 할 때 '이게 맞는가 틀리는가'에 대한 기준이 생기는 기분이었습니다. 다행히 수정할 것은 없었습니다.

초록은 피그마를 켜 디자인을 변경한 뒤 이어서 희용에게 요청할 화면 내 클릭 영역을 표시하기 시작했습니다. 그리고 GA4에서 방금 찾은 자동 수집 데이터들을 하나씩 캡처하고 기록해두었습니다. 여전히 GA4가 낯설고 복잡했지만 자신이 알고 싶은 사용자 행동을 명확히 정의하고 나니 어느새 데이터가 내 디자인의 일부로 느껴졌습니다.

"배포하고 꼭 확인해야지." 초록은 다짐했습니다.

CHAPTER 8

내부 사용자 데이터 해석에 정확성을 높여줄 시장 조사

01
디자이너의 시장 조사는 달라야 한다

"시장 조사요? 그거 전략팀이나 기획자가
앞 단계에서 이미 다 해놓는 작업 아닌가요?"

맞는 말입니다. 하지만 그렇다고 해서 디자이너에게 시장 조사가 불필요하다는 뜻은 아닙니다. UX/UI 디자인은 단순히 '기획된 기능을 예쁘게 배치하는 일'이 아닙니다. '사용자에게 기능의 가치를 제대로 전달하는 일'입니다. 디자이너가 사용자가 속한 시장을 이해하지 못한다면 기획 의도도, 사용자에게 필요한 가치도 UX에 제대로 반영할 수 없습니다.

먼저 '시장 조사'라는 단어의 정의부터 살펴보겠습니다.

- 기업이 재화나 용역에 관련되는 문제에 관한 자료를 통계적으로 수집, 기록, 분석하는 일
- 과거와 현재의 시장 및 경쟁 상황을 조사하고 분석해 미래를 예측함으로써 시장 전략 수집 지침을 제공하고자 하는 미래지향적인 활동

표현이 낯설고 어려워 대략 봐도 디자이너의 업무와는 별로 관계가 없어 보입니다. 그 이유는 이 정의의 주체가 '기업'이기 때문입니다. 여기서 말하는 시장 조사는 회사의 매출 전략이나 투자 판단에 초점이 맞춰져 있습니다. 이 기준으로 보면 '디자이너도 시장 조사를 해야 한다'는 말이 억지 같죠.

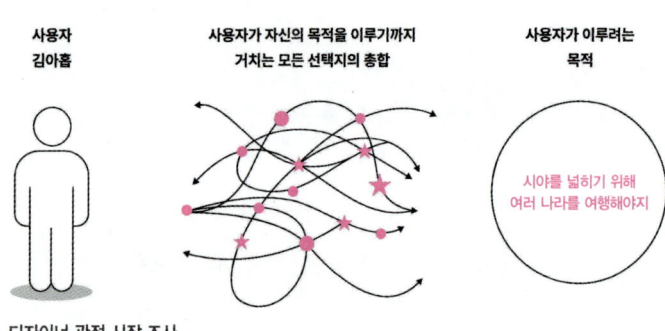

디자이너 관점 시장 조사

UX/UI 디자이너 또는 프로덕트 디자이너는 '기업 전략 설계자'가 아닌 '사용자 경험 설계자'입니다. 그러니 우리는 이 시장을 '기업'이 아닌 '사람'을 기준으로 봐야 의미가 있습니다. 저는 사용자 경험을 디자인하는 사람에게 시장이란 '사용자가 자신의 목적을 이루기까지 거치는 모든 선택지의 총합'이라고 정의하고 있습니다. UX 관점의 시장 조사는 바로 이 총합을 조사하는 것입니다.

예를 들어 '좋은 식재료를 이용해 건강을 지키겠다'는 목적을 이루기 위해서 거치는 모든 선택지를 생각나는 대로 나열해보겠습니다. 온라인 장보기, 마트 방문, 요리 유튜브 시청, 친환경 농산물 정기 구독, 영양제 복용, 식단 관리 앱 사용, 인스타그램 건강식 레시피 탐색, 친구 추천, 헬스 커뮤니티 탐색, 쿠킹 클래스 수강 등 이렇게나 선택할 것이 많습니다.

또 다른 예시로 '운동으로 건강을 챙기겠다'는 목적을 이루기 위해서는 헬스장 등록, 필라테스/요가 등록, 유튜브 보면서 홈 트레이닝, 만보기 앱, 퍼스널 트레이닝, 회사 복지 이용, 친구와 함께 운동하기, 스트레칭 앱, 피트니스 커뮤니티 참여, 야외 러닝, 온라인 클래스 수강 등 역시나 꽤나 많습니다

우리가 만든 또는 앞으로 만들고자 하는 프로덕트는 수많은 선택지 중 하나일 뿐입니다. 사용자는 자신의 목적을 이루기 위해 자신에게 맞는 방법을 끊임없이 탐색하고, 시도하고, 포기하고, 다시 시도하는 일을 반복합니다. 디자이너가 UX 관점에서 시장 조사를 하기 시작하면 우리의 시야는 화면을 벗어나 사용자가 목적을 이루기까지 겪는 반복 여정을 따라가게 됩니다. 그러면서 이건 왜 선택했고, 이건 왜 포기했고, 이건 왜 계속 쓰고, 이건 왜 계속 안 쓰는지를 이해하게 됩니다.

초록은 어제 GA 데이터를 처음 본 이후로 들뜬 마음을 감출 수 없었습니다. 먼저 희용의 도움을 받아 사용자 행동 분석 도구에 처음 발을 들인 것 자체가 좋았습니다. 더불어 현재 운영 중인 '냥아치잡화점'의 홈 화면 이탈률, 사용자의 홈 화면 체류 시간, 사용자 디바이스 데이터를 확인하고 나름대로 해석해보니 '내가 설계한 UX/UI 디자인 방향이 완전히 틀리진 않았구나'라는 안도감이 들었습니다.

"태진 님에게 오늘은 공유할 수 있겠다."

하지만 출근해보니 평소 늘 일찍 오던 태진의 자리가 텅 비어 있었습니다. 메신저를 보니 태진이 새벽에 올려둔 공지가 보였습니다. 갑자기 잡힌 지방 출장 때문에 새벽에 출발하게 되어 팀에 미리 전달하지 못했으며 3일 뒤에 온다는 공지였습니다.

초록은 속으로 '오히려 잘됐다!' 싶었습니다. 아직 GA4를 좀 더 들여다보고 싶었기 때문입니다. 데이터 보는 눈이 생겼다고 말하기엔 한참 멀었는데 무턱대고 설명했다가 헛다리를 짚을 수도 있겠다는 걱정이 들던 참이었습니다.

초록은 출근길에 사온 진한 카페 라떼를 한 모금 마시고 본격적으로 GA4에 접속하여 현재 운영 중인 '냥아치잡화점' 프로덕트에 쌓이고 있는 사용자 데이터를 탐험하기 시작했습니다. 고양이처럼 등을 둥글게 말고 책상에 붙은 채 마우스를 이리저리 움직이고 있는데 복도 쪽 커피머신을 향하던 아홉이 그의 화면을 보고 멈췄습니다.

"어라? 초록 님, 벌써 GA까지 봐요?" 아홉이 눈을 크게 뜨고 말했습니다. "대단하다. 난 처음에 GA 이해하는 데만 몇 달이 걸렸는데… 잘되고 있어요?"

초록은 깜짝 놀라 돌아봤다가 웃으며 말했습니다.

"아, 어제 희용 님이 알려주셔서 처음 봤어요. 진짜 재밌더라고요! 어제 막 홈 화면 이탈률이랑 체류 시간 데이터 보면서 '내가 그린 홈 구조가 틀리지 않았구나' 싶었어요."

"우와, 진짜요? 어떤 데이터 봤는데요? 홈 화면 어떻게 했어요? 한번 보여주세요."

초록은 내심 자랑스럽게 모니터를 아홉 쪽으로 돌려 피그마 화면을 보여주며 말했습니다.

"지금 이게 기존 홈 화면 이고요, 이게 태진 님이 주신 와이어프레임이에요. 태진 님이 제안해주신 화면은 인기상품을 제일 먼저 보여주고 하단에 기획전 홍보와 가입 유도 배너가 나오는 구조였거든요? 근데 저는 뭔가 사용자한테 먼저 자신과 관련 있는 정보가 보이면 좋을 것 같고 우리 냥아치잡화점의 목적인 '고양이와 집사의 일상을 행복하게 한다'는 가치도 살리고 싶었어요. 그래서 뭘 보여주면 좋을까 하다가 '고양이가 행복해하는 순간'에 집중해서 그게 잘 보이는 상품을 선정해서 제일 위로 올렸어요. 사실 제대로 큐레이션하고 싶었는데 운영 정책 문제도 있고…."

초록은 피그마 화면을 넘기며 자신이 설계한 홈 구조와 함께 GA4에서 확인한 평균 체류 시간 수치를 보여줬습니다.

"그리고 이걸 보니까요, 홈 화면 이탈률이 월 평균 51%예요. 제 생각에는 자신이 원하는 것과 홈 화면에 보이는 것이 다르다고 생각해서 바로 나가는 것 같아요. 그래서 홈 화면에서 사용자가 '이 서비스가 나와 고양이의 일상을 행복하게 해준다고 믿게' 만들어야 이탈하지 않고 계속 탐색하지 않을까 싶었어요. 첫 번째 섹션에 재구매율이 높은 '혼자서도 잘 노는 고양이템 TOP 3'를 배치했어요. 아무래도 최상단에 자신이 원하던 게 있어야 사람들이 계속 볼 테니까요."

"흠, 그렇군요."

아홉은 별다른 반응을 하지 않았습니다. 초록은 신나서 얘기하다가 아홉의 반응이 미지근하자 약간 눈치를 보며 나머지 말을 이어갔습니다.

"그리고 사용자 평균 체류 시간을 보니까 평균 1분 20초더라고요. 저는 한 5분씩은 둘러볼 거라 생각했는데 생각보다 낮은 것 같아요. 고양이와 나의 일상을 행복하게 해주는 곳인데 1분 20초는 좀 안 어울리는 것 같다고 생각했어요. 그러면 역시나 더 오래 둘러보게 해야 하는데 그 방향으로 보면 탐색에 적합하게 만드는 게 맞는 방향인 것 같고요."

아홉은 초록의 이야기를 들으며 고개를 끄덕이다가 조심스럽게 물었습니다.

"혼자서 벌써 이렇게나 해내다니 정말 보통이 아니시네요. 그런데 초록 님, 그들은 정말 홈 화면에서 나와 고양이의 행복함을 바라면서 들어오는 게 맞나요? 그들은 정말 첫 화면에 혼자서도 잘 노는 고양이템이 나오길 원하는 게 맞나요? 사용자의 반이 첫 화면에서 왜 이탈하는지, 왜 평균 1분 20초가량 머무르는지 사용자를 제대로 이해한 게 맞나요?"

"네? 어, 그럼요. 저 완전 사용자 입장에서 생각한 건데요…."

"사용자의 삶을 적극적으로 들여다보신 게 맞나요?"

아홉의 질문에 초록은 약간 기분이 상했습니다.

"이미 적극적으로 들여다보고 있는데요…? GA4로 사용자 행동도 보고 있고, 관리자 페이지에서 구매 이력이나 상품 판매량도 보고 있고, 자주 묻는 질문에서 사용자들이 우리 내부의 어떤 정책 때문에 혼란스러워하는지 또는 실망하는지도 보고 있고… 제가 지금 얼마나 적극적으로 보고 있는데요."

"초록 님이 말씀하신 건 모두 사용자의 삶이 아닌 사용자의 행동 결과예요. 사용자의 삶은 서비스 바깥에서 벌어지는 사용자의 모든 선택지예요."

그게 무슨 소리냐는 표정으로 자신을 보는 초록을 앞에 두고 아홉은 조용히 커피를 한 모금 마시고는 다시 말을 꺼냈습니다.

"GA도, 관리자 페이지도, 자주 묻는 질문도 모두 지금 서비스 안에서 벌어진 일일 뿐이죠. 이 서비스 너머의 사용자 이야기는 알 수 없어요. 여기에 사용자의 삶이 어디 있나요?"

초록은 어이가 없다는 듯이 되물었습니다.

"네…? 냥아치잡화점 홈 화면을 UX/UI 디자인하는데 사용자의 삶까지 제가 알아야 하나요…?"

그런 초록에게 아홉은 한마디를 더 덧붙였습니다.

"몰라도 되죠. 단, 그러면 '사용자를 제대로 이해했다'고 보기 어려울 뿐이에요."

초록은 말문이 막혔습니다. 아홉은 이어서 말했습니다.

"디자인은 결국 사용자의 선택을 도와주는 일이잖아요. 그런데 그 사용자가 어떤 선택지 안에서 고민하고, 왜 어떤 건 시도조차 하지 않는지 모르고서 도와줄 수 있을까요?"

이번에도 초록은 답하지 못했습니다. 아홉은 좀 더 부드러운 목소리로 말을 이었습니다.

"우리가 화면을 잘 그리는 것만으로 UX를 다했다고 생각하면 안 돼요. UX는 사용자의 여정 전체에서 '이 선택이 더 나은 선택이다'라고 느끼도록 돕는 일종의 설계예요. 그 전체 여정과 모든 선택지를 제대로 이해하지 않고서는 진짜 좋은 선택지를 만들어줄 수 없죠."

"그럼… UX 디자이너는 사용자의 여정 전체를 알아야 한다는 말인가요?"

"그렇죠. 적어도 사용자가 어떤 경로로 이 서비스까지 왔고, 어떤 기대를 품고, 어떤 맥락에서 이탈하거나 충족되는지를 읽어내려는 노력을 해야 해요. 그게 사용자 경험을 디자인하는 사람의 기본이에요."

초록은 고개를 천천히 끄덕였습니다. 아까와는 달리 이번엔 그 말이 가슴 깊이 와닿았습니다.

"그러고 보니 저는 제가 설계한 홈 화면 안에서만 답을 찾으려 했어요. 사용자는 정작 화면 밖에서 살아가는 사람들인데…."

"맞아요. 우리는 너무 자주, 화면 안에서만 사용자를 보려고 하죠."

"그런데 이건 인터뷰나 설문조사로 해결해야 하는 문제 아닌가요? 인터뷰와 설문조사 없이 사용자의 삶을 어떻게 알 수 있어요?"

"UX 관점의 시장 데이터로요. 홈 화면 이탈률이 50%가 넘는 이유를 사용자 인터뷰를 하지 않고 알려면 냥아치잡화점의 시장 데이터를 봐야 해요. 그러면 그 사용자가 어떤 세상에 살고 있는지가 보여요. 삶이 보이는 거죠. 이 시장 데이터 수집은 사용자 인터뷰나 설문조사와는 별도로 진행해야 해요. 그들이 모든 것을 말해주지도 않고 모든 것을 알고 있는 것도 아니거든요."

초록은 아홉을 바라보며 물었다.

"시장 데이터요? 디자이너도 그런 걸 보나요? 그게 시장 소사 맞죠? 시장 조사는 사업 전략을 짜는 직군이 하는 거 아니에요? 프로젝트 매니저나 마케팅팀이나 영업팀, 대표님 이런 분들이요."

"사업 전략을 짤 때는 보통 시장 크기나 돈이 될 가능성을 보죠. 디자이너는 그 시장 안에 사는 사용자를 보는 거예요. 우리가 UX를 설계한다는 건 단순히 레이아웃을 그리는 게 아니라 사용자가 어떤 경험을 기대하고 있는지를 읽고 반영하는 거잖아요? 그 기대는 시장이라는 곳 안에서 생겨난 거예요. 시장을 모르면 우리는 정말 사용자에게 도움되는 기능이 무엇인지 알 수 없고 아이디어도 엉뚱한 걸 내게 돼요. 의미 없는 UX 설계 결과를 만들게 되죠."

초록은 고개를 끄덕이며 입을 다물었습니다. 갑자기 눈앞에 두고 있는 수치들이 너무 좁은 세계처럼 느껴졌습니다. 내부 데이터를 보는 것도 중요하지만 그 이유를 설명해줄 더 큰 맥락이 필요하다는 걸 어렴풋이 알 것 같았습니다.

초록은 지금까지 디자인은 기획서를 기준으로 하는 줄 알았습니다. 기획서를 기준으로 사용자가 쓰기 편하게 만드는 것이 자신이 할 일이라고 생각하고 있었습니다.

"그럼 저도 그 UX 관점의 시장 데이터? 그걸 조사해야겠네요?"

아홉은 미소 지으며 답했습니다. "당연하죠. 우리가 결국 사용자와 가장 가까운 사람이어야 하잖아요. UX 관점의 시장 데이터는 초록 님의 디자인이 사용자에게 닿기 위한 시작점이에요."

그 말을 들은 초록은 잠시 망설이더니 오른쪽 모니터에 켜져 있던 브라우저에서 GA를 닫고 새로운 탭을 열었습니다. 그리고 아홉에게 물었습니다.

"어디서 어떻게 구해요? 그냥 구글이나 네이버에 검색하면 되나요? 단어 몇 개로는 안 되겠죠?"

아홉은 자리에서 일어나며 말했습니다.

"구글이나 네이버에 검색하면 돼요. 챗GPT에 물어도 되고요. 단, 단어 몇 개로는 안 돼요. 기준이 필요해요. 저는 그 기준을 '사용자가 자신의 목적을 이루기까지 거치는 모든 선택지의 합'으로 생각하고 조사해요."

"사용자가 자신의 목적을 이루기까지 거치는 모든 선택지의 합이요…?"

"네, 그게 바로 'UX 관점의 시장 조사'예요. 시장 데이터가 있어야 사용자가 어떤 기준을 갖고 선택하는지 이해할 수 있거든요. 내부 데이터 해석의 정확도를 올리기 위해서 시장 조사는 꼭 필요해요. 제가 잠깐 해야 할 일이 있어서 그런데 30분 뒤 회의실에서 만나요. 그동안 이거 읽고 계세요. 제가 방법을 정리해 둔 노션 링크예요."

아홉은 그렇게 말하고 자신의 자리로 돌아갔습니다.

초록은 다 식은 라떼와 노트, 펜 그리고 노트북을 챙겨 비장하게 회의실에 먼저 들어가 아홉이 준 링크의 글을 읽으며 아홉을 기다렸습니다.

02
UX 관점의 시장 조사가 내부 데이터 해석의 정확성을 높여주는 이유

앞서 시장은 곧 '사용자가 자신의 목적을 이루기까지 거치는 모든 선택지의 총합'이라고 했습니다. 그렇다면 이 선택지는 목적이 같은 사람에게 모두 똑같이 적용될까요? 아닙니다.

앞에서 '좋은 식재료를 이용해 건강을 지키겠다'는 목적을 이루기 위해서 거치는 모든 선택지를 생각나는 대로 나열해봤습니다. 이 선택지는 혼자 사는 20대와 배우자 그리고 자녀가 함께 사는 50대에게 똑같이 적용될까요? 다르게 적용될 것입니다. 20대는 좋은 식재료를 이용해 건강을 지키는 대상이 '나'겠지만 50대는 나뿐만 아니라 '우리 가족' 전체일 수 있습니다. 그에 맞춰 20대는 가격보다는 간편함을 기준으로 선택지를 좁힐 수 있고 50대는 신뢰할 수 있는 브랜드와 안정된 정기 배송 서비스를 더 중요하게 여길 수 있습니다.

'운동으로 건강을 챙기겠다'는 목적을 이루기 위해서 거치는 모든 선택지는 어떨까요? 역시나 모두에게 똑같이 적용되지 않습니다. 출퇴근에 왕복 4시간이 소요되는 직장인이라면 '시간 확보'가 가장 중요합니다. 운동 시간 자체가 짧은 홈 트레이닝이나 운동하러 가기까지의 시간 소요가 짧은 집 근처 센터나 또는 주말에만 할 수 있는 요가 클래스를 선택할 수 있습니다. 반대로 집과 직장이 가깝다면 '가성비'나 '운동의 질' '개인화된 관리'가 더 중요할 수 있습니다. 퍼스널 트레이닝, 헬스장 PT, 소규모 그룹 운동을 선택할 수도 있습니다. 또는 운동의 목적이 '지금 건강을 유지하는 것'인지 '잃어버린 건강을 회복하는 것'인지에 따라서도 선택지는 홈 트레이닝과 재활 전문 트레이닝처럼 다르게 선택할 수 있습니다.

이처럼 사람마다 '목적을 이루기 위해 떠올리는 선택지의 종류'도 다르고 그중 실제로 시도하거나 포기하는 기준도 다릅니다. 누군가에게 당연한 선택지가 나른 누군가에게는 처음부터 고려 대상이 아닐 수 있습니다. 사용자의 선택지는 사용자를 둘러싼 다양한 환경의 제약, 세대적 특성, 라이프 스타일, 상황의 변화에 따라 달라집니다.

따라서 선택지의 다양성과 차이를 모른 채 내부 데이터만 해석하면 행동의 이유를 오해하거나 유추조차 못할 수 있습니다. 그래서 UX 관점의 시장 조사는 그 사용자가 어떤 라이프 스타일을 가지고 있는지, 세대적인 특성은 어떤지, 연령에 따른 디바이스 경험은 어떤지, 자신의 삶에 누적시켜온 경험은 무엇인지를 파악하여 최종적으로 어떤 의사결정 기준을 가지고 선택하는지를 아는 과정이라고 할 수 있습니다.

내부 데이터는 사용자가 가질 수 있는 수많은 선택지 중 일부의 흔적일 뿐입니다. 우리가 내부 데이터를 통해 확인하는 클릭률, 이탈률, 전환율, 체류 시간 같은 수치는 '선택함'과 '선택하지 않음'이라는 사실만 보여줄 뿐 '왜 이 선택지를 택했는지' '왜 이 선택지는 지나쳤는지' '왜 여기서 더 알아보지 않고 나갔는지' '왜 가입을 망설였는지' '왜 한 번만 방문하고 다시 오지 않는지' '왜 장바구니에는 담았지만 결제는 하지 않았는지' '왜 이 기능은 쓰고 저 기능은 쓰지 않는지'에 대한 답을 주지 않습니다.

하지만 디자이너는 이 '왜'를 알고 싶어 합니다. 그래야 사용자에게 최적의 UX/UI 디자인을 할 수 있기 때문이죠. 문제는 사용자에게 일일이 물어볼 수는 없다는 데 있습니다. 설사 설문지를 돌리고 인터뷰를 진행하고 CS를 분석한다 해도 사용자 역시 전부를 설명해주진 못합니다. 그렇다고 계속 감으로 짐작할 수도 없습니다. 그럼 이 공백을 메워주는 건 무엇일까요? 네, 그게 바로 UX 관점의 시장 데이터입니다. 이는 사용자가 가진 배경, 상황을 이해하게 하고 우선순위에 따라 어떤 선택지는 안중에도 없었는지, 또 어떤 선택지는 너무 복잡하거나 낯설어서 포기한 것인지 설명해주는 단서가 됩니다.

UX 관점의 시장 데이터를 알면 사용자의 선택지 전체를 펼쳐놓고 그 안에서 사용자가 어떤 기준으로 판단하고, 어떤 흐름에서 멈추고, 어떤 맥락에서 비교하다 떠났는지를 유추할 수 있게 만들어줍니다.

03
디자이너의 시장 조사가 어려운 이유

앞서 디자이너에게 시장 조사가 왜 필요한지 배웠습니다. 그런데 시장 조사를 하려 해도 너무 어렵지 않나요? 시장이라는 것이 재래시장처럼 눈에 보이지도 않고 말이죠. 검색해도 UX 관점의 시장 조사에 대해 속 시원하게 알려주는 사람이 없습니다. 왜 그럴까요?

첫째, 직군마다 시장을 바라보는 기준이 다르기 때문입니다. 시장 분석은 직군마다 목적이 달라 중요하게 보는 관점이 다른데 이를 모른다면 그들의 시선으로만 자꾸 시장 조사를 하게 됩니다. 비즈니스 전략을 세우는 직군은 '이 시장이 우리가 먹을 만한 시장인가?'를 기준으로 분석합니다. 수요와 공급의 밸런스를 중요시 여기기에 소위 '이 시장이 돈이 되느냐?'가 중요한 거죠. 마케팅 직군은 '이 시장에서 우리가 이길 수 있느냐'가 중요하기에 경쟁은 얼마나 치열한지, 포지셔닝은 어떻게 해야 할지와 같은 정보를 기준으로 분석합니다. 그렇다면 UX/UI 디자이너 또는 프로덕트 디자이너는 뭘 봐야 할까요? '어떻게 팔까?'도 아니고 '이 시장이 크냐, 작냐?'도 아닙니다. 우리는 '이 시장 내의 사용자'를 봐야 합니다. '사용자가 이 시장 안에서 어떤 문제를 겪고 있는지, 지금 그 문제를 어떻게 풀고 있는지, 그 문제를 더 잘 풀기 위해 어떤 경험을 기대하고 있는지'를 확인해야 합니다.

둘째, 시장 조사라는 개념이 주로 비즈니스 전략을 세우는 사람들의 언어로만 설명되어 왔기 때문입니다. 전략팀의 시장 조사는 비즈니스 모델을 만들기 위함입니다. 디자이너는 제품의 사용자 경험을 설계하기 위한 시장 조사가 필요합니다. 그런데 지금까지의 시장 조사 도구나 프레임워크는 모두 비즈니스 전략팀의 시선에 맞춰져 있어 디자이너는 '그걸 왜 봐야 하지? 이게 무슨 의미지?'라는 벽에 가로 막히곤 합니다.

셋째, 시장이라는 것이 본질적으로 눈에 보이지 않는 무형의 가치라서 그렇습니다. 시장은 고정되어 있지 않고 세상의 변화 방향과 속도에 가장 먼저 반응합니다. 거의 한 몸이라고 볼 수 있습니다. 예를 들면 '요즘 20대는 전화 상담보다 채팅 상담을 선호한다'는 사실 하나만으로도 이들을 주요 고객으로 삼는 시장에서는 상담 채널, 응답 속도, 고객 기대치 전반이 완전히 달라지게 됩니다. 그러면 또 여기에 반응하여 사용자들의 기대, 유행, 시대 감각도 함께 변합니다. 이렇듯 시장은 눈에 보이지 않을 뿐 아니라 형태도 매번 바뀝니다. 고객과 시장은 서로에게 끊임없이 영향을 주고받기 때문에 각자의 관점에 따라 접근 방식도 다르고 해석도 다릅니다.

넷째, 디자이너가 시장을 조사해도 그 결과를 어디에 활용해야 할지 연결되지 않기 때문입니다. '조사해서 뭔가 알아내기는 했는데 이걸 디자인에 어떻게 써야 하지?' 이것이 가장 흔하게 겪는 상황입니다. 결국 조사는 조사대로 하고 디자인은 감으로 하게 됩니다. 하지만 시장 구조를 UX 설계의 조건으로 바라보면 그 안에서 반드시 고려해야 할 제약, 감정, 선택지가 보입니다. 그리고 이는 디자인의 방향과 전략에 큰 차이를 만들어냅니다.

초록은 아홉이 올 때까지 혼자 회의실에서 아홉이 준 노션 페이지를 정독하고 있었습니다. 페이지 상단에는 이런 문장이 적혀 있었습니다.

> UX/UI 디자이너 또는 프로덕트 디자이너가 UX 관점의 시장 조사를 해야 하는 이유는 단 하나다. 사용자의 '왜'를 유추하려면 사용자의 선택지를 먼저 알아야 하기 때문이다.

'사용자가 목적을 이루기까지 거치는 모든 선택지의 합이라… 이게 내가 조사해야 할 시장이라면 난 지금까지 그 선택지 중 하나만 설계하고 있었던 거네.'

이어서 이런 문단이 보였습니다.

"사용자의 선택지를 찾기 위해선 먼저 사용자의 목적을 정의해야 한다. 목적은 '사용자가 이 서비스에 온 이유'이기도 하고 '사용자가 어떤 문제를 해결하고 싶어 하는가'에 대한 답이기도 하다."

초록은 냥아치잡화점의 GA 데이터를 떠올렸습니다.

- 홈 화면 이탈률 51%
- 평균 체류 시간 1분 20초

'사용자의 목적이라… 회사의 목적만 생각해봤지 이건 생각을 안 해봤네. 우리가 사용자에게 전하고 싶은 가치가 '집사와 고양이의 일상을 행복하게 만든다'인데 사용자의 목적도 이와 같을까?'

초록은 자신의 노트를 펼쳐 적어두었습니다.

냥아치잡화점 사용자의 목적 찾기

그리고 아홉의 노션 문서를 이어서 읽었습니다.

"시장 조사를 하면서 '사용자가 목적을 이루기까지 거치는 모든 선택지의 합'을 따라가다 보면 사용자의 의사결정 기준은 무엇인지, 그들은 무엇을 당연하게 여기는지, 시장 구조의 제약 때문에 애초에 만들 수 없는 건 무엇인지, 경쟁사는 어디이고 어떻게 하고 있는지, 우리가 채우지 못하고 있는 그들의 욕망은 무엇인지 알게 된다."

초록은 고개를 갸웃했습니다.

'사용자의 의사결정 기준? 그들이 무엇을 당연하게 여기는가를 조사하라고? 당연하게 여기는 거? 이게 무슨 말이지? 그리고 시장 구조의 제약? 애초에 만들 수 없는 게 뭐냐고? 그런 게 있어? 우린 그냥 고양이 용품을 파는 플랫폼인데… 그리고 경쟁사는 분석해둔 게 있긴 한데 화면 디자인이나 인터랙션 위주로 봤어. 아니 그런데 경쟁사 조사에 사용자의 욕망이라니, 그렇게 거창한 걸 내가 알 리가… 내 욕망도 모르겠구만.'

초록은 가슴 한 구석이 답답해져 오는 것을 느꼈습니다.

'산 넘어 산이네. 하아, 꼭 해야 하는 걸까? 그렇지, 해야지. 난 사용자의 반이 왜 홈 화면에서 나가는지, 체류 시간 1분 20초가 사용자에게 어떤 의미인지 꼭 알고 싶어. 사실 GA4로 데이터를 보긴 했지만 그게 내 디자인에 어떤 근거가 될지는 자신 없긴 했으니까. 그래서 태진 님 공석인 거 알고 좋아했던 거고.'

여기까지 생각한 초록은 생각을 고쳐먹었습니다.

'그래, 하나씩 하면 할 수 있어. 수학 함수도 아니고 하나씩 리서치하다 보면 알게 되는 건데 뭐가 어렵겠어. 먼저 사용자의 목적부터! 음, 뭐라고 검색해야 하지? 챗GPT한테 물어볼까? 아냐, 아직은 내가 뭐가 좋은 답인지도 모르는 상태에서 무작정 챗GPT에 물으면 그것만 맹신할 것 같아. 틀려도 틀린 줄 모를 테고. 사용자들의 생생한 이야기를 직접 보면서 감을 익히는 게 좋을 것 같아. 일단 디자이너의 시장 조사는 어떻게 달라야 하는지 대략 숙지했으니 시장 조사 접근법 같은 것을 검색해보자. 이미 누군가 정리해둔 좋은 방법이 있을 거야.'

초록은 검색 창에 '시장 조사 방법' '시장 조사 접근법' '디자이너 시장 조사' 같은 단어들을 차례로 입력해보았습니다. 잠시 뒤, 화면에 쏟아진 검색 결과를 보고 초록은 한숨을 내쉬었습니다.

'시장 규모 분석 방법'

'경쟁사 벤치마킹 전략'

'포터의 5가지 경쟁 요소'

'SWOT 분석 템플릿'

'STP 전략으로 타깃 세분화하기'

'비즈니스 인사이트를 위한 마켓 리서치 가이드'

"… 이건 마케터나 전략팀이 보는 거잖아…."

초록은 마우스를 스크롤하며 중얼거렸습니다. 어딜 봐도 '사용자가 왜 이걸 선택했는지' 혹은 '이 UX가 왜 먹히지 않았는지'에 대한 이야기는 없었습니다.

'나는 디자인을 하려고 시장을 보는 건데 이건 전부 사업 관점이잖아? 나는 사용자 여정을 이해하고 싶은 거지 경쟁사 점유율이 궁금한 게 아니라고….'

초록은 머리를 긁적였습니다. GA4 수치를 보는 것도 막막했는데 이건 또 다른 의미로 막막했습니다.

그러다 갑자기 'UX 관점의 시장 조사'라는 아홉의 말이 떠올랐습니다. 'UX 관점의 시장 조사는 비즈니스 전략가가 하는 시장 조사와 조금 달라요. 사용자가 목적을 이루기까지 거치는 모든 선택지의 합을 조사하는 것을 말합니다.'

'목적… 목적이라… 고양이를 키우는 목적…. 그러고 보니 집사들은 고양이를 키워서 이루고 싶은 게 뭘까?'

초록은 다시 손을 움직였습니다. 이번에는 키워드를 바꿔 검색했습니다. 좀 더 근본적인 질문이 담긴 키워드였습니다.

　'사람들이 고양이를 키우는 이유'

　'반려동물 키우는 이유'

　'혼자 사는 사람들이 고양이를 키우는 이유'

잠시 뒤, 화면에 이야기가 올라오기 시작했습니다. 질문 게시판, 입양 후기, 반려동물 커뮤니티 글, 블로그 인터뷰, 브이로그, 다큐멘터리 영상, SNS 만화까지 다양했습니다.

　'외로워서요. 퇴근하고 집에 들어오면 아무도 없어서…(출처: 커뮤니티)'

'한창 우울할 때였다. 자꾸 나를 따라오는 고양이가 있었다. 그땐 몰랐다. 그 녀석이 내 인생을 구원해줄 줄은…(출처: 인스타툰)'

'사람들이 고양이를 좋아하는 이유… 반려묘가 주는 건강 이점은?
… 실제로 반려묘를 키우는 것은 심리적인 안정감을 준다. 한 연구에 따르면 반려묘를 보는 것만으로도 사람은 어린 아기를 볼 때 느끼는 감정과 비슷한 감정을 느끼고, 사랑의 호르몬이라고 불리는 옥시토신(oxytocin) 분비량이 크게 증가한다. 또한 2011년 영국고양이보호협회(Cats Protection)가 협회에 등록된 반려묘 양육자 2000명을 대상으로 설문조사를 실시했는데, 참가자 중 93.7%가 반려묘를 양육하는 것만으로도 정신 건강에 큰 도움이 되었다고 응답했다.(출처: HiDoc 뉴스[1])'

'"혼자 잘 놀고 때론 무심한 고양이 선호" MZ세대 집사는 가르치려 말고 유혹하라
… 밀레니얼은 주택이나 자녀를 갖기가 버겁다. 반려동물은 우리가 돌보는 귀여운 동물이 아니라 우리 삶에서 안정된 어떤 것을 상징한다. (출처: 동아비즈니스리뷰 | DBR[2])'

초록은 마우스를 움직이다가 문득 멈췄습니다. 화면에 뜬 문장을 조용히 읽다 보니 무언가 가슴 깊은 곳이 찌릿해졌습니다.

'고양이를 키운다는 건 단순한 취미가 아니라 어떤 결핍을 채우기 위한 선택일

---

[1] https://news.hidoc.co.kr/news/articleView.html?idxno=29093
[2] https://dbr.donga.com/article/view/1202/article_no/10030/mode/preview

수도 있겠구나.'

초록은 속으로 중얼거렸습니다.

'그럼 냥아치잡화점에 들어온 사람의 목적은 '나의 일상을 고양이라는 존재와 함께 채우면서 심리적인 안정감을 얻기 위해서'라고 볼 수 있겠네. 하지만 이건 너무 광범위한 목적이야. 이러면 사용자의 행동으로 바로 이어지는 구체적인 선택지를 파악하기 어려워.'

초록은 잠시 멍하니 화면을 바라보다가 다시 생각을 이어갔습니다.

'잠깐, 목적은 '문제를 해결하기 위해 무엇을 이루고자 하는가'에 대한 답이지. 그렇다면 고양이와의 일상 안에는 어떤 문제가 있을까? 냥아치잡화점을 찾아오는 사용자들은 고양이를 키우면서 궁극적으로 어떤 문제를 해결하고 싶은 걸까? 이에 대한 답이 '냥아치잡화점을 찾는 사용자의 목적'이 될 거야.'

초록은 다시 이것저것 검색했습니다.

'혼자 두면 불안해하는 고양이 때문에… 외출도 맘대로 못 하는 집사'

'장난감 사줬는데 금방 질려버리는 고양이'

'야밤에 난데없이 시작되는 고양이 우다다 타임'

'심심하면 커튼 타고 올라가고, 집사가 아끼는 컵 깨먹고, 식물 화분 뒤엎고…'

초록은 웃음을 터뜨릴 뻔하다가 다시 진지해졌습니다. '이게 다 문제지. 다들 이런 문제 때문에 뭔가를 검색하고, 물건을 사고, 추천을 찾고, 결국 우리 앱에

도 들어오는 거잖아.'

초록은 노트를 펼치고 큰 제목을 적었습니다. 그리고 그 아래에 생각나는 대로 써 내려갔습니다.

> [고양이와 함께하는 일상 속 문제들]
> - 고양이가 혼자 있는 동안 할 게 없어서 짖거나 날뛰는 문제
> - 금방 장난감에 질려서 놀이가 지속되지 않는 문제
> - 리뷰를 믿고 고양이 용품을 샀는데 쓰지 않는 문제
> - 너무 예민해서 장난감 하나만 바꿔도 반응이 없는 고양이
> - 좁은 집에서 쓸 수 있는 고양이 아이템이 제한적인 문제
> - 고양이가 나와 친해지지 않는 것 같다는 정서적인 거리감
> - 고양이 혼자 두고 장기간 외출해야 할 때 맡길 곳이 없는 문제
> - 놀아줄 때 층간 소음이 걱정되는 문제
> - 고양이 털 때문에 괴로운 문제

'집사들은 그냥 고양이랑 잘 살고 싶은 건데 그 안엔 이렇게나 많은 불편함과 선택이 숨어 있구나. 하나의 문제가 아니라 고양이와 함께 살면 문제가 생긴다는 것 자체가 문제야. 그렇다면 냥아치잡화점 사용자의 목적은 '고양이와 나의 일상을 방해하는 문제가 생겼을 때 해결하고 싶다'라고 할 수 있어. 그 안에 생기는 수많은 문제를 해결할 수 있는 선택지 중 하나가 우리 서비스인 것뿐인 거고.'

그제서야 초록은 처음으로 GA에 떠 있던 '이탈률 51%'라는 숫자를 다시 떠올렸습니다. 이제 그것이 단지 화면 구성의 문제가 아니라 사용자의 기대와 목적을 읽지 못한 구조였을지도 모른다는 것을 알 수 있었습니다.

'좋아. 이제 사용자의 목적은 알았으니까 다음은 그 목적을 이루기까지 거치는 단계들을 정리해보자. 음, 뭘 어떻게 정리하지?'

다시 검색 창에 '사용자 여정 정리 방법' '고객 여정 단계 나누는 법' 'UX 디자이너 시장 조사 사례' 같은 키워드를 입력해봤지만 화면에 뜨는 건 또 다시 낯선 용어들뿐이었습니다.

'Customer Journey Map 작성법: 사용자와 앱 접점 중심으로 정리하기'

'구매 퍼널에 따른 소비자 행동 분석'

'AIDA 모델 기반 퍼소나 시나리오 구축'

초록은 마우스를 멈춘 채 가만히 화면만 바라봤습니다. '뭐가 지금 나에게 맞는 방법인지 모르겠어. 그리고 하나하나 여정을 분석하는 것 같긴 한데 이걸 어떻게 써야 하지…? 그냥 머릿속으로 상상해서 여정 단계를 나누면 되는 건가?'

초록은 다시 얼굴이 어두워졌습니다. '혹시 또 괜히 엉뚱한 방향으로 파고드는 거 아닐까….'

그때 회의실 문이 조용히 열리며 아홉이 커다란 텀블러와 노트북을 들고 들어왔습니다.

"어? 초록 님, 생각보다 일찍 오셨네요. 불도 안 켜고 제가 드린 노션 페이지 읽고 계신 거예요?"

초록은 눈을 반짝이며 고개를 들었습니다. "아, 아홉 님! 네, 지금까지 이것저것 검색해봤는데요… 그게…."

초록은 잠시 말을 고르다가 말을 이었습니다.

"시장 조사가 왜 필요한지는 알겠고 사용자 목적도 어느 정도는 유추했어요. 냥아치잡화점 사용자들은 '고양이와 나의 일상을 무탈하게 살아내고 싶은 사람들'인 것 같아요. 그래서 고양이와 함께 하는 일상 안에 생기는 여러 가지 작은 문제들을 우리를 통해 해결하고 싶은 거고요. 그들의 목적은 '고양이와 나의 일상을 방해하는 문제가 생겼을 때 해결하고 싶다'예요."

아홉은 자리에 앉으며 초록의 말을 들었습니다. 그리고 초록은 말을 이어갔습니다.

"그런데 문제는요, 그 다음을 모르겠어요. 지금 사용자 목적은 알겠는데 그 목적을 이루기 위해 사용자가 어떤 경로를 거치는지, 그걸 어떻게 정리해야 하는지 감이 안 잡혀요. 검색해보면 UX/UI 디자이너가 쓰는 유저 저니 맵 user journey map(사용자 여정 지도) 이런 게 나오긴 하는데 그건 사용자와 앱의 접점만 보는 것 같고… 그거 말고도 많이 나오던데 마케팅 관점의 저니 맵이나 전략 프레임워크밖에 없는 것 같아요. UX/UI 디자이너 가 사용자의 목적에 따른 여정을 분류해보는 건 어떻게 해야 하는지는 안 나오더라고요. 그걸 몰라서 또 막막해졌어요."

초록의 말이 끝나자 아홉은 부드럽게 미소 지었습니다. 그리고 의자에 앉으며 텀블러 뚜껑을 조용히 열었습니다.

"그 기분 알아요. 저도 그랬거든요. 딱 지금 초록 님이 있는 그 지점에서 저도 멈췄었어요. 사용자 목적까진 유추했는데 이걸로 뭘 해야 할지 모르는 상태."

초록은 살짝 놀란 듯 아홉을 바라봤습니다. 아홉은 따뜻하게 웃으며 말했습니다.

"그래서 제가 방법을 하나 찾았어요. 이걸 알면 목적에서 여정으로, 여정에서 행동과 문제로, 문제에서 UX 설계까지 이어지더라고요. 지금부터 그 방법을 알려드릴게요."

초록은 눈을 반짝이며 노트를 폈습니다.

04
UX 관점의 시장 조사 방법

'이 버튼의 클릭률이 낮다' '이 화면에서 이탈률이 높다' '사용자가 재방문을 하지 않는다' '사용자들이 어렵다고 한다'와 같은 데이터를 수집해도 그걸 어떻게 해석해야 할지 몰라 당황했던 적이 있지 않나요? 또는 내 멋대로 해석했던 경우도 있을 것입니다. 내부에 이렇게 쌓인 데이터는 사용자가 우리 서비스를 이용하고 남긴 흔적입니다.

그러나 그 흔적은 단지 '그렇게 됐다'는 결과만 보여줄 뿐 '왜 그렇게 됐는가'는 말해주지 않습니다. 이유를 알아내기 위해서는 사용자에게 직접 물어보는 것이 가장 정확하지만 매번 사용자 인터뷰나 설문조사를 진행할 수는 없습니다. 설령 진행하더라도 질문에 따라 전혀 다른 대답을 얻을 수 있습니다. 따라서 사용자에게 직접 묻든, 인터넷을 통해 조사하든 질문의 수준이 중요합니다. 그리고 좋은 질문을 하려면 이 시장과 사용자에 대해 더 깊이 이해하고 있어야 합니다.

- 사용자는 왜 이런 선택을 했을까?
- 이 선택 외에 다른 가능성은 없었을까?
- 우리가 만든 선택지는 사용자의 목적과 진짜 연결돼 있었을까?

이런 질문에 답할 수 있을 때 비로소 더 나은 사용자 경험을 디자인할 수 있습니다.

이번 장에서는 시장 데이터를 어렵지 않게 수집할 수 있도록 전체 과정을 10개의 단계로 자세히 구성해두었습니다. 시장 조사에 정답은 없지만 이 단계를 하나씩 따라가다 보면 어느새 사용자를 깊게 이해하고 있는 자신을 발견할 것입니다.

이렇게 10단계를 거치며 얻은 데이터는 우리가 UX를 설계하고 UI를 디자인할 때 의사결정의 기준이 됩니다. 예를 들어 어떤 기능을 넣을지, 어떤 흐름으로 설계할지, 어떤 정책을 써야 할지, 버튼 모양, 색깔, 아이콘, 글씨 크기, 간격, 움직임(인터랙션)을 어떻게 할지 등 모든 디자인 의사결정 과정에서 탄탄한 근거가 되어줄 것입니다.

UX 관점의 시장 데이터로 내부 데이터 해석하기 10단계

단계	할 일	데이터 종류
1단계	우리 프로덕트의 배경, 목적, 타깃 사용자 명확히 하기	
2단계	이번 프로젝트의 배경, 목적, 목표, 타깃 사용자 명확히 하기	
3단계	현재 상황을 말이 아닌 내부 데이터로 확인하기	내부 데이터
4단계	사용자의 목적과 그 목적을 이루기까지 거쳐야 하는 단계 정의	시장 데이터

5단계	사용자의 의사결정 데이터 수집하기	내부 데이터 + 시장 데이터
6단계	사용자의 단계별 행동과 그 행동을 방해하는 문제 유추하기	내부 데이터 + 시장 데이터
7단계	지금까지의 데이터로 인사이트 도출하기	
8단계	내부 사용자 데이터 추가 수집하고 해석하기	내부 데이터
9단계	사용자의 다른 선택지(경쟁사) 확인 및 비교	내부 데이터 + 시장 데이터
10단계	UX 솔루션 도출하기	

1단계: 우리 프로덕트의 배경, 목적, 타깃 사용자 명확히 하기

먼저 '프로젝트'가 아닌 '프로덕트'의 배경[3]과 목적,[4] 타깃 사용자를 명확히 정합니다. 참고로 타깃 사용자는 '20대' '여성' '직장인'과 같이 인구 통계 기반 묘사로만 적는 것보다는 '독서를 좋아하는 20대~40대' '자연스러운 만남을 추구하는 20대 여성'과 같이 행동·가치 기반의 묘사로 적어야 합니다. 그래야 그들을 이해할 수 있습니다.

---

[3] '우리 서비스/프로덕트가 시장의 어떤 문제를 해결하려 하는가?'에 대한 답
[4] '그 문제를 해결하기 위해 우리 프로덕트가 이루고자 하는 것이 무엇인가?'에 대한 답

2단계: 프로젝트의 배경, 목적, 목표, 타깃 사용자 명확히 하기

1단계에서는 '프로덕트'에 대해 명확하게 정의했습니다. 이번엔 '프로젝트'를 명확히 할 차례입니다. 운영 중인 프로덕트에서 어떤 문제가 발생했을 것이고 그 문제를 해결하기 위한 프로젝트가 시작되었을 것입니다. 보통 디자이너보다는 PO, PM, 기획자가 프로젝트를 이끌어나갑니다.

이상적인 상황이라면 프로젝트 발의자가 배경, 목적, 목표를 명확히 설정해줄 것입니다. 그러나 많은 스타트업에서 그렇게 되지 않고 있습니다. 대표의 말 한마디에 작업이 시작되기도 하고 PM, PO, 기획자가 다른 팀과 회의 후 갑자기 프로젝트가 생기기도 합니다.

회사는 수많은 프로젝트로 업무가 돌아갑니다. 크기, 중요도, 볼륨 등이 다를 뿐 프로젝트는 끊임없이 생겨나고 완료되기를 반복합니다. 이런 상황 속에서 매번 문서로 배경, 목적, 목표를 정의하는 것은 현실적으로 어렵고 효율적이지 않습니다. 그래서 종종 생략하며 넘어가기도 하는데 이때 나까지 같이 넘어가서는 안 됩니다. 자신이 직접 배경과 목적, 목표를 명확히 정리한 다음 그걸 기반으로 작업을 시작해야 합니다. 그래야 어떤 사용자 데이터를 봐야 하는지 알 수 있고 시장 데이터를 수집하는 기준 역시 생깁니다.

여기서 한 가지 작은 문제에 부딪힐 수 있습니다. 배경, 목적은 얼추 알고 있는 정보로 정리가 가능한데 '목표'가 어렵다는 점입니다. 이는 프로젝트 발의자가 성과 지표 설정을 통해 정의해야 하기에 자신이 마음대로 설정하기도 어렵습니다. 사실은 무엇을 달성해야 성공이라고 말할 수 있을지도 잘 몰라서 목표를 세우기가 어렵습니다. 하지만 바로 다음에 이어질 내부 데이터 확인을 위해서 목표는 반드시 필요합니다. 난감한 상황이지만 이럴 때는 '어떻게 하면 이 목적을 달성했다고 볼 수 있을까?'를 내 시선에서 쓴 다음 수치를 생략하면 됩니다. 대신 현재보다 증가시킬 것인지 감소시킬 것인지만 써놓습니다. 예를 들어 건강을 위해 몸무게를 지금보다 줄여야 하는데 몇 킬로그램을 줄일지는 정하지 않았다면 '지금보다 몸무게 감소'라고 목표를 세우는 것입니다.

타깃 사용자도 명확히 정의합니다. '프로덕트에서 명확히 했는데 왜 또 하나요?'라고 할 수 있지만 그것과 다릅니다. 우리 프로덕트 사용자 중 '어떤 상황에 있는 누구의 문제'를 이번 프로젝트를 통해 해결할지를 정의하는 것입니다. 이 모든 것이 잘 정의되어야 기준이 생깁니다.

"자, 이렇게 총 10단계를 따라가면 길을 잃지 않고 나아가면서 열매를 딸 수 있어요."

"아… 할게 정말 많네요. 이거 정말 저 혼자 할 수 있는 거예요…?"

"당연히 팀과 함께하면 더 좋죠. 그런데… 태진 님과 하시게요?"

"아, 아뇨. 하하…."

"저는 감으로만 일하던 전 회사에 다닐 때 너무 힘들었어요. 데이터 기반으로 디자인 의사결정을 하고 싶어 이곳 냥냥북스팀에 왔죠. 아니, 정확히 말하자면 경수 님이 있는 곳으로 왔죠. 하지만 알고 있어요. 평생 경수 님과 일할 수 있는 것도 아니고 다른 데 가더라도 경수 님 같은 분이 없을 수도 있다는 걸요. 그래서 저는 '저 혼자라도 할 수 있는 방법'을 끊임없이 탐구하고 적용하고 있어요. 제가 어디에 있든 단단하고 싶어서요. 그러다 보면 뜻이 맞는 동료도 더 많이 만나게 되고 언젠간 혼자서 하던 걸 둘이, 셋이, 다같이 하면서 시너지가 나는 날이 오겠죠. 초록 님에게 그걸 알려드리는 거니 혼자서도 하실 수 있어요. 물론 시간도 많이 걸리고 중간에 실수하거나 편협한 결과가 도출될 수도 있지만 그 또한 사용자의 이면을 기반으로 낸 결과이니 근거가 있는 거예요."

초록은 아홉의 말에 지금 자신의 팀 PM인 태진을 떠올리며 '나도 내 땅을 단단히…'라고 중얼거리며 고개를 끄덕였습니다.

"네, 한번 해볼게요. 단계가 많아서 그렇지 어렵진 않을 것 같아요."

"하면서 궁금한 건 언제든 물어보시고요!"

아홉은 초록에게 파이팅의 손짓을 하고서는 먼저 회의실을 나섰습니다. 초록 역시 회의실을 나와 자신의 자리로 돌아왔습니다. 그리고 비장한 눈빛으로 자리의 모니터를 켜고 키보드에 손을 올려 아홉이 알려준 10단계 중 1단계를 시작했습니다.

'이번에 발의된 프로젝트가 아니라 우리 냥아치잡화점 앱 자체의 정보를 먼저 명확히 하라고 했지? 그렇다면 어디 보자… 이렇게 쓰면 되겠다.'

[냥아치잡화점 앱의 배경, 목적, 타깃 사용자 명확히 하기]

- 프로덕트: '냥아치잡화점' 앱
- 프로덕트 배경: 고양이를 키우는 집사는 고양이와의 일상에서 다양한 문제에 직면한다. 그 문제는 집사와 고양이를 각기 다른 이유로 불행하게 만든다.
- 프로덕트 목적: 집사와 고양이의 일상을 행복하게 만든다.
- 타깃 사용자: 고양이를 키우는 모든 집사

[냥아치잡화점 이번 프로젝트의 배경, 목적, 목표, 타깃 사용자 명확히 하기]

- 프로젝트명: 냥아치잡화점 홈 화면 개편
- 프로젝트 배경: 태진 님에게 물어보지 않아 정확히 어디에 어떤 문제가 있는지 알 수 없다. 다만 알고 있는 정보를 기반으로 추측해보건데 현재 홈 화면에서 상품을 보여주는 방식이 사용자에게 구매 욕구를 일으키지 않는다고 판단한 것 같다.

- 프로젝트 목적: 홈 화면의 상품 노출 방식을 변경하여 사용자의 구매 욕구를 자극한다.
- 프로젝트 목표: 지금보다 냥아치잡화점 상품 판매 월별 매출 상승(수치 미정)
- 이번 프로젝트의 타깃 사용자: 고양이를 키우는 모든 집사

1단계에 이어 2단계까지 쓰고 초록은 생각했습니다.

"이렇게 배경, 목적, 목표를 명확하게 정리하니 내가 뭘 봐야 하고 뭐에 집중해야 할지 자연스럽게 알게 되는 것 같아. 그런데 이번 프로젝트의 타깃 사용자는 프로덕트 타깃 사용자랑 별 차이가 없네. 좀 광범위한 것 같긴 한데 지금 내가 알고 있는 정보로는 이게 최선인 것 같아. 여기까진 생각보다 금방 했어."

3단계: 현재 상황을 말이 아닌 내부 데이터로 확인하기
(내부 데이터)

운영 중인 프로덕트에 어떤 문제가 생겨 개선하려는 상황이라면 문제를 데이터로 확인합니다. 상세한 데이터는 이후 8단계에서 더 자세히 확인할 예정이니 이 단계에서는 배경, 목적, 목표를 기준으로 사용자의 현재 상태를 알 수 있는 데이터만 먼저 확인합니다. 신규 프로덕트나 기능을 만들거나 내부 데이터를 확인할 수 없는 경우라면 이 단계는 건너뜁니다.

4단계: 사용자의 목적과 그 목적을 이루기까지 거쳐야 하는
단계 정의(시장 데이터)

1단계부터 3단계까지는 프로덕트를 만드는 사람의 시야로 현황을 파악했습니다. 우리가 해결해야 할 문제가 무엇인지, 그게 진짜 문제가 맞는지를 내부 데이터를 통해 확인했죠. 이번 단계부터는 시야를 '프로덕트를 이용하는 사용자'로 바꿉니다.

사용자가 우리 프로덕트를 사용하는 이유는 무엇일까요? 우리 회사를 위해서일까요? 아니면 시간이 남아 이런저런 프로덕트를 써 보는 걸까요? 물론, 그럴 리 없습니다. 그들은 자신의 목적을 이루기 위해 우리 프로덕트를 이용합니다. 좀 더 정확히 말하면 사용자가 목적을 달성하기 위해 선택한 여러 가지 가운데 우리도 프로덕트도 선택된 것입니다. 그래서 사용자의 목적이 무엇이고 그 목적을 이루기 위해 거치는 주요 단계를 먼저 알아야 합니다. 그 단계속에서 우리 프로덕트가 어느 구간에서 어떤 역할을 하는지 파악해야 합니다.

이때 중요한 건 우리 프로덕트 안에서만 생각하지 않는 것입니다. 사용자에게는 단계별로 수많은 선택지가 있다고 했습니다. 목적을 이루기 위해 우리 프로덕트를 포함한 여러 선택지를 넘나들며 검색도 하고, 비교도 하고, 다른 사람에게 묻기도 하고, 가끔 포기하기도 합니다. 그래서 이 단계에서는 철저하게 사용자 관점에서 바라봐야 합니다. 사용자가 자신의 목적지까지 가는 동안 어떤 구간을 밟는지를 파악해야 우리 서비스가 그 여정 중 어디에 개입할 수 있고, 어디서 놓치고 있는지 알 수 있습니다. 사용자가 이용하는 커뮤니티, 그들의 삶을 다루는 유튜브 영상, 각종 신문이나 뉴스 기사 등 사용자의 선택지를 웹에서 수집합니다.

'틀리면 안 된다'는 생각을 버리는 것이 필요합니다. 어차피 우리는 모든 사용자를 정확히 알 수 없습니다. 그저 고개를 들어 좀 더 시야를 멀리 두고 넓게 본다고 생각하고 편안한 마음으로 살펴보는 것이 중요합니다.

'아홉 님이 3단계에서는 그 전에 수집한 데이터에 집착하지 말고 이번 프로젝트의 목적과 목표 관점에서 보라고 했지. 사용자 행동을 보려 하지 말고 현황 파악을 위해 보라고.

그럼 목적이 '홈 화면의 노출 방식을 변경하여 사용자의 구매 욕구를 자극한다'이니까 현재 홈 화면이 사용자의 구매 욕구를 자극하고 있는지 아닌지를 알 수 있는 데이터를 봐야겠네.

뭐가 있을까? 아, 홈 화면 이탈률과 진입 후 상품 상세 페이지로 이어지는 사용자가 얼마나 있는지를 보면 되겠다. 홈 화면 이탈률은 전에 GA4에서 수집해뒀으니 그걸 쓰면 되고 홈 화면에 진입 후 상품 상세 페이지로 가는 사용자만 파악하면 되겠구나.

그리고 목표가 '지금보다 냥아치잡화점 상품 월 매출 상승'이니까 현재 월별 매출을 알아야 하는데… 그건 내가 알 수 있나? 태진 님이나 영업팀에 물어봐야 할 것 같아. 윽, 물어보기 좀 그런데…. 아! 관리자 어드민 페이지에서 볼 수 있겠구나!'

냥아치잡화점 데이터

- 홈 화면 이탈률: 51%
- 홈 화면 진입 후 상품 상세 페이지로 이동하는 사용자 수: 평균 20%
- 냥아치잡화점 월별 매출: 평균 2000만 원(중간에 프로모션 이벤트를 한 달에는 이보다 많았음)

'이렇게 보니 그동안 내가 관리자 어드민에서 수집한 데이터도, 민호 님에게 요청한 데이터도, GA4로 확인했던 데이터도 모두 전체를 관통하는 기준 없이 찾아 헤맸던 거구나. 그래서 뭘 봐야 할지 잘 모르는 느낌이었던 거야. 기분 탓이 아니라 기준이 없었으니 진짜 잘 모를 수밖에 없었지.'

초록은 뭔지 모를 짜릿한 전율을 느끼며 수월하게 다음 단계로 넘어갔습니다.

'4단계부터 만드는 사람 관점이 아닌 사용자 관점으로 바꾸라고 했지. 1단계부터 3단계까지는 만드는 사람 관점으로 상황을 정리한 거고.'

초록은 사용자에게 더 깊게 몰입할 마음의 준비를 마쳤습니다.

"우리 앱 사용자의 목적은 '고양이와 나의 일상을 방해하는 문제가 생겼을 때 해결하고 싶다'야. 그럼 집사가 이 목적을 이루기 위해 꼭 거쳐야 하는 주요 단계가 어떻게 되려나. 일단 내가 먼저 어느 정도 써보고 검색해서 보완해야겠다. 먼저 1단계는…."

초록은 혼자 중얼거리며 먼저 주요 단계를 써본 뒤 검색을 통해 보완해나갔습니다.

"아, 중간에 '나와 같은 상황 탐색'이 들어가야겠네. 보통 고양이에게 문제가 생긴 걸 알아차린 후 바로 상품을 사지 않을 테니까. 일단 나랑 같은 상황에 처한 사람의 후기 이런 걸 찾잖아. 그럼 중간에 이 단계를 추가해야겠구나."

초록은 처음에 자신의 추측과 웹 검색을 통해 총 7단계를 정의했습니다. 그리고 검토를 위해 챗GPT에 물어봤더니 마지막 '8단계: 장기적 활용 또는 루틴화 시도'를 제안받았고 이를 반영하여 총 8단계로 정의를 마쳤습니다.

[냥아치잡화점의 사용자 목적과 그 목적을 이루기까지 거쳐야 하는 단계 정의]

- 사용자의 목적: 고양이와 나의 일상을 방해하는 문제가 생겼을 때 해결하고 싶다.
- 1단계: 문제 발생
- 2단계: 나와 같은 상황 탐색
- 3단계: 정보와 해결책 탐색
- 4단계: 조건에 맞는 해결책 선별
- 5단계: 판단
- 6단계: 행동(구매/시도)
- 7단계: 실패/일부만족/만족
- 8단계: 장기적 활용 또는 루틴화 시도

5단계: 사용자의 의사결정 데이터 수집하기
(내부 데이터 + 시장 데이터)

1단계~3단계를 통해 '만드는 사람 관점'으로 프로덕트에 어떤 문제가 있는지 확인했고 4단계부터는 '사용자 관점'으로 상황을 확인하기 시작했습니다. 지금부터는 더 적극적으로 사용자에게 몰입하여 그들을 이해하고자 합니다. 이를 위해서는 내부 데이터와 외부의 시장 데이터를 넘나들며 데이터를 수집해야 합니다. 그런데 여기서 멈칫하게 될 것입니다. '사용자에게 몰입할 수 있는 데이터? 내부 데이터와 외부 시장 데이터를 넘나들면서? 어떤 데이터를 수집해야 하지?'

바로 사용자가 왜 이 결정을 내렸는지 알 수 있는 데이터, 바로 '의사결정 기준 데이터'를 수집해야 합니다. 우리가 디자인하는 거의 모든 흐름과 화면에는 사용자가 결정을 내려야 하는 순간이 숨어 있습니다. 이 앱을 설치할지 말지, 이 웹에 접속할지 말지, 이 콘텐츠를 볼지 말지, 이 상품 상세 페이지를 끝까지 읽을지 말지, 장바구니에 넣을지 말지, 결제를 할지 말지, 리뷰를 쓸지 말지, 다음에 또 올지 말지….

사용자는 계속해서 '이 선택이 지금 나에게 좋은 선택인지 아닌지'를 스스로 판단하면서 우리 프로덕트를 사용하고 있습니다. 이 의사결정 기준을 이해하면 사용자가 내부에 남긴 데이터를 비교적 정확하게 해석할 수 있습니다. 예를 들어 어떤 사용자가 딸기를 소개하는 상품 상세 페이지까지는 들어갔지만 구매하지 않고 그대로 이탈했다면 이는 '구매하지 않기로 결정함'이라는 의사결정 내린 것입니다. 만약 이 사용자가 딸기를 구매할 때 의사결정 기준이 '딸기가 내일 아침까지 와야 한다'는 점이었다면 사용자가 남긴 이탈 데이터를 보고 '여기서 이탈한 이유는 배송 정보가 적혀 있지 않아서일 수 있다'라고 추론해볼 수 있습니다.

그럼 이 '의사결정 기준 데이터'라는 것은 어딘가에 하나의 결괏값으로 존재할까요? 아닙니다. 이는 하나의 데이터로 알 수 없습니다. 여러 조각을 모아서 조합하고 비교해봐야 알 수 있는데 이 여러 조각이 모여 있는 데이터가 바로 '인구통계학적 데이터'입니다.

다시 말해 인구통계학적 데이터에는 사용자를 이해할 수 있는 다양한 데이터 조각들이 숨어 있습니다. 그 조각을 조합하고 비교하면 최종적으로 사용자가 왜 이 결정을 내렸는지 알 수 있는 기준, 즉 '의사결정 기준'을 알 수 있습니다.

인구통계학적 데이터는 사용자의 나이, 성별, 직업, 지역, 소득 수준, 결혼 여부, 자녀 유무와 같이 사회적인 정체성을 나타내는 정보입니다. 이 정보는 사용자의 생활 패턴, 선호도, 행동 습관 등을 유추하게 해줍니다. 이 안에는 그 사람이 어떤 기준으로 선택할 가능성이 높은지를 보여주는 행동 패턴의 힌트가 숨어 있습니다.

사람은 판단할 때 되도록이면 새로운 기준을 세우지 않으려 합니다. 자신이 자라온 환경, 경험, 사회적 기대, 익숙한 선택 방식에 따라 어떤 것을 더 중요하게 여기고 불편하게 느낄지를 무의식적으로 반복하며 판단합니다. 그리고 이 판단 기준은 인구통계학적 특성과 꽤 강하게 연결되어 있습니다.

예를 들어 1인 가구에 사는 20대 직장 여성이라면 '딸기의 양이 얼마나 되느냐'를 중요하게 생각할 수 있습니다. 딸기는 과일 특성상 금방 무르고 곰팡이가 피기에 냉장고에 둔다 해도 오래 보관할 수 없습니다. 혼자 먹기 때문에 한 번에 많은 양보다는 자주 조금씩 사서 먹는 것을 선호할 것입니다. 그렇다면 딸기를 구매할 때 '적은 양을 저렴하게 구매할 수 있는가?'가 구매 시 의사결정의 핵심이 됩니다. 반면 아이를 키우는 40대 중반의 전업주부라면 '딸기가 안전하게 재배되었는가' 즉 유기농 여부, 생산지, 농가 정보가 더 중요한 판단 기준이 될 수 있습니다. 가족이 함께 먹는 것이기 때문에 신뢰와 안정성을 더 우선시하는 것이죠. 그렇다면 '이 식품은 건강에 무해한가?'가 의사결정의 기준이 됩니다.

이처럼 두 사용자 모두 똑같이 딸기를 구매하려 하지만 '무엇을 기준으로 결정하는가'는 전혀 다릅니다. 그리고 그 기준은 나이, 가족 구성, 직업과 같은 인구통계학적 정보 속에 이미 들어 있습니다. 이 데이터는 '우리 프로덕트 사용자가 어떤 상황에서, 어떤 판단 기준으로 움직이는가'를 유추하게 해주는 중요한 실마리입니다. UX를 설계하고 UI를 디자인할 때 기능 종류, 정보를 제공하는 방식, 그들의 행동을 유도하는 흐름, UI나 인터랙션 등을 결정할 때 기준이 됩니다.

여기에 두 가지 좋은 소식이 있습니다. 하나는 인구통계학적 데이터의 일부는 디자이너 혼자서도 수집할 수 있다는 점입니다. 주로 정량 데이터이며 크게 두 가지 방식으로 가능합니다.

첫 번째 방법은 회원가입 과정에서 사용자가 직접 입력한 정보로 수집하는 것입니다. 이 정보는 내부 DB에 쌓이기 때문에 백엔드 개발자의 도움을 받으면 개인 정보 식별이 불가능한 상태의 사용자 데이터 형태로 받아볼 수 있습니다(7장 참고). 만약 회사에 관리자 어드민 페이지가 있다면 직접 권한을 받아 접속하여 확인할 수도 있습니다.

두 번째 방법은 구글 애널리틱스나 앰플리튜드와 같은 사용자 행동 추적 도구를 통해 추정된 데이터로 수집하는 것입니다. 이때 주의할 것은 첫 번째 방법보다 정확도가 떨어진다는 점과 현재 프로덕트에 해당 도구가 설치되어 있어야 수집이 가능하다는 점입니다. 이는 프런트엔드 개발자에게 물어보면 확인 가능합니다(7장 참고).

또 하나의 좋은 소식은, 이 인구통계학적 데이터 안에 숨어 있는 사용자의 의사결정에 영향을 미치는 각종 요소들은 웹 서칭으로 쉽게 구할 수 있다는 점입니다. 내부 데이터를 통해 '우리 프로덕트를 이용 중인 사용자의 인구통계학적 정보'를 정의했다면 그걸 기반으로 검색, 커뮤니티, 뉴스, 리서치 보고서, 논문, 책을 통해 해당 사용자층이 어떤 기준으로 선택하고 어떤 요소에 민감하게 반응하는지에 대한 정보를 얻을 수 있습니다.

"자, 그럼 이제 5단계, 사용자와 하나될 준비를 해볼까? 먼저 우리 냥아치잡화점 앱을 이용하는 사용자의 인구통계학적 데이터를 수집하자. 관리자 어드민에서 보면 알 수 있어. 이제 이 정도는 쉽군. 그다음 웹 서칭을 통해서 해당 연령대에 대한 다양한 정보를 수집해야 해."

[냥아치잡화점 앱 사용자의 의사결정 데이터 수집]

- 냥아치잡화점 사용자의 인구통계학적 데이터 (관리자 어드민에서 수집)
  - 구매자 연령 분포: 30대가 80%
  - 구매자 성비: 여성이 90%
- 사용자가 '고양이와의 일상에서 생기는 여러 가지 작은 문제들을 해결할 때'의 의사결정 기준
  - 30대 그리고 여성은 대부분 고양이와의 문제 해결 시 '이 선택이 우리 집 고양이에게 맞을지, 반품이나 실패가 감당 가능한지, 신뢰할 수 있는 리뷰인지'를 기준으로 판단한다. 또한 가성비와 내구도를 따지고 내 생활 환경에 어울리는지도 함께 고려한다.
  (웹 서칭을 통해 여러 기관에서 정리해둔 리포트, 논문을 찾아보고 다각도로 검색했으며 퍼플렉시티, 챗GPT와 같은 AI도 활용)

6단계: 사용자의 단계별 행동과 그 행동을 방해하는 문제 유추하기(내부 데이터 + 시장 데이터)

이쯤 되면 사용자의 의사결정 데이터를 확보하는 과정에서 사용자의 삶에 꽤나 몰입한 상태일 것입니다. 이제 그 몰입감을 기반으로 사용자의 행동과 문제를 구조화합니다.

아까 4단계에서 정의한 '사용자가 목적을 이루기까지 거치는 단계'를 다시 살펴봅니다. 그리고 각 단계별로 사용자의 행동을 적어봅니다. 행동은 한 가지일 수 있고 여러 가지일 수도 있습니다. 이 행동들은 모두 '사용자의 단계별 선택지'가 됩니다. 1단계에서 세 가지 행동이 이루어진다면 사용자에게도 세 가지의 선택지가 있는 것입니다. 그 선택지에는 우리 프로덕트가 있을 수도 있고 없을 수도 있습니다.

각 단계별 행동을 작성했으면 이제 그 행동을 방해하는 문제도 매칭하여 작성해봅니다. 사용자가 볼 것 같은 책, 사용자가 갈 것 같은 커뮤니티, 사용자가 좋아할 것 같은 정보, 사용자 이야기를 다루는 뉴스 기사나 다큐멘터리, 사용자가 직접 목소리를 내는 각종 리뷰, 내부의 사용자 로그 데이터 등을 통해 유추하고 쓰면 됩니다.

행동 하나당 문제는 한 개일 수 있고 여러 개일 수 있습니다. 또한 행동은 있는데 그 행동을 방해하는 문제가 없을 수도 있습니다. 이럴 땐 행동만 작성하고 문제는 작성하지 않으면 됩니다. 틀릴까 봐 걱정할 필요는 없습니다. 어차피 우리는 사용자로 다시 태어나지 않는 이상 그들을 완벽하게 이해할 수 없기 때문입니다. 그렇기에 유추를 해보는 것이고 유추의 정확도를 높이기 위해 내부 데이터와 시장 데이터를 넘나들면서 근거를 만든 것입니다. 그러니 지금까지 리서치한 과정을 믿고 작성하면 됩니다. 설사 틀린다 하더라도 아무것도 모르고 감으로 하는 것보다는 정확도가 높습니다. 같은 행동도 사용자에 따라 이유와 문제는 다릅니다. 이를 알지 못하면 사용자 행동을 오해하거나 기대를 충족하지 못하는 UX를 설계할 수 있습니다.

그런 다음 모든 단계 가운데 우리 프로덕트가 어느 구간을 차지하고 있는지 확인합니다. 즉, 우리 프로덕트가 사용자의 여러 선택지 중 어디에 해당하는지, 제 역할은 하고 있는지를 확인하는 겁니다.

"와, 벌써 5단계까지 왔어. 생각보다 금방이네. 단계가 많아서 겁먹었는데 완료 지점을 상세하게 쪼개놔서 많아진 거구나. 이러니까 오히려 조사하기 편한 것 같아. 좋아, 이제 6단계를 해보자!'

초록은 이미 시간이 지난 탓에 얼음이 녹아 미지근해진 아이스 라떼를 벌컥벌컥 마시며 격하게 키보드를 두드렸습니다.

1단계: 문제 발생

- 행동 1: 고양이가 이상 행동을 함
- 행동을 방해하는 문제
  - 처음 겪는 상황이라 그게 문제인줄 몰라 방치함
  - 집사가 없을 때 이상 행동을 해서 문제를 알아차리지 못함
- 행동 2: 고양이로 인해 자신에게 불편함이 생김
- 행동을 방해하는 문제
  - 없음

2단계: 나와 같은 상황 탐색

- 행동: 비슷한 경험을 가진 사람들의 글, 영상, 댓글을 찾음
- 행동을 방해하는 문제
  - 검색 키워드를 어떻게 써야 할지 모른 채로 다양하게 검색 하다 보니 원하는 정보를 한 번에 못 찾음
  - 자기 상황과 다른 사례가 많아 공감이 안 됨
  - 정보 출처가 믿을 만한지 판단하느라 피로감을 느낌

3단계: 정보와 해결책 탐색

- 행동: 문제 해결 방법, 제품, 루틴 등 실질적인 해결책을 찾아 헤맴
- 행동을 방해하는 문제
  - 광고성 콘텐츠가 많아 신뢰하기 어려움
  - 정보의 양이 많지만 정리가 안 되어 있어 복잡함
  - 믿을 수 있는 전문가의 정보가 부족함

4단계: 조건에 맞는 해결책 선별

- 행동: 우리 집 상황과 고양이 성향에 맞는 해결책을 골라냄
- 행동을 방해하는 문제
  - 정보가 너무 일반적이어서 내 상황에 적용 가능한지 판단하기 어려움

5단계: 판단

- 행동: 후기, 비교, 커뮤니티를 반응을 통해 효과를 검증함
- 행동을 방해하는 문제
  - 후기가 극단적이거나 감정적이라 객관성이 낮음
  - 우리 고양이에게도 효과가 있을지 불확실함

6단계: 행동(구매/시도)

- 행동: 상품을 구매하거나 루틴, 공간 구조를 바꾸는 행동을 함
- 행동을 방해하는 문제
  - 구매 효과를 장담할 수 없는 상태에서 내는 비용이 부담됨
  - 루틴이나 공간을 바꿔야 할 때 집사의 라이프 스타일이 다르면 부담됨

7단계: 실패/일부만족/만족

- 행동: 구매 또는 행동의 결과를 관찰하고 반응을 확인함
- 행동을 방해하는 문제
  - 반응이 애매할 경우 판단이 어려움
  - 해당 문제는 해결했지만 그에 따른 다른 문제가 생김

8단계: 장기적 활용 또는 루틴화 시도

- 행동: 성공한 루틴을 반복하여 일상에 무탈함을 반영함
- 행동을 방해하는 문제
  - 루틴 유지가 어려움 (나의 일정, 고양이 컨디션, 집안 환경 등 변수 많음)
  - 고양이 반응이 일정하지 않아 불안정함
  - 장기적으로 어떤 선택이 좋은지에 대한 정보 부족함

"이렇게 한 다음, 이 많은 단계 중 우리 앱이 어느 구간을 관여하는지 확인하라고 했어. 음, 우리 프로덕트는 여기서 6단계와 관련이 있겠구나. 만약 마케팅팀이라면 2단계부터 관여하겠네. 사용자의 흐름은 이어지는데 팀마다 사용자의 선택지에서 담당하는 영역이 다르겠구나. 사용자 여정은 팀을 구분하지 않고 이어져 있는 거였어."

초록은 뭔가를 깨달은 것 같아 눈이 커졌습니다.

"우리 앱이 사용자에게 실제로 관여하는 단계는 6단계지만 2단계부터 5단계까지의 사용자 여정을 내가 알고 있어야 사용자의 기대를 6단계에서 끊지 않고 최종 단계까지 이어가게 만들 수 있겠구나. 이렇게 보니까 보인다…!"

7단계: 지금까지의 데이터로 인사이트 도출하기

지금까지 정말 열심히 데이터를 모으고 정리해왔습니다. 이제 그 데이터로 할 일이 있습니다. 어쩌면 이 순간을 위해서 달려왔다고 해도 과언이 아닐 정도로 중요한 일입니다. 바로 이렇게 모은 데이터로 인사이트를 도출하는 것입니다. 이 과정을 거치지 않으면 실컷 모으고 정리한 것들이 '그렇구나. 그래서?'로 끝나버립니다. 데이터를 제대로 쓰려면 반드시 인사이트를 도출하는 과정을 거쳐야 합니다.

여기서 주의할 점이 있습니다. 종종 작성자 의견, 요약, 인사이트를 혼동하는데 이 셋은 차이가 있습니다. 작성자 의견에는 사용자의 목소리가 없고, 요약은 사용자가 했던 말을 정리만 해놓은 것에 불과합니다. 인사이트는 '그래서 이 사람이 진짜 원하는 게 뭘까?'를 추론한 결과입니다. 사용자의 다양한 행동이나 말 뒤에 숨어 있는 '본심'을 대신 써주는 문장이죠. 그 문장은 누가 봐도 다르게 해석 되지 않아야 하고 지금 당장 우리가 무엇을 제공하면 좋을지를 알 수 있게 해줘야 합니다. 따라서 인사이트의 특징은 다음과 같습니다.

- 사용자 행동의 해석 포함
- '사용자가 왜 그런 행동을 했는지'에 대한 이유 내포
- 10명이 읽으면 10명 모두 동일하게 이해할 수 있는 명확한 문장
- 사용자의 행동을 변화시키는 솔루션을 바로 도출할 수 있음

작성자 생각, 요약, 인사이트의 차이

구분	작성자 생각	요약	인사이트
정의	데이터 없이 자기 의견 위주로 해석한 것	수집한 데이터를 있는 그대로 정리한 것	사용자의 행동이나 말 뒤에 있는 행동 이유를 해석한 것
목적	개인 의견 피력	정보 공유	사용자 행동을 바꾸는 설계 방향 찾기
예시	"요즘은 다들 감성적인 리뷰를 좋아하잖아요. 그런 게 더 먹힐 것 같아요." → 사용자의 말에서 벗어나 작성자의 추측과 감정이 섞임	"사용자는 리뷰 수가 적어도 별점이 높으면 신뢰할 수 있다고 느꼈다. 리뷰 수 자체를 중요하게 여기지 않는다는 의견도 있었다." → 데이터 내용 정리. 행동의 이유나 해석 없음	"사용자는 많은 리뷰보다 '나와 같은 사람'이 쓴 솔직한 리뷰에서 선택의 확신을 얻는다." → '그래서 이 사람이 진짜 원하는 게 뭘까?'를 추론한 결과

이제 작성자 생각, 단순 요약, 인사이트의 차이는 확실히 알았습니다. 그런데 작은 문제가 하나 있습니다. 바로 인사이트를 도출하는 것이 꽤 어려운 일이라는 점입니다. 이는 사용자의 행동 뒤에 있는 진짜 이유를 해석해서 정제한 뒤 정확한 문장으로 표현해야 해서 그렇습니다. 이 책에서는 인사이트를 도출하기 전 선행 작업을 통해 어려움을 낮춰보고자 합니다.

바로 앞서 각 단계별 행동을 방해하는 문제를 만족 요소로 반전시켜보는 것입니다. 전 여기에 '문제 반전법'이라는 이름을 붙였습니다. 이를 먼저 수행하면 인사이트를 도출하기가 수월해집니다. 앞서 '우리 프로덕트가 관여하는 구간'을 선정했고 그 구간에 속하는 단계별 사용자의 행동과 문제를 파악했습니다. 여기서 '문제'를

'만족 요소'로 반전시키는 것입니다. 말 그대로 '문제를 반전하는 것'입니다. 그리고 만족 요소로 쓰인 내용을 종합해 각 단계별로 인사이트를 내면 됩니다. 인사이트는 단계별로 꼭 한 개일 필요는 없고 여러 개여도 됩니다.

"드디어 인사이트를 내는 단계다! 인사이트를 내는 건 너무 어려워. 아홉 님도 어렵다고, 그래서 쉽게 하는 방법을 알려주셨는데, 어디다 적어뒀더라…."

초록은 아홉이 회의실에서 설명해줄 때 꼼꼼하게 적어둔 노트를 뒤적였습니다.

"아하, 각 단계별로 행동과 문제를 뽑았으면 여기서 나온 문제를 '문제 반전법'을 이용해서 만족 요소로 바꾸라고 했다. 어디 바꿔볼까?"

[냥아치잡화점 문제 반전법 적용]

6단계: 행동(구매/시도)

- 행동: 상품을 구매하거나 루틴, 공간 구조를 바꾸는 행동을 함
- 문제를 만족 요소로 반전시키기
  - 구매 효과를 장담할 수 없는 상태에서 내는 비용이 부담됨 → 구매 효과를 장담할 수 있다면 비용이 부담스럽지 않아 만족함
  - 루틴이나 공간을 바꿔야 할 때 집사의 라이프 스타일이 다르면 부담됨 → 루틴이나 공간을 바꾸는 게 집사의 라이프 스타일에 영향을 받지 않으면 부담이 없어서 만족함

"됐다. 오, 문제를 반전시켜서 만족 요소로 바꾸는 건 쉬워! 이렇게 보니 뭔가 인사이트도 쓸 수 있을 것 같은데…. 아 참, 아홉 님이 인사이트 쓸 때 조심하라고 했지. 작성자 의견이나 요약으로 흘러갈 수 있다고. 인사이트의 특징도 말씀해주셨는데. 어디다 적어뒀더라…."

초록은 다시 노트를 뒤적이며 필기한 내용을 찾았습니다.

"여기 있다! 이걸 잘 대입하면서 6단계 구간의 문제 반전법 결과를 이용해 인사이트를 뽑아보자! 하나씩 볼까?"

'구매 효과를 장담할 수 있다면 비용이 부담스럽지 않아 만족함' 그렇지. 효과를 장담할 수 없는데 돈 내라 그러면 망설여지지. 고양이한테 좋다는 영양제를 사고 싶어도 그게 진짜 효과가 있는지 애매하면 나 같아도 안 사. 그러니 이게 해결되면 만족하는 거야.

그다음, '루틴이나 공간을 바꾸는게 집사의 라이프 스타일에 영향을 받지 않으면 부담이 없어서 만족함' 맞네. 루틴이나 공간을 바꿔야 하면 내 라이프 스타일이랑 맞는지 한번 생각해보게 되지. 그리고 그게 안 맞으면 이게 최선일까 싶은 생각이 들어. 예를 들어 고양이가 새벽에 우다다하는 거 검색하면 에너지가 넘쳐서 그런 뜻이니 하루 중 자주 사냥 놀이를 해주라고 하던데 그걸 회사 다니는 사람이 어떻게 해…. 그럴 땐 다른 방법이 없나 하고 찾게 되지.

또 장기적으로도 어떤 선택이 가장 좋은지 몰라서 이걸 사야 하나 저걸 사야 하나 고민되는 것도 맞아. 특히 사료 같은 거 살 때 그럴 것 같은데. 이 문제가 해결되면 만족할 수밖에 없겠다. 어머, 근데 뭐야? 나 지금 완전 고양이 집사 같지 않았나? 어머, 진짜 여기까지 오니까 아홉 님 말처럼 사용자랑 한 몸이 된 것 같아!"

초록은 혼자서 킬킬거리다가 다시 진지하게 모니터를 바라봤습니다.

"까먹을라, 얼른 적자. 그래서 이걸 모아서 보면… 그래서 사용자가 진짜로 원하는 건 뭘까? 그래, 사용자는 선택을 망설이고 있어. 선택이 실패하지 않길 바라는 거야. 그래, 이걸 정리하면!"

[인사이트 도출]

인사이트

- 사용자는 확신이 생기지 않으면 시도조차 하지 않는다. 사용자에게 필요한 건 정보보다 먼저 '이건 괜찮을 것 같다'는 감정적 확신이다. 이 확신이 생겨야 구매나 시도를 부담 없이 받아들인다.
- 집사는 고양이도 소중하지만 고양이와 함께 사는 공간 안에 있는 자신의 라이프 스타일도 소중하다. 공존 가능한 방법을 먼저 선택한다.

"음, 이렇게 쓰면 되나? 이게 맞나? 아홉 님이 어차피 데이터 수집 단계에서부터 누가 하느냐에 따라 결과는 달라진다고 했어. 그러니 인사이트 도출 때도 부담 없이 하라고 했는데, 그 말을 안 들었으면 진짜 부담돼서 한 글자도 못 쓸 뻔했다. 휴!"

8단계: 내부 사용자 데이터 추가 수집하고 해석하기
(내부 데이터)

프로젝트의 목적과 목표를 달성하기 위해 여기까지 왔습니다. 만약 신규 프로덕트 또는 기능을 만드는 상황이거나 내부 사용자 데이터를 수집할 수 없는 상황이라면 8단계는 건너뛰고 바로 9단계로 넘어가면 됩니다.

운영 중인 프로덕트의 어떤 문제를 해결하기 위해 사용자가 남긴 내부 데이터를 봤고 그 의미를 해석해야 하는 상황이면 이 단계가 빛을 발할 것입니다. 먼저 3단계에서 현황 파악을 위해 확인했던 내부 데이터에 7단계에서 도출한 인사이트를 대입해봅니다. 그러면 가설을 세워볼 수 있는 것이 있고 여전히 알쏭달쏭한 것도 있을 것입니다. 필요한 내부 데이터를 추가로 수집하고 대입하면서 해석하고 가설을 세워봅니다.

9단계: 사용자의 다른 선택지(경쟁사) 확인 및
비교(내부 데이터 + 시장 데이터)

앞서 봤듯이 사용자는 목적을 달성하기 위한 선택지가 무수히 많습니다. 각 단계별로 '행동'이 곧 선택지니까요.

우리 프로덕트는 사용자의 선택지 중 하나일 뿐입니다. 그렇다면 사용자는 우리 프로덕트를 사용하는 이유가 있을 것이고 반대로 사용하지 않는 이유가 있을 것입니다. 우리가 그들의 무엇을 충족시켜 주고 있는지 또는 무엇을 충족시켜주지 못하고 있는지, 다른 곳은 어떻게 충족시켜 주고 있는지, 아무도 충족시켜주지 못하고 있는 것은 무엇인지 이런 것들을 살펴봅시다. 7단계에서 도출한 인사이트를 다른 경쟁사에는 어떻게 적용되고 있는지도 봅니다. 상황에 따라 모든 인사이트를 봐도 되고(리뉴얼처럼 전체를 봐야 할 때) 지금 해결하려는 구간의 인사이트만 봐도 됩니다.

10단계: UX 솔루션 도출하기

지금까지 확인한 것을 종합하여 UX 솔루션을 도출해봅니다. 사실 여기까지 오는 동안 이미 무수히 많은 아이디어가 머릿속을 지나갔을 것입니다. 그중 '데이터 확인 결과 이 방법이 가장 목표 달성 성공 확률이 높다'라고 생각되는 것을 선택하면 됩니다.

여기까지 오는 동안 눈치챈 분도 있을 겁니다. 모든 단계를 거칠 때마다 가능성은 무한하기에 '누가 작성하느냐'에 따라 답이 달라진다는 사실을요. 그렇기에 인사이트도, 보려는 데이터도, 솔루션도 각각 다릅니다. 그러니 정답을 찾으려 하지 말고 '내가 집중하고자 하는 답'을 따라가면 됩니다. 데이터는 질문을 품고 있습니다. 데이터에 많이 물어보고 그 안에서 가장 목표 달성에 적합한 답을 자신 있게 내놓으면 '데이터 기반의 디자인 의사결정'을 하는 것입니다.

"자, 이제 현황 파악용 데이터부터 다시 갖다 놓고 인사이트 뽑은 거랑 비교해 볼까?"

냥아치잡화점 데이터

- 홈 화면 이탈률: 51%
- 홈 화면 진입 후 상품 상세 페이지로 가는 사용자 수: 평균 20%
- 냥아치잡화점 월별 매출: 평균 2000만 원(중간에 프로모션 이벤트를 한 달에는 이보다 많았음)

인사이트

- 사용자는 확신이 생기지 않으면 시도조차 하지 않는다. 사용자에게 필요한 건 정보보다 먼저 '이건 괜찮을 것 같다'는 감정적 확신이다. 이 확신이 생겨야 구매나 시도를 부담 없이 받아들인다.
- 집사는 고양이도 소중하지만 고양이와 함께 사는 공간 안에 있는 자신의 라이프 스타일도 소중하다. 공존 가능한 방법을 먼저 선택한다.

"인사이트를 도출하고 이걸 보니 홈 화면 이탈률이 왜 바로 수긍이 가지? 지금 홈 화면에 들어온 사용자의 51%는 확신이 안 생겨서 나가는 거고 나머지 49%는 '이건 괜찮을 것 같다'는 감정적 확신이 조금이라도 들었다는 말이겠지? 나머지 49%의 20%가 상세 페이지로 이동한 거 보니까. 아까 GA4에서 직접 확인했을 때 상세 페이지 비율이 가장 높았으니까 나머지 80%가 이동하는 페이지가 흩어졌다는 말인데…. 그 다음에 많이 간 곳이 어디지? 아, 그리고 상세 페이지로 바로 안 가더라도 마이 페이지나 이벤트 같은 데 들렀다가 상세 페이지로 갔을 수도 있잖아. 그런 것까지 고려해서 다시 봐야겠다."

초록은 다시 GA4에 접속해 홈 화면에서 이탈하지 않고 다음으로 이동한 사용자들이 상세 페이지 말고 어디로 갔는지, 다른 데를 갔다가 상세 페이지로 돌아가는지 다시 확인했습니다.

추가로 확인한 데이터

- 홈 화면 → 상품 상세 페이지: 20%(아까 확인한 대로)
- 홈 화면 → 이벤트 페이지: 15%
- 홈 화면 → 찜하기: 7%
- 홈 화면 → 후기 게시판, 고객 센터, 마이 페이지, 앱 설정 등으로 분산

초록은 홈 화면에서 상세 페이지로 직행하지 않은 사용자들의 이동 흐름도 추적했습니다. 애초에 사용자 행동 흐름을 쫓아가기 편한 상태로 화면명을 명확하게 설정해둔 게 아니라 추적이 쉽진 않았습니다. 그래도 할 수 있는 선에서 따라가 보니 얼추 패턴이 보이는 것 같았습니다.

"이걸 보니 그냥 바로 상세 페이지로 안 가도 찜 목록이나 이벤트 페이지를 거쳤다가 결국 상세 페이지로 가네. 특히 '찜하기'로 갔다가 상세 페이지에 간 분들은 재방문이겠구나. 확신이 반만 들은 거지. 이벤트 페이지는 상품 모음이니까 이 역시 상세 페이지로 간 사용자와 동일하게 봐도 돼. 오히려 이 페이지는 콘셉트에 맞춘 상품이 모여 있는 곳이니까 그 콘셉트를 찾던 사용자들이 확신을 가지기 좋아. 아! 그렇다면 결국 이 '콘셉트'가 '사용자에게 확신'을 주는 주제면 되겠구나."

초록은 어느새 퇴근 시간이 지났는데도 자리를 떠나지 않고 있었습니다. 사실

아홉은 퇴근할 때 초록에게 인사를 하려 했지만 초록이 오만상을 쓰고 모니터를 뚫을 것처럼 집중하고 있었기에 인사를 포기하고 그냥 퇴근한 상태였습니다.

"사용자에게 확신을 주는 주제가 일괄로 정해져 있진 않을 거야. 사람마다 고양이로 인한 문제는 다르니까. 중요한 건 '당신의 문제가 뭔진 몰라도 그 문제는 이걸로 해결할 수 있을 거예요'라는 확신을 상품마다 줘야 한다는 거야. 그럼 실제로 구매율이 높은 상품은 사용자의 그런 확신을 얻은 게 아닐까? 구매율이 높은 상품을 찾아봐야겠다."

초록은 급하게 마우스를 클릭하며 관리자 어드민 페이지에 접속하여 상품 리스트를 찾아봤습니다. 엊그제까지만 해도 관리자 어드민 페이지를 어색해하던 초록이었지만 지금은 놀이터를 누비는 것 같았습니다.

"아, 그리고 사용자의 목적 이루기 위한 단계 중 7단계, 8단계를 보면 성공해야 장기적 활용 또는 루틴화까지 간다고 했어. 그렇다면 재구매가 많은 상품은 8단계까지 갔다는 말이네? 이걸 첫 구매자들이 알면 처음 구매할 때 덜 망설이게 될 거야."

생각이 여기까지 미친 초록은 관리자 페이지에서 첫 구매가 높은 상품과 재구매가 높은 상품을 확인했고 어떤 패턴이 있는지 비교해봤습니다.

초록은 이 상품들의 제목은 무엇으로 되어 있는지, 상품 상세 페이지에는 어떻게 소개되고 있는지, 리뷰는 얼마나 있는지 등 특징을 면밀히 분석하여 사용자가 어떻게 확신을 얻고 그 확신을 이어 갔을지를 유추해봤습니다. 그랬더니 초록은 확실히 공통된 흐름을 발견할 수 있었습니다.

먼저 타이틀부터 달랐습니다. 재구매율이 높은 상품들은 단순히 상품명이 아니라 '고양이가 혼자 잘 노는 자동 장난감' '혼자 있어도 심심하지 않게 해주는 스마트 장난감'처럼 사용자의 문제 상황에 딱 맞는 문장이 타이틀에 들어가 있었습니다.

상품 상세 페이지도 달랐습니다. 첫 문장부터 '이 장난감은 외출이 잦은 집사님들께 특히 추천드려요' '하루 두 번 자동으로 움직이기 때문에 혼자 있는 고양이도 지루해하지 않아요'와 같이 사용자의 일상 상황을 구체적으로 상상하게 만드는 설명이 있었습니다.

초록은 콘텐츠를 디자인할 때 마케팅팀이 써주던 카피를 떠올렸습니다. 그리고 '이 메인 카피는 화면을 들어오자마자 고객이 볼 수 있도록, 스크롤이 넘어가지 않도록 위치시켜주세요'라던 요청도 납득이 되었습니다.

후기도 인상적이었습니다. 꽤 상위권에 있는 특정 상품들은 다른 상품에 비해 리뷰 수가 많지 않았는데 후기의 밀도가 달랐습니다. 후기에 '퇴근하고 왔더니 하루 종일 가지고 놀았는지 그대로 지쳐 자고 있더라고요. 정말 마음이 놓였어요' '사료 유목민이었는데 진짜 종결함. 하… 진짜 내가 그동안 쓴 돈이 얼마인지 모르겠는데 드디어 정착해서 저 사료 만든 사람한테 상 주고 싶음 ㅠㅠ' 이런 감정 기반의 리뷰가 유독 많았고 그 내용 자체가 확신을 만들어주는 구조였습니다.

"다른 데는 어떻게 되어 있지?"

여기까지 확인한 초록은 인사이트 내용을 모니터 한 쪽에 띄워두고 다른 앱을 살펴보기 위해 스마트폰을 열었습니다.

사용자의 다른 선택지(경쟁사) 확인 및 비교

- **경쟁사 A**: 상품 상세 페이지에 '우리 집 고양이도 좋아해요' 같은 반응 기반 후기와 유형별 추천(예: 활동적인 고양이용 / 예민한 고양이용)을 구조적으로 배치하여 '이건 우리 상황에도 맞을 거야'라는 확신을 빠르게 준다.
- **경쟁사 B**: 홈 화면 자체가 '상황별 문제 해결' 중심으로 구성(예: 혼자 두기 좋은 장난감 / 예민한 아이를 위한 공간템 / 밤에 뛰는 아이를 위함 조치템). 그래서 사용자가 '내 상황에 맞는 걸 찾았다'는 확신을 갖기 쉽다.
- **지금 우리 앱**: 기능 중심으로 상품이 진열되어 있으며 사용자가 '이게 우리 집 고양이한테도 맞을까?'라는 질문에 답을 얻을 수 있는 정보 구조가 부족하다. 감정적 확신을 만들어줄 리뷰, 유형별 제안, 생활 맥락에 맞춘 큐레이션이 약하다.
- **태진 님의 새로운 화면 기획**: '인기상품' 위주로 배치하여 기존과 별반 다르지 않다.
- **나의 두 번째 화면 기획**: '혼자서도 잘 노는 고양이템'은 괜찮으나 '집사님들이 제일 자주 찾은 상품이에요'와 '오늘도 고양이와 당신의 하루가 부드럽게 이어지길'은 사용자에게 닥친 문제 해결과 직접적으로 연관이 없다. 물론 모든 집사가 '문제 해결'을 위해 들어오는 게 아니고 정기적으로 사야 하는 물품을 사거나 단순 쇼핑을 위해 들어오는 경우도 있겠지만 그건 이미 첫 구매 후 만족했을 때의 이야기다.

초록은 현재 내부의 다양한 상황을 고려하여 지금 기준 최선의 솔루션을 도출했습니다.

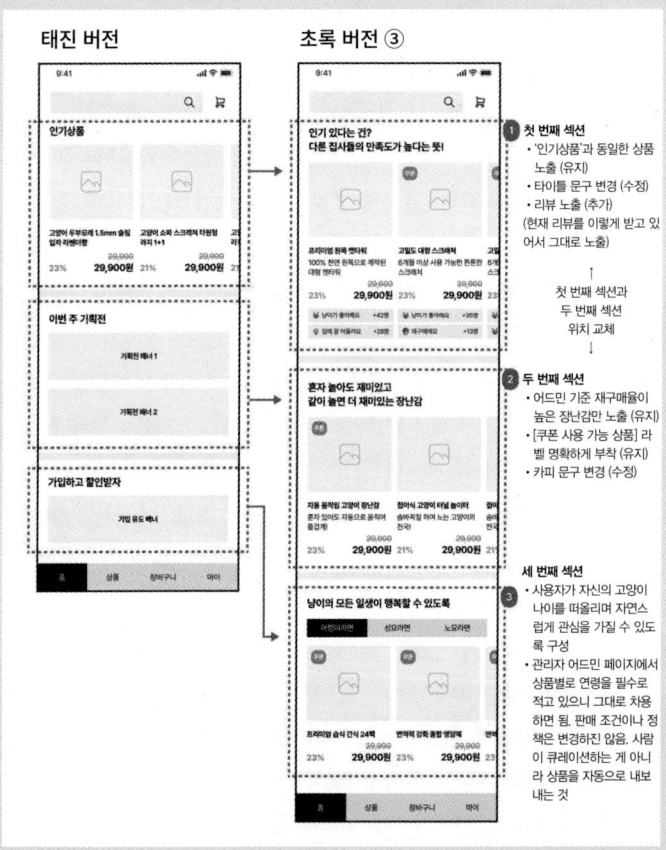

태진과 초록의 홈 화면 UX/UI 구성 차이 ③

▼ 초록이 설계한 홈 화면 변경사항(태진 버전과 초록 버전 비교) ③

첫 번째 섹션

- 태진 버전: 인기상품 리스트
- 초록 버전 ①: '집사 퇴근 전까지 혼자 잘 노는 고양이 장난감' 테마 큐레이션 (어드민에서 확인한 실제 재구매율이 높은 상품 기준)
- 초록 버전 ②: '혼자서도 잘 노는 고양이템' 제목의 상품 리스트
  - 어드민 기준 재구매율 높은 상품만 노출
  - [쿠폰 사용 가능 상품] 라벨 명확하게 부착
  - '우리 아이에게 혼자 있어도 덜 외로운 하루를 선물하세요' 감성 문구 포함
- 초록 버전 ③(시징 데이터를 살펴본 뒤 수정): '인기 있다는 건? 다른 집사들의 만족도가 높다는 뜻!' 제목의 상품 리스트
  - '초록 버전 ②' 유지하되 상품 제목만 변경한 것
  - 추가로 리뷰를 노출함. 현재 이미 리뷰를 이렇게 카테고리를 체크하는 걸로 받고 있기에 개발 이슈는 없으나 확인은 필요함. 리뷰가 있으면 '나와 맞는 상황'을 더 빠르게 확인할 수 있고 확신을 가지기 좋음

두 번째 섹션

- 태진 버전: '이번 주 기획전' 배너
- 초록 버전 ①: '냥아치잡화점 정기 구독하면 행복이 자동 배달돼요!' 배너
- 초록 버전 ②: '집사님들이 제일 자주 찾은 상품이에요' 제목의 상품 리스트
  - 인기상품과 동일한 상품 노출이지만 '인기상품' 타이틀 대신 사용자 기반 데이터로 큐레이션된 느낌 강조

- 초록 버전 ③(시장 데이터를 살펴본 뒤 수정): '혼자 놀아도 재미있고 같이 놀면 더 재미있는 장난감' 제목의 상품 리스트
  - '초록 버전 ②' 유지하되 상품 제목만 변경한 것
  - 사냥 놀이는 집사의 영원한 숙제임. 이 문제는 없는 사람이 없는데 혼자든 둘이든 모두에게 '내 이야기이구나'라고 느낄 수 있게 구성

세 번째 섹션
- 태진 버전: '가입하고 할인받자' 배너
- 초록 버전 ①: '고양이 용품, 지금 필요한 거 찾고 계신가요? 가입하고 쿠폰 + 적립금 받아보세요' 배너
- 초록 버전 ②: '오늘도 고양이와 당신의 하루가 부드럽게 이어지길' 상품 리스트
  - 실제 재구매가 많았던 상품을 아래 기준으로 구성
  - 아침: 고양이 습식 간식/영양제/스크래처
  - 점심: 장난감/스크래처
  - 저녁: 건사료/수면방석/숨숨집
  - 각 상품에 '이 시간대에 자주 구매하는 아이템이에요'라는 설명 문구 삽입
  - 시각적 큐레이션만 조정했으며 판매 조건이나 정책을 건드리진 않음. 사람이 큐레이션하는 게 아닌 상품을 자동으로 내보내는 것
- 초록 버전 ③(시장 데이터를 살펴본 뒤 수정): '냥이의 모든 일생이 행복할 수 있도록' 제목의 상품 리스트
  - 사용자가 자신의 고양이 나이를 떠올리며 자연스럽게 관심을 가질 수 있도록 구성. 모든 나이별로 문제는 있으니까
  - 현재 관리자 어드민 페이지에서 상품별로 연령을 필수로 적고 있음. 그대로 차용하면 됨

혼자서 사부작거리며 여기까지 마친 초록은 이제 자신이 사용자 그 자체인 것 같았습니다. 내일이면 태진이 복귀하는 날입니다. 이제는 자신 있게 공유할 수 있을 것 같았습니다. 초록은 피곤했지만 조금 더 힘을 내어 정리를 시작했습니다.

PART 4
사용자에게서 직접 데이터 확보하기

설문조사와 사용자 인터뷰

01
설문조사와 사용자 인터뷰의 쓸모와 차이

디자이너가 사용자의 목소리를 수집할 수 있는 방법은 매우 다양합니다. 고객 문의나 요구사항 같은 내부 정성 데이터도 있으며 SNS, 커뮤니티, 리뷰, 경쟁사 분석 같은 데스크 리서치도 훌륭한 수단입니다. 이 방법들만으로도 충분해 보이는데 왜 굳이 '설문조사'와 '사용자 인터뷰'를 해야 할까요? 이유는 명확합니다. 타깃 사용자에게 직접 물어보는 것만큼 확실한 방법은 없기 때문입니다.

내부 데이터는 사용자가 이미 서비스를 이용한 후에 남긴 흔적이라서 우리가 원하는 사용자만 골라서 질문하기 어렵고, 그들이 왜 그런 행동을 했는지도 알 수 없습니다. 데스크 리서치를 통해 수집한 데이터 역시 조사 대상 사용자의 문제가 우리 서비스 타깃의 문제와 정확히 일치하지 않을 수 있습니다.

하지만 설문과 사용자 인터뷰는 우리가 원하는 맥락에서, 우리가 원하는 질문을, 우리가 원하는 사용자에게 직접 던질 수 있습니다.

다만 이 두 가지는 서로 역할이 조금 다릅니다.

설문조사는 짧은 시간 안에 많은 사람에게 같은 질문을 던지고 그 답변을 수치나 분포로 정리할 수 있는 도구입니다. '사용자들이 A 기능보다 B 기능을 더 선호하네' '이유는 가격 때문이라고 응답한 사람이 제일 많구나' '대부분은 이 문제를 가장 심각하다고 느끼고 있구나' 같은 공통된 패턴이나 흐름을 빠르게 확인하고 싶을 때 유용합니다. 조사 목적이 예를 들어 신규 기능에 대한 기대감을 알고 싶거나, UX를 바꾸기 전에 어떤 불편 요소가 있는지 미리 파악하고 싶거나, 기존 사용자의 이용 경험을 수치화해서 요약하고 싶다면 설문조사가 제격입니다. 단, 질문이 명확하지 않으면 답도 명확하지 않을 수 있기 때문에 '설문은 기획이 90%'라고 할 정도로 질문을 어떻게 설계하느냐가 설문의 성패를 좌우합니다.

사용자 인터뷰는 한 사람의 이야기를 길고 깊게 듣는 방식입니다. 한 줄 답변 뒤에 숨어 있는 감정, 무심코 던진 말에 담긴 경험, 표정과 말투에 숨은 불편함까지 텍스트만으로는 알 수 없는 '왜'를 파악할 수 있는 가장 강력한 도구입니다. 정량 데이터나 설문으로는 찾기 어려운 인사이트를 줄 수 있기 때문에 '이탈한 사용자가 진짜 불편했던 순간은 언제였을까?' '이 기능을 쓸 때 왜 자꾸 혼란스러워했을까?' '사람들은 왜 그걸 문제라고 생각하는 걸까?'와 같은 점이 궁금하다면 설문보다는 인터뷰가 더 잘 맞습니다. 단, 인터뷰는 '겉으로 드러난 말'이 아니라 '말 뒤에 숨은 맥락과 감정'을 잘 포착하는 역량이 중요합니다. 질문지를 만들어도 실제 인터뷰에서는 사용자의 말에 따라 흐름이 달라지기 때문에 즉흥적으로 질문을 전환하고 맥락을 파고들어야 깊이 있는 인사이트를 얻을 수 있습니다.

설문조사와 사용자 인터뷰 비교

	설문조사	사용자 인터뷰
수집 방식	수치화, 선택지 기반 응답이라 주로 정량 데이터로 수집한다. 그러나 주관식은 정성 데이터로 분류한다.	자유 서술, 비언어 정보 포함이라 정성 데이터로 수집한다.
활용 이유	'많은 사람의 공통 반응'을 파악하기 위해	'겉으로 드러나지 않는 진짜 이유'를 파악하기 위해

각각의 쓸모를 정확히 알고 목적에 맞게 조합할 수 있다면 디자이너는 더 뾰족하고 정확하게 사용자 경험을 디자인할 수 있습니다. 실무에서 이 두 가지를 함께 쓴다면 다음과 같은 방식이 효과적입니다.

설문조사 먼저, 인터뷰는 나중에

'전체 흐름 확인 → 특이한 점 발견 시 인터뷰로 집중 공략'하는 구조의 방식입니다. 예를 들어 설문 결과 대부분의 사용자가 '시간을 절약하고 싶어서' 앱을 찾았다고 답했지만 실제 이용 지속률은 낮았다면 인터뷰에서는 '어떤 순간에 시간 절약이 필요했는지' '우리 앱이 어떤 기대를 충족하지 못했는지' '시간 절약을 위해 실제로 어떤 대안을 쓰고 있는지' '진짜 원하는 것이 시간 절약이 맞긴 했는지'를 질문하여 앱 선택 전후의 기대와 현실의 괴리를 파악합니다.

인터뷰 먼저, 설문조사는 나중에

'인터뷰로 가설 도출 → 설문조사로 검증'하는 구조의 방식입니다. 인터뷰에서 들은 공통된 표현이 있다면 그 표현을 설문지에 질문과 선택지로 녹입니다. 그리고 설문조사를 통해 그 반응이 진짜 보편적인 것인지 수치화합니다. 이렇게 하면 '감으로만 잡은 인사이트'를 '확신 있는 인사이트'로 바꾸는 데 도움이 됩니다.

예를 들어 '자기계발 앱' 사용자 인터뷰에서 '자기계발 콘텐츠를 보기 전에 너무 많은 옵션이 떠서 압도당한다'는 이야기가 자주 나왔다면 이 표현을 바탕으로 설문 항목을 구성해 '콘텐츠를 처음 접할 때 어떤 점이 부담스러웠는가?'라는 질문을 만들 수 있습니다. 그리고 '옵션이 많아 선택이 어렵다' '내 상황에 맞는 콘텐츠를 모르겠다' 등으로 선택지를 구성하면 사용자 수백 명의 반응을 수치로 확인할 수 있습니다.

설문으로 인터뷰 대상자 모집

특정 조건에 맞는 사용자만 인터뷰하고 싶을 때는 설문으로 선발할 수 있습니다. 예를 들어 기능 개선을 위해 '정기 배송 서비스를 이용하다가 해지한 경험이 있는 사용자'만 인터뷰하고 싶다고 가정하겠습니다. 사전 설문에 '정기 배송을 이용해본 적이 있나요?' '최근 3개월 이내 해지한 경험이 있나요?'와 같은 질문을 포함시키고, 해당 기준에 부합하는 사용자에게만 인터뷰를 요청합니다. 이 방법은 핵심 경험을 가진 사용자만 선별적으로 인터뷰할 수 있기 때문에 깊이 있는 인사이트를 확보하는 데 매우 효과적입니다.

02
빠르게, 많이 모으는 타깃 사용자 정량·정성 데이터: 설문조사

수집할 정보 정의

설문조사를 시작할 때 가장 먼저 해야 할 일은 필요한 정보를 명확하게 설정하는 일입니다. 즉, 설문조사로 무엇을 알고 싶은지를 확실히 해야 합니다. 설문을 만들다 보면 이런 욕심이 생깁니다. '사용자 니즈도 알고 싶고, 사용성도 파악하고 싶고, 기능 아이디어도 받고 싶고, 선호도 조사도 하고 싶은데 이왕 설문하는 김에 다 질문하면 좋지 않을까?' 그 마음, 이해합니다. 그러나 하나의 설문에 목적이 여러 개 섞이면 질문의 맥락이 흐트러지고 질문 수도 많아지게 됩니다.

설문도 사용자 경험의 일부입니다. 앞뒤 맥락이 일관되어야 사용자는 자신이 왜 답하고 있는지를 인식하고 그에 맞는 경험을 떠올려 구체적이고 진짜 같은 답변을 줍니다. 따라서 설문을 만들기 전, 반드시 스스로에게 질문해야 할 것은 이것입니다.

'지금 이 설문을 통해 무엇을 알고 싶은가?'

따라서 설문조사를 설계할 때 가장 처음에 해야 할 일은 '이 설문으로 알고 싶은 것이 무엇인가'를 명확하게 정의하는 것입니다. 예를 들면 다음과 같습니다.

- 우리가 농산물 시장에서 해결하고 싶은 문제(프로덕트 배경): 농산물 거래에 중간 판매자가 많아지다 보니 농산물 가격이 점점 비싸지고 있다. 그로 인해 소비자는 구매를 망설이게 되고 이는 곧 농부들의 수익 부진으로 이어진다.
- 이 문제를 해결하기 위해 이루고 싶은 것(프로덕트 목적): 농산물 직거래를 통해 농부들은 판매 수익률을 올리고 소비자는 싱싱한 상품을 저렴하게 받아볼 수 있게 한다.
- 설문으로 알고 싶은 것
  - 소비자가 중간 유통 없이 구매하고자 하는 니즈가 있는가
  - 유통 과정에 대한 정보가 구매 결정에 영향을 주는가

목적 하나에만 집중하면 짧고 정확하면서도 UX 방향을 바꿀 만큼 의미 있는 결과를 얻을 수 있습니다.

그러나 현실적으로는 여러 팀이 함께 협업하다 보면 질문의 목적이 섞이는 경우가 많습니다. 그럴 때는 가능하면 설문조사를 한 번에 다 하지 말고 목적별로 나눠서 하는 것도 방법입니다.

또는 팀 리드를 겨우 설득했고 다시는 없을 절호의 기회로 설문조사를 하게 되었다면 설문지 안에서 주제를 나눠 그룹별로 설계하는 것이 효과적입니다. 예를 들어 첫 번째 파트에는 '왜 농산물 직

거래를 꺼리는가'에 대해서 묻고, 두 번째 파트에는 '상품 구매 시 화면 안에서 무엇이 불편했는가'에 대해서 묻는 식으로 그룹을 구분합니다.

설문조사 대상자 정의

다음으로 설문 대상을 설정해야 합니다. 당연하다고 생각할 수 있지만 실무에서 타깃 사용자를 정확히 설정하지 않고 설문조사를 진행하는 경우가 생각보다 많습니다. 하지만 그렇게 하면 데이터가 왜곡되어 인사이트도, UX 방향도 전혀 엉뚱한 곳으로 흘러갈 수 있습니다. 이런 실수는 왜, 어떤 상황에서 일어날까요?

첫째, 기획이 급해서 '일단 하고 보자'며 시작할 때입니다. 문제 정의보다 속도가 우선시되면 타깃 설정은 자연스레 뒷전으로 밀리게 됩니다. 예를 들어 '이번 주 안에 결과가 필요하니까 일단 설문부터 보내고 보자'와 같은 식으로 진행되는 것입니다. 이런 상황에서는 기한 내 결과를 제출하는 것이 최우선 과제이기 때문에 사용자 기준을 정하고 리스트를 추리는 작업에 시간과 리소스를 쓰기 어렵습니다. 이때 현실적인 대처법은 설문 첫 문항에 필터 질문을 넣어 조건에 맞는 응답자만 분석 대상으로 삼는 것입니다. 이러면 설문 배포는 넓게 하되 분석은 뾰족하게 할 수 있습니다.

둘째, SNS나 카카오톡 단톡방에 설문을 무차별적으로 공유할 때입니다. 모든 회사가 리서치 전문 기관에 설문을 의뢰할 수 있는 것은 아닙니다. 여전히 많은 조직에서는 직접 설문을 돌리는데 이럴 때 SNS나 카카오톡 단톡방만 한 곳이 없습니다. 이는 아무리 타깃을 뾰족하게 설정하더라도 실제 그 타깃이 있는 커뮤니티(네이버 카페, 다음 카페, 당근 등)에 접근하기 어려워서 그렇기도 합니다(가입 후 게시 권한을 얻기 어렵거나 설문 업로드 시 제재를 받거나). 또한 타깃 사용자가 모여 있을 만한 곳이 아예 없거나 모르는 경우도 있습니다. 이럴 때 현실적인 대처법은 설문 첫 번째 문항에서 사용자 조건을 체크한 뒤 그 조건에 맞는 응답자만 따로 분리해서 분석하는 것입니다. 예를 들어 '최근 3개월 내 여행을 다녀온 적이 있나요?' '건물을 직접 지은 적이 있나요?' '성인이 된 후 치과 치료를 받아본 적 있나요?'와 같이 첫 질문에서 타깃 조건을 물어 선별합니다.

셋째, 프로젝트의 타깃 사용자가 누구인지 명확하지 않을 때입니다. '누구의 문제를 푸는 프로젝트인지'가 기획 단계부터 흐릿하면 설문 대상도 모호하게 설정됩니다. 예를 들어 "그냥 사용자 전반의 니즈가 궁금해요"처럼 범위를 넓고 추상적으로 설정하면 문제가 정의되지 않아 사용자 그룹을 선발할 기준 자체가 없게 됩니다. 가장 이상적인 접근은 문제 정의와 타깃 사용자 정의부터 명확히 한 뒤 설문 대상자를 정의하는 것입니다. 하지만 실무에서는 다양한 변수가 존재하기 때문에 사전 작업이 어려울 수 있습니다. 이럴 땐 설문 전에 '이 프로젝트는 어떤 문제를 해결하려 하는가?'를 한 문장으로 정의해보면 설문 대상자를 선명하게 그릴 수 있습니다.

넷째, '우리 서비스는 누구나 쓸 수 있다'는 생각으로 대상을 넓게 잡을 때입니다. "우리 서비스는 남녀노소 다 쓰니까 모두 다 설문 대상자야. 그러니까 타깃을 정할 필요는 없어." 이런 일은 실무에서 자주 일어납니다. 주로 비즈니스 관점에서 사용자군을 최대한 확보하고 싶어 타깃 사용자를 좁히는 것에 부담을 느낄 때 일어나는 것 같습니다. 그러나 모두가 타깃이면 결국 아무도 타깃이 아니게 됩니다. 모두를 대상으로 한 설문은 누구도 만족시키지 못하는 UX 솔루션을 도출할 수 있습니다. 이럴 땐 이 문제 상황이 실제로 더 자주 발생하는 사용자 집단에 집중하여 '이 집단만큼은 만족시키고 말겠다'라는 생각으로 그 집단만을 1차 타깃으로 설정하는 결단력이 필요합니다.

다섯째, '이왕이면'이라는 의사결정 담당자의 생각을 바꿀 수 없을 때입니다. "이왕 하는 거 우리 전체 사용자 대상으로 돌리죠. 많이 들을 수록 인사이트도 많을 겁니다" 또는 "이왕 하는 거 마케팅팀이 확인하고 싶은 것도 함께 확인하죠" 같은 '이왕'이 붙은 요청을 실무에서 자주 마주합니다. 하지만 이런 방식은 설문의 목적을 흐리게 만들어 질문이 중구난방으로 흘러가고 결국 응답의 질도 떨어지게 만듭니다. 문제는 팀 리드나 회사 대표, 이해관계자 모두를 혼자서 설득하기가 쉽지 않다는 점입니다. 이럴 때는 질문지를 섹션별로 나눠 '사용자 니즈 파트' '마케팅 파트' 등 주제를 분리하여 설계하고 결과 리포트에서도 각 섹션을 목적별로 구분하여 정리하는 방법이 있습니다.

이렇듯 실무에서는 다양한 변수로 인해 설문조사 대상을 설정하기 어려운 경우가 많습니다. 회사 일은 혼자 하는 것이 아니라 상황에 맞출 수밖에 없을 때가 많지만, 그럼에도 현실적인 타협안을 찾는 것이 중요합니다. 물론 설문조사 목적이 '인지도 조사'나 '전체 VOC 수집'처럼 넓은 시야로 사용자의 마음을 살피는 것일 수도 있습니다. 그러나 이 경우조차도 타깃 그룹을 나눠서 바라보는 편이 더 정교한 인사이트를 얻는 데 도움이 됩니다.

설문조사 질문 설계

이제 질문을 만들어봅시다. 설문조사는 많은 사용자 데이터를 한 번에, 빠르게 모을 때 효과적이라고 했습니다. 하지만 이 강력한 도구에 치명적인 단점이 하나 있습니다. 바로 한번 배포하면 질문을 바꿀 수 없다는 점입니다. 설문조사는 사용자 인터뷰와 다르게 후속 질문을 통해 맥락을 파악하거나 오해를 바로잡을 기회가 없습니다. 사용자 인터뷰에서는 이런 식으로 대화가 오갑니다.

- 사용자: "음… 잘 모르겠어요."
  질문자: "그럼 최근 경험 중 떠오르는 게 있을까요?"
- 사용자: "그냥 불편했어요."
  질문자: "그냥 불편하셨군요. 그렇다면 그 상황에서 어떤 기분이 드셨어요?"
- 사용자: "안 봤어요."
  질문자: "혹시 안 보신 이유가 있었을까요?"

이처럼 인터뷰는 사용자의 답변에 따라 즉석에서 질문을 바꾸고, 더 깊이 파고들 수 있기 때문에 의미를 명확하게 파악하는 데 유리합니다. 하지만 설문은 다릅니다. 한번 발행되면 끝입니다. 맥락 없이 '괜찮아요'만 써도 데이터가 되고 동문서답이 많아도 그대로 수집됩니다. 답이 충분하지 않아도 "그건 왜 그렇게 느끼셨나요?" 하고 다시 물을 수 없습니다. 이렇듯 후속 질문을 할 수 없기 때문에 인사이트를 도출할 수 있을 만큼 양질의 답변을 확보하려면 질문 설계를 잘해야 합니다.

게다가 설문 설계를 나름 잘해도 사용자 입장에서는 엉뚱하게 이해하거나 아무렇게나 답할 가능성이 존재합니다. 예를 들어 문장을 오해한 사용자가 많고 그들이 주로 A 버튼을 눌렀다면 디자이너는 'A가 많았으니 A가 문제인가 보다' 하고 잘못된 결론을 내릴 수 있습니다. 그래서 설문조사를 진행할 때는 질문뿐만 아니라 답변자의 경험까지 함께 설계해야 합니다. 이때 몇 가지 유의사항을 함께 지키면 더 좋은 질문을 만들 수 있습니다.

질문 수: 질문은 적을수록 좋다

설문에서 많이 하는 실수 중 하나는 질문을 너무 많이 넣는 것입니다. 처음 설문을 설계할 때는 이 질문도 중요해 보이고 저 질문도 꼭 필요한 것처럼 느껴집니다. 그래서 몽땅 다 넣다 보면 사용자는 중간 이후부터는 제대로 읽지도 않고 대충 선택하게 됩니다.

우리 뇌는 판단을 반복할수록 에너지를 많이 소모합니다. 생존과 연결되지 않은 정보일수록 더 그렇습니다. '이 질문에 정성껏 답해도 나한테 무슨 이득이 있지?'라는 생각이 들면 뇌는 '에너지를 아끼는 자동 판단 모드'로 전환합니다. 그래서 넓고 광범위하게 묻는 것보다 좁고 뾰족하게 묻는 것이 정확도 높은 데이터를 수집하는 데 도움이 됩니다.

그렇다면 질문 개수는 몇 개가 적당할까요? 핵심 질문은 어떻게 뽑을까요? 먼저 질문 개수를 알아보겠습니다. 절대적인 숫자보다는 설문 환경과 사용자 성향에 따라 달라집니다. 하지만 일반적으로 모바일에서는 15문항 이내, PC 설문에서는 20문항 이내가 적당하다고 보고 있습니다. 또한 보상이 있냐 없냐에 따라서도 다른데 보상이 있는 설문이라면 최대 30문항까지도 참여가 유지되지만 보상이 없다면 10문항만 넘어도 피로도가 급상승하여 참여 유지가 어렵습니다.

인지심리학적으로 사람은 집중 상태를 유지하며 정보를 처리할 수 있는 시간이 약 7분 전후라고 알려져 있습니다. 질문 하나에 15초~30초만 걸린다고 해도 15개만 넘어가면 뇌는 피로감을 느끼기 시작합니다. 그중에서도 생각을 해야 하는 질문이냐, 스크롤을 얼마나 유발하느냐에 따라 집중력 소모도가 달라집니다. 절대적인 숫자보다는 이러한 요소를 고려하여 개수를 조절하면 좋습니다.

다음으로 핵심 질문입니다. 정답은 없습니다. 설문 목적에 따라 질문의 중요도가 달라지기 때문입니다. 예를 들어 똑같이 성별을 묻더라도 '여성 전용 요가 센터'에 대한 사용자 반응을 알고 싶은 설문이라면 '성별'은 반드시 수집해야 할 핵심 정보입니다. 반면 '반려동물 산책 서비스'에 대한 사용자 반응을 알고 싶다면 성별은 중요하지 않을 수 있습니다. 이처럼 질문의 중요도는 설문 목적에 따라 상대적으로 달라지므로 '이 질문은 꼭 넣어야 한다'와 같은 절대적인 기준을 제시하기 어렵습니다. 하지만 '이 질문이 핵심인가 아닌가'를 스스로 판단하는 기준은 명확하게 존재합니다. 바로 '이 질문에 대한 답이 없으면 설문 목적을 달성할 수 없는가?'가 입니다. 만약 질문하지 않아도 결론을 내리는 데 큰 문제가 없다면 그건 핵심이 아닙니다. 이 기준 하나만 잘 기억해도 불필요한 질문을 줄이고 설문 피로도를 낮추는 데 큰 도움이 됩니다. 핵심은 '있으면 좋은 질문'이 아니라 '없으면 안 되는 질문'을 하는 것입니다.

단어와 문장 선택: 해석이 필요 없는 표현이 좋다

사용자마다 '편리하다' '직관적이다' '불편하다'의 기준이 다릅니다. 질문에 사용된 단어가 추상적이면 그에 대한 답변도 추상적일 수밖에 없습니다. 추상적인 질문과 추상적인 답변이 만나면 데이터는 정확도를 잃고 해석도 어려워집니다.

좋은 질문은 누가 읽어도 머릿속에 비슷한 장면이 그려지는 질문입니다. 예를 들어 '결제 흐름이 편리했나요?'보다는 '결제할 때 몇 번의 화면을 거쳤나요?' '결제 중 어떤 단계에서 멈추고 싶다는 생각이 들었나요?'처럼 경험을 구체적으로 떠올릴 수 있는 표현이 좋습니다.

반대로 똑같이 읽어도 사람마다 달리 해석하게 만들어 결국 의미가 다른 답을 수집하게 만드는 것은 나쁜 질문이라고 할 수 있습니다.

뻥 뚫린 질문 피하기: 너무 열린 질문은 이탈을 부른다

'질문은 닫힌 질문보다 열린 질문이 좋다'라는 말을 들어본 적 있을 겁니다. 그러나 그 열린 질문이 사용자를 '깊게 고민하게 만드는 질문'이거나 '기억을 떠올리기 어려운 질문'이라면 이야기는 달라집니다. 열린 질문은 사용자의 기억력, 사고력, 서술 능력을 모두 요구하기 때문에 대부분은 적당히 써놓고 넘기거나 아예 넘기거나 중도 포기를 하는 경우도 생깁니다.

여기서 문제는 객관식이냐 주관식이냐가 아닙니다. '이 질문에 답하기 위해 답변자가 머릿속에서 기억을 복원하거나 이유를 재구성해야 하는가?'의 문제입니다. 그러니 되도록이면 사용자가 머릿속에서 정보를 꺼내지 않아도 바로 선택할 수 있는 형태로 질문을 바꾸는 것이 좋습니다.

또는 내부에서 유추하는 문제의 원인이 몇 가지 있다면 설문조사에서는 그 원인들을 객관식으로 쓰고 '기타(의견을 적어주세요)' 항목을 함께 넣어주는 것으로 충분히 대체할 수 있습니다. 물론 반드시 '생각을 요구하는 질문'이 들어가야 하는 경우도 생깁니다. 이럴 때는 적절한 보상, 개수 조절, 질문 순서 배치, 다양한 예시 삽입 등의 피로도 완화 장치를 이용하여 사용자가 부담 없이 답할 수 있는 환경을 만들어주는 것이 좋습니다.

좋은 질문과 나쁜 질문 예시

	bad	good
질문	• (객관식) 최근 한 달간 자다가 새벽에 깬 적은 몇 번인가요? → 객관식이지만 평소 일일이 세고 있지 않았다면 머릿속에서 숫자를 추론해야 하므로 부담스럽다. • (주관식) 구매를 망설이셨다면 그 이유는 무엇인가요? → 무의식에서 일어난 일을 논리적으로 설명하려고 해야 해서 막막하게 느껴진다.	• (주관식) 최근 자다가 깬 적이 있다면 어떤 상황 때문이었나요? → 주관식이지만 상황을 자연스럽게 떠올리기 쉬워 답하기가 훨씬 수월하다. • (객관식) 구매를 망설이게 만든 이유를 모두 선택해주세요. → 내부에서 유추한 몇 가지 이유를 객관식으로 제시하고 마지막에 기타란을 두면 부담 없이 답할 수 있다.

인사이트 도출하기

설문조사의 큰 장점은 한 번에 많은 사용자 데이터를 빠르게 수집할 수 있다는 것입니다. 그러나 그만큼 뚜렷한 한계도 존재합니다. 설문은 인터뷰처럼 후속 질문을 던질 수 없기 때문에 사용자의 응답 뒤에 어떤 의도가 있었는지 즉석에서 파악할 수 없습니다. 예를 들어 어떤 기능을 '자주 사용한다'는 응답이 많았다고 해서 그 기능이 유용하거나 좋아서일 것이라고 단정하면 곤란합니다. 단순히 기본 설정이라 자주 보이는 것일 수도 있고 자동으로 실행돼서 사용자가 의식하지 못한 채 쓰는 기능일 수도 있기 때문입니다.

이처럼 정량 데이터는 숫자는 알려주지만 이유는 말해주지 않습니다. 그래서 설문조사를 만들 때는 사전에 어느 정도 해석 기준을 함께 설계해두는 것이 중요합니다.

특히 설문에 정량형 문항만 넣으면 숫자만 남고 본질은 놓치기 쉽습니다. 이를 피하려면 정량형 문항 다음에 정성형 문항을 이어 붙여 '왜 그런 선택을 했는지'를 바로 확인할 수 있는 구조로 만들면 좋습니다.

예를 들어 헬스케어 앱 사용자에게 '가장 자주 사용하는 기능은 무엇인가요?'라고 객관식으로 물었다면 바로 이어서 '그 기능을 자주 사용하는 이유는 무엇인가요?'라고 주관식으로 묻는 것입니다. 이렇게 정량과 정성 데이터를 하나의 흐름 안에 설계하면 숫자가 보여주는 사용자의 행동을 해석할 수 있는 실마리를 확보할 수 있습니다.

물론 모든 질문을 그렇게 만들어야 하는 것은 아닙니다. 그러나 이런 구조를 통해 도출한 인사이트는 더욱 깊고 실용적인 문장으로 나타납니다. 예를 들어 '많이 쓰는 기능은 무엇인가요?'라는 질문에 '걸음 수 측정 기능' 응답이 많았다고 가정하겠습니다. 여기에 정성 응답에서 '자동으로 기록되니까 귀찮지 않아서'라는 이유가 반복되었다면 이 기능이 사용자에게 중요한 근거는 '기능 자체'가 아니라 '사용자의 개입을 줄여주는 자동화 경험'에 있다는 사실을 알 수 있습니다.

정량 데이터만 보면 '많이 쓰는 기능의 종류'라는 표면적인 해석밖에 할 수 없지만 그와 이어진 정성 데이터를 함께 수집하면 '왜 그것을 많이 쓰는지' '무엇이 행동을 유도 했는지'를 파악할 수 있게 됩니다. 바로 이 지점에서 인사이트가 나옵니다. 사용자가 직접 말하지 않아도 숫자와 말 사이의 맥락을 통해 사용자의 본심을 추론할 수 있어야 합니다. 이것이 설문조사에서 인사이트를 도출하는 가장 현실적이고 실용적인 방법입니다.

초록은 오늘도 녹초가 된 몸을 이끌고 퇴근했습니다. 회의실을 돌고, 기획서를 쓰고, 화면을 그리고, 콘텐츠까지 만들며 온종일 정신 없이 하루를 보냈습니다.

'하… 집엔 또 언제 가냐. 얼른 가서 씻고 누워야지. 아, 디자인 공부도 해야 하고 책도 좀 봐야 하는데….'

초록은 콩나물 시루 같은 전철 안에 자신의 몸을 끼워 넣었습니다. 몸을 이리저리 움직여 겨우 스마트폰을 볼 수 있는 공간을 확보한 뒤, 전자책 앱을 열었다가 이내 닫았습니다.

'아… 도저히 못 보겠다. 집중이 안돼. 정신력이 바닥인데 어떻게 책을 봐. 유튜브나 봐야겠다….'

그렇게 '오늘은 반드시 퇴근 길에 책을 보겠다'는 다짐은 또 다시 내일로 미룬 채 유튜브를 탐색하던 중 평소 알림이 잘 울리지 않던 카카오톡 오픈채팅방에서 알림이 떴습니다.

'안녕하세요 여러분! '기록'에 관련된 앱을 만들기 위해 설문조사를 진행하고 있습니다. 이 설문은 사용자의 생활 습관, 그 과정에서 느끼는 불편사항을 파악해 사용자 경험을 개선하는 데 활용됩니다.

설문 소요 시간: 약 5분

보상: 참여해주신 분 중 추첨을 통해 스타벅스 기프티콘을 드립니다!'

'오, 사용자 설문조사? 나는 기록을 잘 안 하긴 하는데… 커피 준다고 하니 한번 해볼까?'

초록은 가벼운 마음으로 설문 요청 글에 첨부된 구글 폼 링크를 눌렀습니다. 처음 몇 개는 무난했습니다. 그러나 뒤로 갈수록 답변하기 어려운 질문이 등장했습니다.

Q4. 하루 중 어떤 시간대에 기록을 가장 자주 하나요?

☐ 아침 일찍 일어나서 ☐ 회사/학교에 가서 ☐ 점심 식사 후에 ☐ 퇴근/하교 후
☐ 잠자기 전에 ☐ 수시로

Q5. 가장 자주 사용하는 기록 앱은 무엇인가요?

☐ 데이바이데이로그 ☐ 매일노트 ☐ 오늘도쓴다 ☐ 플랜AZ ☐ 기본 메모장
☐ 기타(직접 작성해주세요.)

'하루 중 어떤 시간대에 기록을 가장 자주하냐고? 흠, 나는 기록을 자주하는 편은 아닌데…. 음, 굳이 고르자면 밤에 자기 전에?'

초록은 평소에 기록을 별로 하지 않았습니다. 기록이라고는 회사에서 업무 시간에 하는 게 전부였습니다. 그래서 자신의 원래 행동 패턴이 아니라 '내가 기록을 자주 한다면 아마도 저녁일 거다'라는 가정을 기반으로 체크하였습니다.

'내가 가장 자주 사용하는 기록 앱? 그것도 딱히 자주 쓰는 거 없는데…. 그냥 기본 메모장 정도? 그것도 거의 안 쓰고… 아, '플랜AZ'는 안 그래도 여기저기서 많이 보이길래 깔아볼까 했는데 그럼 이거 체크하면 되겠다.'

초록은 자신이 아직 써본 적은 없지만 리스트 중 가장 이름이 익숙한 앱을 선택했습니다.

'흠… 그런데 아무래도 나는 대상자가 아닌 것 같단 말이지. '기록 앱 써본 적 있는 사람'이 설문 대상자여야 할 것 같은데. 아닌가? 안 쓴 사람도 일부러 포함한 건가? 모르겠다. 일단 다음.'

Q6. 오늘 하루 중 마음이 따뜻해지는 일은 무엇이었나요?

(직접 작성해주세요.)

'마음이 따뜻해지는 일? 뭘 말하는 거지. 감동한 적이 있냐고 묻는 건가, 아니면 착한 일을 했냐고 묻는 건가? 아니면 위로받은 뭐 그런 거 말하는 건가? 음… 아침 출근길에 처음 가본 카페에서 산 카페라테가 너무 맛있어서 마음이 따뜻해졌지. 그거 적어야겠다.'

초록은 '마음이 따뜻해지는 일'의 정확한 의미를 몰라 자신이 해석한 대로 적었습니다.

Q21. 최근 3개월간 일상을 기록했다면 어떤 내용을 가장 자주 기록했나요?(중복 체크)

☐ 업무　☐ 일상　☐ 취미　☐ 자기관리　☐ 기타(직접 작성해주세요.)

Q22. 독서와 달리기 중 어떤 활동을 더 선호하나요?

☐ 독서　☐ 달리기　☐ 기타(직접 작성해주세요.)

'최근 3개월간 기록 중에 자주 한 것? 업무 기록이지. 사실 그것밖에 안 하니까. 아, SNS에 일상을 기록하긴 하는데 그럼 그것도 체크해야 하나? 업무랑 일상 체크하고… 아니야, 다 조금씩은 하니까 다 체크하고 다음 질문으로 넘어가자. 엥? 독서와 달리기 중 뭘 선호하냐고? 갑자기? 뭐야 왜 이렇게 질문이 맥락이 없어. 기록에 대해서만 생각하고 있었는데 갑자기 이런 걸 물으니까 헷갈리네. 아니 그리고 설문이 왜 안 끝나? 5분이면 끝난다더니 몇 개나 더 남은 거야?'

초록은 종잡을 수 없는 콘셉트, 너무 많은 질문에 지쳐가고 있었습니다. 그래도 여기까지 한 게 아까워서 남은 정신력을 붙잡고 마저 진행했습니다.

Q24. 앱에서 작성한 기록을 다시 확인했을 때, 인사이트를 얻은 경우가 있다면 그 경험을 자유롭게 적어주세요.

(직접 작성해주세요.)

'인사이트…? 아, 몰라. 그냥 나갈래.'

결국 초록은 설문을 닫았습니다. 커피 한 잔이 아까웠지만 에너지 소모가 그보다 컸습니다. 피곤한 퇴근길, 차라리 서서 눈을 감고 있기로 했습니다.

이틀 뒤 출근길, 같은 방에 설문 링크가 한 번 더 올라왔습니다. 이번에는 간절한 요청이 추가되었습니다.

> '부탁드립니다. 작은 스타트업이라 이런 기회조차 귀합니다. 여러분의 답변이 저희가 방향을 잡는 데 정말 큰 도움이 됩니다. 꼭 도와주세요…!'

초록은 핸드폰을 내려다보다가 잠시 숨을 고르며 입술을 삐죽 내밀었습니다.

'엊그제 그 설문인가… 사람들이 참여를 엄청 안 하나 보다. 그럴 만도 하지. 나도 결국 하다 말았는데…. 엄청 간절해 보이는데 어떻게 하지…?'

초록은 문장에서 느껴지는 간절함에 자신도 모르게 마음이 움직였습니다. 전철에서 내려 사무실로 가는 길, 자주 가는 카페에서 카페라테를 주문해놓고 비장한 마음으로 설문지를 다시 열었습니다. 역시나 쉽지 않아 보였습니다. 질문은 일단 파악한 것만 해도 24개였고 그 뒤로 몇 개가 더 있는지도 알 수 없었습니다. 게다가 중간중간 기억을 더듬어야 하고, 선택지도 너무 많고, 뒤에는 대서사시를 요구하는 열리다 못해 뻥 뚫린 질문이 기다리고 있었습니다.

'끄응… 하지 말까. 누군가 해주겠지.'

초록은 숨을 크게 들이마신 다음 생각을 고쳐먹었습니다.

'근데 이 마음 알 것 같아. 나도 사실 냥아치잡화점 진짜 사용자의 생각이 너무 궁금해. 이렇게 설문조사를 해보고 싶어. 이분도 지금 얼마나 간절할까… 해주자.'

고민하는 사이 나온 커피를 들고 그대로 사무실로 갈까 했지만 업무 시작 전에 이 설문을 끝내고 싶었습니다. 시계를 보니 출근 시간까지 조금 여유가 있어 카페 바깥의 테라스에 앉아 가방을 내려놓고 본격적으로 답을 하기 시작했습니다. 중간중간 터져 나오는 한숨을 참아가며 계속 답을 작성하다 보니 드디어 설문의 마지막 질문이 나왔습니다.

Q27. 추가로 하실 말씀이 있다면 자유롭게 남겨주세요.:)

(직접 작성해주세요.)

초록은 한참을 망설이다가 솔직하게 알려주는 것이 도움이 될 것 같아 피드백을 남겼습니다.

'질문이 너무 많고 단어나 문장이 모호해서 답하기 어려웠습니다. 그리고 제가 생각해야 하는 질문도 너무 많습니다. 왜 물어보는지도 모르겠고 응답자 입장에서 에너지가 너무 많이 듭니다. 그리고 5분이라고 하셨지만 20분은 넘게 걸려서 시간 소요도 컸습니다. 솔직히 커피 안 줬으면, 간절한 요청 아니었으면 절대 안 했을 겁니다. 그래도 도움이 되길 바라서 끝까지 잘 마쳤습니다.'

그리고 이틀 뒤, 두 개의 문자가 연달아 왔습니다.

[🎁 스타벅스 기프티콘이 도착했습니다!]
[📞 안녕하세요. 설문에 참여해주셔서 감사합니다. 혹시 괜찮으시다면 만나서 인터뷰 가능하실까요?]

초록은 혼잣말을 중얼거렸습니다.

"인터뷰…? 부담스러운데…"

03
사용자도 모르는 사용자 속마음 데이터: 사용자 인터뷰

사용자 인터뷰를 통해 사용자의 요구사항을 수집하고 그에 맞춰 프로덕트를 만들었는데 정작 예상과 반응이 다르다면 어떨까요? 실제로 그런 일이 있을 수 있을까요? 있습니다. 인터뷰로 수집한 사용자의 말을 '그대로' 믿었는데 그 말에 사실은 그들의 욕구가 반영되지 않았다면 얼마든지 그럴 수 있습니다. 그래서 사용자 인터뷰에서는 사용자 자신도 모르는 그들의 진짜 욕구를 찾아내야 합니다.

인터뷰 목적과 수집할 정보 정의

어떤 일이든 시작할 때 '목적'이라는 단추부터 제대로 잠가야 합니다. 인터뷰 역시 목적을 명확히 정하고 어떤 정보를 얻고 싶은지 설정해야 합니다. 최악의 목적은 '별다른 목적 없음. 일단 하는 것'입니다. 사람은 질문 종류, 상황, 발화자의 반응 등 너무나 많은 변수에 의해 생각과 답이 달라집니다. 오늘의 답과 내일의 답이 달라질 수도 있으며 앞에 나온 정보의 종류나 순서에 따라서도 답이 달라질 수 있습니다. 그렇기 때문에 목적 없는 질문은 목적 없는 답을 낳습니다.

수집할 정보를 미리 정의하는 것 또한 중요합니다. 이 과정을 생략하면 '만난 김에 이것저것 다 물어보자'라는 마음으로 두서 없는 질문지를 만들게 됩니다. 그러면 인터뷰는 보통 한 사람당 1시간 이내로 끝날 텐데 그 시간을 쓸데없는 이야기로 가득 채우기 쉽습니다(부끄럽지만 거의 경험담입니다).

그리고 이 단계에서는 수집할 정보를 '질문'의 형태로 적는 것이 아니라 '필요한 정보'의 형태로 적어야 합니다. 참고로 프로덕트를 벗어나 더 넓은 시야, 더 상위 관점으로 정보를 바라보는 것이 좋습니다. 그래야 진짜 문제를 발견할 수 있는 질문지를 작성할 수 있습니다.

"아홉 님, 안녕하세요. 혹시 시간 잠깐 괜찮으시면 뭐 좀 여쭤봐도 될까요?"

"초록 님, 좋은 아침이에요. 저 지금 시간 괜찮으니 말씀하세요."

"제가 며칠 전에 어떤 스타트업에서 진행하는 설문조사에 참여했는데요." 초록은 아침에 출근 하자마자 아홉의 자리로 가 그간 있었던 설문조사 사건을 이야기했습니다.

"오우, 30개 가까운 문항에 생각을 많이 해야 하는 질문투성이라니… 생각만 해도 벌써 지치네요. 그런데 저도 처음 설문조사를 진행하게 되면 그런 실수를 할 것 같아요. 실제 사용자 목소리 들을 수 있는 기회가 흔치 않다 보니 이참에 이것저것 다 물어보고 싶어질 것 같거든요. 그래서요? 결국 끝까지 하셨어요?"

"네, 마지막에 올라온 글을 보니 작은 스타트업이라고 제발 도와달라고 그래서 도저히 그냥 지나칠 수가 없더라고요. 그런데 제가 도와주고 싶은 마음이 과했는지 마지막 질문 답변에 불만을 다 쏟아냈어요. 보내고 나서 아차 싶었지만 이미 엎질러진 물이어서 잊고 있었는데 어제 커피 쿠폰과 함께 인터뷰에 응해달라고 연락이 왔어요. 이렇게요."

초록은 그렇게 이야기하며 아홉에게 문자를 보여주었습니다.

"오, 초록 님의 솔직한 응답이 도움 되었다고 하네요. 그런데 왜 그렇게 고민이 많은 얼굴이에요?"

"사실은… 일이 이렇게 되니까 진심으로 돕고 싶어졌거든요. 저 역시 냥아치잡화점의 진짜 사용자를 딱 한 명만이라도 만나보고 싶은데 그게 제 마음대로 되는 게 아니잖아요. 이 회사가 뭐하는 곳인지 모르고 이 분이 누구인지도 모르겠으나 비슷한 상황일 것 같아요. 지금 이 한 번의 기회가 소중할 텐데 저 역시 설문조사든 인터뷰든 해본 적이 없으니 뭘 얼마나 도움을 줄 수 있을까 싶어서요…. 그래서 말인데요. 아홉 님은 사용자 인터뷰 해보셨잖아요. 조언 좀… 해줄 수 있으세요?"

초록은 밤새 고민하다 결국 오지랖을 부리기로 결심했습니다. 아침에 호기롭게 '인터뷰에 응하겠다'고 답장하고 출근했는데 문제는 자신도 아는 것이 없다는 점이었습니다. 그래서 아홉은 인터뷰 경험이 있으니 도움을 받을 수 있지 않을까 하여 찾아온 것이었습니다. 초록의 말을 들은 아홉은 잘되었다는 듯이 말했습니다.

"오, 소록 님. 마침 저희 얼마 전에 사용자 인터뷰 다녀왔거든요. 이번에 신규 기능 론칭이 있어서 니즈 조사를 위해 다녀왔는데 인터뷰 설계부터 인사이트 도출까지 전체 과정 리뷰해드릴까요?"

"와, 정말요? 너무 좋아요!"

"그럼 각자 업무 끝나고 여기 회의실에서 만나요."

초록과 아홉은 서둘러 업무를 끝내고 다시 회의실에서 만났습니다.

"자, 시작하죠. 초록 님. 인터뷰를 진행하려면 제일 먼저 해야 하는 게 뭘까요?"

"음… 사용자에게 연락하기?"

"틀렸어요. 이미 초록 님도 알고 있는 거예요."

"제가 알고 있다고요? 음⋯."

초록은 미간을 힘껏 찌푸리면서 눈알을 굴렸습니다. 그런 초록에게 아홉은 모니터를 돌려 보여주며 이어서 말했습니다.

"프로젝트 배경과 목적을 정의해야죠."

"아, 맞다⋯!"

초록은 찌푸렸던 미간을 피고 이번엔 눈을 크게 뜨며 탄식을 내뱉었습니다.

프로젝트 배경, 목적 정의

- 프로젝트명: 냥냥북스 전자책 사용자 경험 리뉴얼
- 프로젝트 배경: 냥냥북스 콘텐츠 중 '전자책'의 판매율이 부진하여 냥냥'북스'인 의미가 점점 사라져가고 있다. 사용자들이 다른 콘텐츠는 소비하면서 왜 냥냥북스의 전자책은 소비하지 않는지 알 수 없는 상태다.
- 프로젝트 목적: 전자책 콘텐츠에 대한 사용자 경험을 개선하여 판매율을 높인다.

"모든 프로젝트는 배경과 목적을 명확하게 만들어놓고 시작하는 것, 이제는 알죠? 사용자 인터뷰는 어느 날 갑자기 '사용자가 너무 궁금하니 무작정 만나봅시다!'라며 시작되지 않아요. 어떤 프로젝트가 발의되었을 것이고 그 프로젝트를 성공시키기 위한 도구로 인터뷰가 사용되는 거예요. 그러니 이 도구를 잘 쓰기 위해 프로젝트 배경과 목적부터 정의하는 거죠."

"뭐든 시작하려면 배경과 목적부터 정의하는 게 언제나 최우선이군요. 이젠 까먹지 않을 것 같아요."

"맞아요. 그걸 하고 나면 그 다음으로 '사용자 인터뷰 목적'과 '사용자 인터뷰로 얻으려는 주요 정보'를 정의해야 해요. 무엇을 위한 인터뷰인지, 뭘 얻으려는 것인지 명확히 하는 거죠. 그래야 질문도 잘 뽑을 수 있고 해석도 잘할 수 있어요."

아홉은 모니터에서 '사용자 인터뷰 목적'과 '사용자 인터뷰에서 얻으려는 주요 정보'를 차례대로 가리키며 이어서 말했습니다.

사용자 인터뷰 목적, 수집할 정보 정의

- 사용자 인터뷰 목적: 사용자가 냥냥북스에서 전자책을 구매해야 할 이유를 발견하는 것
- 사용자 인터뷰에서 얻으려는 주요 정보
  - 독서를 전자책으로 하는 이유와 그 반대의 이유
  - 전자책 플랫폼 이용 시 중요하게 생각하는 기준(책 종류, UX 환경 등)
  - 고양이 집사가 일반 콘텐츠가 아닌 책에서 원하는 가치의 종류

"여기서 한 가지 주의할 점이 있어요. 사용자 인터뷰에서 얻으려는 주요 정보는 프로덕트를 벗어나서 그보다 상위 정보여야 한다는 점이에요."

"상위 정보요? 그게 뭐예요?"

"네, 상위 정보는 지금 우리 서비스 안에서 벌어진 일 말고 사용자가 이걸 왜 하려는지부터 다시 올라가서 보는 정보예요. 우리 제품이 아니라 사용자의 삶에서 이 기능이 어떤 의미를 갖는지 보는 거죠. 여기 보면 '전자책'을 벗어나서

'독서'라는 본질을 가리키고 있죠. 그리고 '냥냥북스 전자책 이용'을 벗어나서 '전자책 플랫폼 이용'이라는 더 상위의 관점으로 정보를 정의하고 있고요. 마지막으로 '고양이 집사가 냥냥북스에서 다른 콘텐츠는 보면서 전자책은 보지 않는 이유'가 아닌 '고양이 집사가 일반 콘텐츠가 아닌 책에서 원하는 가치가 무엇인가'를 확인하려 하고요. 왜 그럴까요?"

"음… 아무래도 문제 해결의 키는 '우리 서비스만의 문제'가 아니라 '사용자의 선택 기준' 속에 있어서인 것 같아요. 사용자 인터뷰는 설문조사랑 다르게 사람을 깊게 알아보는 시간이잖아요. 표면적인 것을 뚫고 그 안에 있는 문제의 본질을 알아낼 수 있는 절호의 기회이다 보니 '이 사람은 왜 이런 선택을 하는가?'가 주요 정보여야 할 것 같아요."

"정확해요. 문제를 해결하려면 언제나 그 문제보다 더 위에 시선을 둬야 해요."

초록은 아홉의 설명과 자신의 대답 모두 받아 적었습니다. 자신을 위해서 그리고 이번 주말에 만날 '그 사람'을 위해서.

인터뷰 대상자 정의

인터뷰 목적을 설정했으니 이제 그에 맞는 인터뷰 대상자를 선정합니다. 인터뷰 대상자가 모호하거나 잘못 설정되면 수집한 데이터는 프로덕트 개선에 도움이 되지 않거나 오히려 혼란만 키우게 되니 이 역시 명확히 정하는 것이 좋습니다.

앞서 정의한 '사용자 인터뷰에서 얻으려는 주요 정보'를 기준으로 그 정보를 가지고 있을 만한 사람으로 대상자를 좁히면 됩니다. 이때 처음부터 그룹을 나눠서 대상자를 선정하면 좋습니다. '20대' '30대'나 '직장인' '학생'과 같이 인구 통계학적 정보로 그룹을 나눠도 되고 '운동이 취미여서 다양하게 하는 사람' '건강 때문에 운동을 하기 때문에 하나만 겨우 하는 사람'과 같이 목적 기반으로 나눠도 됩니다.

정답은 없습니다. 그룹을 나누는 이유는 그룹 간 비교를 통해 문제를 더 잘 알아보기 위함이니 '지금 우리가 풀려는 문제'를 기준으로 나누면 됩니다.

"다음으로 인터뷰 대상자를 정의해요. '누구에게 물어볼지'를 정하는 거죠. 의외로 사용자 인터뷰에서 가장 많이 생기는 실수가 바로 이거예요. 대상을 정확하게 정하지 않은 채 아무나 만나서 얘기를 들어보는 거죠. 예를 들어 '고양이 키우는 사람을 만나보자' 이런 식으로."

"아… 제가 참여 했던 설문조사도 그랬잖아요. '기록 앱을 자주 쓰는 사람'한테 물어야 하는데 저처럼 거의 안 쓰는 사람한테도 물어봐서 엉뚱한 답이 수집되었을 거예요. 이렇게 보니 대상에 관한 명확한 기준 없이 그냥 '기록은 20대~30대가 많이 하니까 그들한테 물어보자!'라고 정하고서 그 연령대가 있을 만한 단톡방만 골라서 뿌렸겠구나 싶네요."

초록은 어느새 적는 속도가 느린 노트와 펜은 한쪽으로 치우고 노트북을 두드리며 말했습니다. 그녀의 타자 소리에는 한 글자도 빠짐없이 받아 적겠다는 의지가 담겨 있었습니다.

"저희 팀은 이번에 얻으려는 주요 정보에 맞춰 사용자 대상자를 그룹으로 나눴어요. 비교를 통해서 문제의 원인을 빠르고 정확하게 파악하고 싶었거든요."

사용자 인터뷰 대상자 정의

- 인터뷰 대상자:

  [그룹 1] 독서 시 전자책도 사용하는 사람

  [그룹 2] 독서 시 전자책은 사용하지 않는 사람

  [그룹 3] 고양이 집사

  [그룹 4] 고양이 집사 아님

"아홉 님, 궁금한 게 있어요. 그렇다면 인터뷰 대상자를 선정할 때는 우리 서비스를 이용하는 사람으로 해야 하나요? 아니면 우리 서비스를 이용하지 않는 사람도 포함해서 선정해야 하나요?"

"좋은 질문이에요. 결론부터 말씀드리자면 '케바케'예요. 저희는 이번에 '누가 어떤 목적을 이루기 위해 냥냥북스 콘텐츠 중 전자책을 소비하는 걸까?'를 알고 싶었어요. 그래서 냥냥북스를 벗어나 더 넓은 범위로 사용자를 모았고요. 하지만 지난번에는 냥냥북스 이용자만을 대상으로 했어요. 새로 오픈한 '고양이 건강 매거진' 콘텐츠 이용률이 유입률 대비 낮았기 때문에 '유입은 있는데 왜 사용하지 않을까?'를 알아야 했거든요. 그러니 이미 서비스에 들어온 사람들을 대상으로 한 거죠. 이처럼 프로젝트 목적별로, 사용자 인터뷰 목적별로 그에 맞게 선택하면 돼요"

초록은 아홉을 쳐다보며 고개를 끄덕였습니다. 물론 손은 빠짐없이 타이핑하느라 바빴습니다.

인터뷰 대상자 모집

이 단계가 사용자 인터뷰 전 과정을 통틀어서 제일 어렵습니다. 어디 광장에 가서 외친다고 사람들이 모여드는 것이 아니기 때문이죠. 하지만 또다시 방법을 찾아봅니다.

이미 운영 중인 서비스가 있고 그 서비스를 개선하는 것이 목표라면 먼저 기존 사용자에서 인터뷰 대상자를 찾습니다. 메일, 문자, 전화 등 다양한 방법으로 연락을 취해 모집합니다.

내부 사용자가 없는 상황이라면 또는 냥냥북스 예시처럼 내부 사용자가 있어도 미사용자가 필요하다면 외부에서 섭외해야 합니다. 인맥, 아는 카페, 오픈채팅방, 페이스북 등을 총동원하여 섭외 메시지를 돌립니다. 이 과정에서 카페에서 강퇴당하기도 하고 오픈채팅방에서 욕을 먹기도 하지만 부탁하고, 거절당하고, 쫓겨나는 과정을 되풀이하다 보면 멘탈이 강해지는 효과를 얻을 수 있습니다.

설문조사 플랫폼을 이용하는 방법도 있습니다. 이 방법은 비용이 들지만 그만큼 에너지와 시간을 사는 것이기 때문에 효율이 좋습니다. 무엇보다 그들이 이미 보유하고 있는 풀이 있기에 인터뷰 대상자를 많이 섭외할 수 있습니다. 다만 주의할 점은 설문조사 플랫폼마다 보유하고 있는 고객의 직업, 연령대 등이 조금씩 다르니 내 타깃 고객군을 잘 섭외해줄 수 있는 곳을 찾아서 선택하는 것이 중요합니다.

"그럼 인터뷰 대상자는 어디서 모집하셨어요? 회사가 해주나요?"

"회사요? 회사 누구요?"

"어… 뭐… 대표님이라든가… 경영지원팀이라든가…. 음… 하하 그러게요…?"

초록은 그렇게 말한 뒤 자신이 그동안 두루뭉술하게 생각하고 있었음을 알아차렸습니다.

"지금 우리 회사에 사용자를 직접 만나보고 싶어하는 사람이 저와 경수 님 그리고 이제 초록 님까지 이렇게 세 명뿐이에요. 사용자를 연구하고 분석하는 팀이 있는 곳도 아니어서 사용자 인터뷰 진행 승인도 겨우 받았는걸요. 인터뷰 대상자를 대신 모집해줄 사람은 없어요. 목마른 저와 경수 님이 직접 여기저기 올려서 모집했죠. 저희는 먼저 냥냥북스 이용자들에게 문자와 메일을 돌린 뒤 외부에서도 찾기 위해 카페랑 단톡방, 오픈채팅방, SNS에 모집 글을 다 올렸어요."

초록은 오픈채팅방에 올라온 설문조사에 응했다가 인터뷰 대상자까지 선정된 것을 떠올렸습니다.

'원래 쉽지 않은 일이구나….'

"다행히 저희는 주제가 비교적 대중적이어서 모집 글을 올릴 채널은 쉽게 찾았죠. 그런데 얼마 전에 알게 된 프로덕트 디자이너한테 들었는데 '건물관리자'처럼 대중적이지 않는 대상을 찾으려면 더 힘들다고 하더라고요. 하지만 그 회사는 사용자 연구에 관심이 많아서 많은 동료와 같이 모집하고 진행해서 그래도 수월하게 모았다고 했어요. 부럽더라고요."

아홉의 눈에는 상대를 진심으로 부러워하는 마음이 담겨 있었습니다. 초록 역시 비슷한 느낌을 받았습니다. 잠시 타이핑하던 손을 내려놓고 'UX/UI 디자이너가, 프로덕트 디자이너가 사용자 연구에 쓰는 모든 열정과 의지, 노력을 지지하는 회사 환경'은 어떤 느낌일지 상상해봤습니다. 상상만으로도 안정감이 드는 것이 오히려 이질적으로 느껴졌습니다. 이상한 기분을 떨쳐버리기 위해 아홉에게 서둘러 질문했습니다.

"다음은요? 이제 질문을 만드나요?"

사용자 인터뷰 질문 설계

사용자 인터뷰든 설문조사든 핵심은 '질문 설계'라고 해도 과언이 아닙니다. 질문이 제대로 준비되어야 진짜 인사이트를 얻을 수 있어서 그렇습니다. 좋은 질문은 사용자의 '왜'를 끄집어내는 질문입니다. 이는 상황에 따라, 프로젝트에 따라, 목적에 따라 달라집니다.

반면 좋지 않은 질문은 '왜'를 끄집어내지 못하는 질문입니다. '인터뷰 대상자에게 한 가지 답만을 유도하는 꽉 닫힌 질문' '무슨 대답을 해야 할지 모르게 만드는 허허벌판 열린 질문'이 모두 여기에 속합니다.

주로 '이 제품 어떠세요?'나 '넷플릭스 이용은 어떠셨는지 들려주세요'와 같은 질문이 될 수 있습니다. 이러면 '좋아요' '나쁘지 않아요'와 같은 닫힌 대답이 나오거나 '넷플릭스가 어떠냐고요? 뭐가 어떠냐는 거예요? 콘텐츠가요? 재밌어요'와 같은 애매한 대답 외엔 딱히 얻을 수 있는 것이 없습니다. 이런 질문은 인터뷰 대상자에게서 아무것도 끄집어낼 수 없습니다. 우리가 할 일은 '사용자도 모르는 그들의 욕구를 발굴'하는 일인데 이렇게 되면 발굴은커녕 발굴할 장소도 못 찾게 됩니다.

"네, 맞아요. 이제 질문을 만들 차례입니다. 질문 설계할 때 절대 법칙처럼 여겨지는 것이 몇 개 있죠. 그중 대표적인 것으로는 '닫힌 질문보다 열린 질문을 하라'는 말이 있을 거예요."

"오, 맞아요. 저도 들어봤을 정도니 절대 법칙인 것 같긴 해요. 그런데 제가 이번에 단톡방에 올라온 설문조사 대상자로 참여했을 때 '왜 이렇게 질문을 못하지?'라는 생각을 했거든요. 그 절대 법칙을 지키는 게 어려운가요?"

"애초에 전제가 잘못되었어요. '절대적인 법칙'이 아니에요. 그 법칙을 곧이곧대로 따르는 것보다는 그 법칙이 생겨난 이유, 즉 본질을 따라야 해요."

"본질이요?"

"네. 열린 질문을 해야 한다는 말에는 어떤 본질을 담고 있을까요?"

"음, 우리의 추측을 강요하는 게 아니라 사용자가 자신의 답을 꺼낼 수 있게 만드는 게 본질 아닐까요? 우리는 모를 수 있는, 그 사람이 진짜 중요하게 생각하는 걸 꺼내야 하니까요."

"맞아요. 그 본질이 중요한 거지 열린 질문이 닫힌 질문보다 무조건 좋다는 말이 아니에요. 때론 닫힌 질문이 필요할 때도 있어요. 사용자의 기본 정보나 선택 여부를 명확하게 파악해야 할 경우죠. 열린 질문도 무턱대고 열려 있기만 하면 안 돼요. 너무 막막해서 사용자가 '허허…' 하고 웃는 것 외에 할 말이 없을 정도로 허허벌판인 질문은 사용자에게서 아무것도 끄집어내지 못해요."

초록은 얼마 전 설문조사에 참여했을 때 활짝 열린 질문을 앞에 두고 '뭘 답해야 하지?'라고 생각했던 기억을 떠올렸습니다.

"이해는 가요. 그런데 막상 적용하려 하면 응용이 좀 어려울 것 같아요."

"안 그래도 이번에 인터뷰 질문을 구성할 때 경수 님과 함께 '나쁜 예'와 '좋은 예'를 만들어뒀어요. 여기 이걸 보면 이해가 좀 될 거예요."

아홉은 초록에게 자신의 모니터에서 아까와 다른 화면을 보여주었습니다.

	나쁜 질문		좋은 질문
허허벌판 열린 질문	"요즘 책 읽는 경험 전반에 대해 얘기해주세요." → 너무 광범위해서 어디서부터 말해야 할지 막막함	발화자가 바로 상황을 떠올리는 질문	"전자책을 선택할 때 가장 중요하게 생각하는 건 어떤 요소인가요?" → 답은 다양하지만 질문이 구체적인 상상을 유도
꽉 닫힌 질문	"냥냥북스 전자책은 가격이 비싸서 구매를 하지 않으시는 건가요?" → 한 가지 원인만을 전제로 유도함	예상 못한 답을 유도하는 열린 질문	"지금까지의 전자책 경험 중 '이건 좋았다' 싶은 순간이 있다면 들려줄 수 있으실까요?" → 프로덕트 외 요소까지 폭넓게 끌어낼 수 있음

"와, 이렇게 비교해서 보니까 완전 알겠어요. 나쁜 질문 예시는 정말 별로네요. 저런 질문이 들어오면 저도 저렇게 답할 것 같아요."

"그렇죠? 사실 제가 처음에 저랬어요. 하하."

초록은 아홉의 대답에 갑자기 머쓱해져 콧잔등을 한 번 쓱 긁고 어색하게 따라 웃었습니다. 아홉은 개의치 않는다는 듯이 이어서 말했습니다.

"이제 인터뷰 준비를 모두 마쳤다면 인터뷰를 하러 가야죠. 인터뷰 진행할 때 유의할 점에 대해서 얘기해드릴게요."

사용자 인터뷰 진행

이제 인터뷰를 진행합니다. 다음은 인터뷰 결과를 더 의미 있게 만들어줄 세 가지 중요한 포인트입니다.

첫째, '왜?'를 자연스럽게 물어봅니다. '왜?'라는 물음은 숨겨진 욕구나 문제를 발견하는 강력한 도구입니다. 사용자가 특정 행동을 했거나 특정 의견을 말했을 때 '왜 그렇게 생각하세요?' '왜 그렇게 하셨나요?'라고 질문을 던져보세요. 한 번으로 충분하지 않다면 반복해서 물어보는 것도 좋습니다. 그러면 표면 아래에 숨어 있던 진짜 이유와 니즈가 서서히 드러납니다.

다만 '왜'를 묻는 행위는 조심해야 합니다. 자칫하면 상대방이 추궁당한다고 느낄 수 있기 때문입니다. 심리적으로 위축되면 본능적으로 자신을 방어하기 위해 소극적으로 대답하게 됩니다. 그러면 답이 짧아지거나 표면적인 이야기만 들을 수 있습니다. 또한 단순히 '왜'를 반복해서 묻는다고 한들 사용자는 속마음을 술술 알려주지 않습니다. 그래서 '왜 그렇게 생각하세요?'라는 말을 그대로 쓰는 것보다는 다양한 단어와 표현을 이용하여 자연스럽게 물어보는 편이 좋습니다.

둘째, 질문보다는 대화를 합니다. 준비한 질문을 그대로 읽지 않고 내용을 충분히 숙지한 뒤 자연스럽게 대화하는 것이 좋습니다. 사용자는 면접을 보러 온 것이 아니라 자신의 이야기를 우리에게 들려주기 위해 온 것입니다. 처음부터 질문지를 꺼내 하나씩 읽어가는 방식은 사용자로 하여금 '질문에 맞는 답'을 찾아야 한다는 압박을 주기 때문에 본심보다는 정답 같은 대답이 나올 가능성이 큽니다.

우리가 사전에 준비한 질문은 등대처럼 방향을 비춰주는 역할을 할 뿐, 꼭 정해진 순서나 문장 그대로 따를 필요는 없습니다. 물론 특정 단어나 표현처럼 그대로 사용해야 하는 경우도 있습니다. 이런 것만 미리 정해놓고 이외에는 상대의 말에 진심으로 반응하고 호기심을 갖고 질문을 이어가는 것이 훨씬 더 많은 이야기를 끌어낼 수 있습니다.

셋째, 요약하지 말고 들리는 그대로 기록합니다. 인터뷰를 진행할 때 기록을 위해 노트북 등으로 대화 내용을 타이핑하게 되는데 이때 중요한 것은 되도록이면 '들리는 대로' 기록해야 한다는 점입니다. 인터뷰 대상자의 말을 생략하거나 요약하지 않는 것이 좋습니다. 기록자의 생각이 개입되면 이후 인사이트가 왜곡될 수 있습니다.

인터뷰 중 타이핑하는 것이 어렵다면 음성이나 영상으로 녹음하는 것도 방법입니다. 녹음 파일이 있으면 클로바노트와 같은 서비스를 이용해 텍스트 기록으로 변환하면 됩니다. 단, 음성 녹음이나 영상 녹화는 사용자의 동의를 구하고 진행해야 합니다. 법적 책임에 휘말릴 수 있을 뿐만 아니라 허락 없이 나의 흔적을 수집하는 것은 누구나 기분이 나쁠 수밖에 없습니다.

또한 녹음 시 주의해야 할 점이 있습니다. 인터뷰를 녹음이나 녹화 형태로 진행하면 대부분 말을 아끼게 되어 충분한 대화가 어려울 수 있습니다. 특히 서비스 특성상 민감한 개인정보가 오가는 경우라면 동의를 받기도 쉽지 않습니다. 게다가 녹음된 음성은 오탈자가 많습니다. 사람의 발화를 100% 틀림없이 기록하지 않기에 반드시 인터뷰가 종료된 다음 후처리를 해줘야 합니다. 이 과정을 건너뛰면 엉뚱한 인사이트를 낼 수도 있습니다.

"초록 님, '왜를 계속해서 물어봐라'라는 말도 많이 들어봤죠?"

"네, 결국 사용자에게 '왜'를 얻어내는 게 인터뷰의 최상위 목적이니까 '왜'를 계속해서 물어봐야 하는 것은 거의 절대적인 법칙 아닌가요?"

"맞아요. 이것만큼은 절대적인 법칙이 맞아요. 단, 이것도 유의할 사항이 있어요. '왜'를 계속해서 물어야 한다고 해서 계속 '왜요?' '왜요?' '왜요?' 이렇게 이유를 곧이곧대로 물으면 곤란해요. 이러면 취조당하는 느낌을 받는데 어느 누가 기분이 좋겠어요? '왜'를 묻되 표현을 다른 식으로 해야 해요."

"다른 식으로요? 어떻게요? 아니, '왜'를 '왜'라고 물어보지 뭐라고 물어봐요?"

"예시를 보여드릴게요."

초록은 이번 예시도 '나쁜 예'는 아홉의 과거일까 봐 표정을 신경 쓰며 그가 가리키는 모니터를 확인했습니다.

'왜'라고 계속 묻는 나쁜 예	'왜'라고 계속 묻는 좋은 예
질문: 출근길에 주로 전자책을 본다고 하셨는데 왜 출근길에 보세요? **답변**: 아침에 공부하려고요. **질문**: 왜 하필 출근길인가요? **답변**: 그때밖에 책 볼 시간이 없어요. **질문**: 왜 그때밖에 책 볼 시간이 없으세요? **답변**: (뭐야, 왜 이렇게 취조하듯이 묻는 거지?)바빠서요.	**질문**: 출근길에 주로 전자책을 본다고 하셨는데 왜 하필 출근길일까요? 퇴근길도 있고 친구를 만나러 가는 길도 있는데요. **답변**: 아, 퇴근길에는 솔직히 하루 종일 회사에서 에너지를 다 써서 책이 눈에 안 들어와요. 그래서 퇴근길엔 유튜브 보고요. 친구 만나러 가는 길에는 뭐, 다 가까이 살아서 굳이 책까지 펼칠 시간은 없고요. 가끔 자기 전에 보기도 하는데 그땐 눈이 너무 아프더라고요.

> **질문**: 아, 맞아요. 퇴근길에 에너지가 남아 있기 힘들죠. 그럼 전자책을 자기 전에는 눈이 아파서 안 보는 거라면 종이책은요? 종이책은 왜 자기 전에 안 보세요?
> **답변**: 아, 종이책이 침대 옆에 많아요. 근데 이상하게 누우면 일단 폰부터 들게 되고 뭐 인스타 좀 보다 보면 잘 시간이라서 그냥 자요.
> **질문**: 자기 전에 눈이 아파서 전자책을 안 보신다더니 그게 아니었군요. 후후.
> **답변**: 하하 그러게요. 그냥 자기 전에 책을 안 보고 싶은가 봐요.
> **질문**: 왜 그럴까요? 왜 아침엔 보는데 자기 전엔 안 보고 싶을까요?
> **답변**: 그러게요. 흠, 아마도 정말 뭔가를 읽고 생각할 에너지가 없어서인가 싶네요.

"와, 이렇게 비교해서 보니까 확 느껴져요. 일단 '나쁜 예'는 정말 취조당하는 느낌이 나는 반면 '좋은 예'는 자연스럽게 대화하는 느낌이 나네요. 그래서인지 답변도 완전 다르고요."

"그렇죠? '왜'를 물을 수 있는 단어와 표현은 많아요. 중요한 건 이거예요. 질문을 하는 게 아니라 대화를 하는 것. 그러면 그 안에서 자연스럽게 왜가 묻어 나오고 상대방도 자연스럽게 답할 수 있어요."

초록은 커피의 얼음이 다 녹은 것도 신경 쓰지 않은 채 열심히 기록을 이어나갔습니다.

"자, 그리고 이건 '왜?'를 묻는 것만큼이나 중요한 부분인데요, 인터뷰는 질문지를 그대로 읊는 자리가 아니에요."

"엥? 질문지는 질문하려 준비한 건데 그걸 읽으면 안 돼요?" 초록은 고개를 갸웃했습니다.

"읽어도 되죠. 하지만 문제는 '그대로' 읽는 거예요." 아홉은 말을 이어갔습니다.

"우리가 인터뷰를 할 때 사용자는 시험을 보러 온 게 아니라 자신의 이야기를 들려주러 온 거잖아요. 그런데 우리가 '첫 번째 질문은 이것' '두 번째 질문은 이것' '세 번째 질문은 이것' 이렇게 질문만 줄줄 읊기 시작하면 분위기가 부자연스러워져요. 그러면 답변도 부자연스럽고요. 단답으로 끝날 수도 있고 진짜 사용자의 생각이 아닌 정제된 답이 나올 수도 있죠. 그래서 질문을 미리 숙지해 두는 게 중요해요. 질문의 순서를 다 외우란 뜻은 아니고요. 전체 흐름, 이번 인터뷰에서 반드시 물어봐야 할 핵심 포인트 그리고 그대로 써야 하는 중요한 단어나 표현 그 정도만 기억해도 충분해요. 아, 물론 질문지를 미리 준비하여 대본 보듯이 슬쩍 보는 것도 필요하죠."

"흠… 이해가 안 가요. 오히려 준비한 질문을 하나씩 꺼내야 놓치는 게 없지 않나요?"

초록은 여전히 납득하지 않는 듯 눈썹을 올리며 반문했습니다.

"저도 예전에 그렇게 생각했어요. 그런데 막상 실전에 가보니 아니더라고요. 여기, 이 예시를 보면 이해가 될 거예요."

아홉은 이번에도 미리 준비해둔 예시를 보여주었습니다. 초록은 이번에도 '아홉 님의 경험담이구나'라는 것을 직관적으로 느끼고 말실수를 조심하며 찬찬히 읽어보았습니다.

'질문을 읊는' 나쁜 예	**'대화를 하는' 좋은 예**
질문: 전자책은 왜 사용하시나요? **답변**: 뭐… 그냥 편해서요. **질문**: 전자책은 뭘로 보시나요? **답변**: 핸드폰으로 봐요. **질문**: 책은 어떻게 고르세요? **답변**: 뭘 어떻게 골라요. 그냥 보고 싶은 거 고르죠.	**질문**: 종이책보다 어떤 점이 좋아서 전자책을 사용하시나요? **답변**: 음, 아무래도 핸드폰만 켜면 볼 수 있으니 언제 어디서든 볼 수 있어서 좋아요. **질문**: 아, 맞아요. 확실히 휴대성이 좋죠. 그럼 휴대폰으로만 보시는 거예요? **답변**: 아뇨, 그렇진 않아요. 뭐… 아이패드로도 보고 가끔 노트북으로도 봐요. **질문**: 아, 디바이스를 다양하게 이용하시네요. 그럼 전자책도 서점에서 책 고르듯이 고르시나요? 아니면 차이가 있나요? **답변**: 아무래도 서점이랑은 좀 다르더라고요. 서점에서는 보고 싶은 책 몇 개 골라서 한번 쓱 훑어보는데 전자책은 보고 싶은 거 골라서 일단 리뷰보고 목차보고… 그러다가 마음에 드는 거 일단 담고….

"아…. 나쁜 예는 확실히… 네, 그렇네요."

"인터뷰는 질문보다 '대화'에 가까워야 해요. 그래야 사용자 입에서 자기도 몰랐던 속마음이 툭 하고 나오는 순간이 생기거든요. 질문 순서는 바뀌어도 괜찮아요. 오히려 사용자의 흐름에 맞춰서 질문을 유연하게 바꾸는 게 더 좋아요."

"그럼 질문지에 적힌 대로 안 가도 괜찮다는 거네요?"

"그렇다기보다는 대본 읽듯이 그대로 읊지 말라는 거예요. 핵심 포인트는 놓치면 안 돼요. 모든 질문은 의도를 가지고 설계한 거니까요. 질문지에 적힌 문장을 하나도 틀리지 않고 낭독하는 게 목적이 아니라는 점이 포인트예요."

'이렇게 보니 정말 사용자 인터뷰는 '사용자를 깊게 아는 것'에 중점을 두고 있구나. 그러기 위해 '대화'를 하는 것이고. 거의 소개팅 수준이야. UX에서 사용자를 이해하기 위해 사용자 인터뷰를 왜 그렇게 중요하게 생각하는지 알 것 같아. 주말에 내가 인터뷰 대상자로 참여하게 될 때 이런 것들을 생각하며 참여하는 것도 꽤 의미 있겠다.' 초록은 열심히 기록을 이어나갔습니다.

"그리고 인터뷰 진행할 때 기록하잖아요. 그때 요약하지 말고 들리는 대로 기록하는 것이 좋아요."

"들리는 대로요?" 초록은 타이핑을 멈추고 되물었습니다.

"네. 이 부분도 정말 중요한데요, 인터뷰할 때 발화자의 말을 대충 요약해서 적는 실수를 정말 쉽게 하게 되거든요. 예를 들어 사용자가 '이 책은 자기 전에 누워서 보려고 샀는데 전자책으로 보려고 했더니 화면 밝기가 너무 강해서 결국 안 봤어요'라고 말했는데 기록엔 그냥 '전자책은 밝기가 강해서 불편'이라고만 남기는 거죠."

"어… 네. 저도 그렇게 적을 것 같긴 해요. 근데 그러면 안 되는 거예요?"

"요약하면 그 사람의 말 속에 담긴 맥락이 사라져요. '왜 그랬는지' '언제 그랬는지' '뭘 기대했는지' 같은 정보는 다 날아가거든요. 기록자가 그 상황을 해석해버리는 순간, 인사이트는 왜곡됩니다. '자기 전에 볼 때 밝기가 너무 강해서 불편하다'는 이야기가 '전자책은 밝기가 강해서 불편'이 되는 순간 '자기 전'이라는 상황은 사라지고 '밝기'라는 물리적 불편만 남죠. 이러면 이후 UX 솔루션을 도출할 때 단순히 '밝기를 낮추자'라고 결론이 날 수 있어요. '나이트모드를 만들어서 선택할 수 있게 하자'라는 UX 솔루션을 애초에 낼 수 없게 되는 거예요. 결국 현재 밝기에 만족하던 사람들이 떠나거나 기존에 '자기 전 상태에 적합한 밝기만' 기대했던 사용자 역시 만족하지 않을 수 있고요."

초록은 되물었습니다.

"아… 그러네요. 그럼 어떻게 해요? 말이 너무 길면 타이핑하기 벅차지 않아요?"

"좀 그렇긴 해요. 그래도 무작정 받아 적어요. 오타가 나도 그냥 타이핑해요. 후처리할 때 수정하고요. 녹음하는 방법도 있어요. 다만 사전에 꼭 동의를 구하고 녹음해야 해요. 말할 때부터 알려줘야 하고요. 예를 들어 '인터뷰 내용을 더 정확하게 정리하기 위해 녹음해도 괜찮을까요?'라고요. 안 그러면 상대방이 불쾌해할 수 있어요. 법적 문제가 생길 수도 있고요. 그리고 또 주의할 점이 이 대화가 녹음된다는 걸 안 순간부터 상대방은 긴장하게 될 거예요. 말을 조심하게 되고 아낄 수 있어요."

"맞아요. 누가 저 몰래 대화를 녹음하면 진짜 기분 나쁠 것 같아요. 그리고 녹음하는 걸 알게 되면 저도 약간 어색해질 것 같긴 하네요."

"그리고 녹음할 때 주의할 점이 하나 더 있는데요, 인터뷰가 끝난 뒤 녹음한 걸 텍스트로 변환하고 나서 반드시 확인해야 한다는 거에요. 한 번은 경수 님이랑 인터뷰 일정을 맞추기 어려워서 제가 혼자 나간 적이 있었는데요. 혼자 인터뷰도 하고 타이핑까지 동시에 진행하기 어려워서 동의를 얻고 녹음을 했어요. 나중에 앱으로 텍스트 변환까지 했죠. 일정이 겹쳐서 며칠 뒤에야 그걸 다시 봤는데… 와, 그때 진짜 후회했어요."

"왜요?"

"음성 녹음은 정확하지 않더라고요. 사람이 말할 때 중간중간 겹치거나 흐릿해지기도 하고 클로바노트가 문장을 엉뚱하게 받아 적기도 해요. 예를 들면 '거기 좀 자주 갔죠'라는 말이 '거제도로 갔죠'로 기록되더라고요. 그걸 인터뷰 끝나자마자 확인했으면 그래도 기억이 남아 있으니 바로 수정할 수 있었을 텐데 시간이 지나고 나서 확인하니까 그게 무슨 말이었는지 도무지 생각이 안 나는 거예요. 고생 좀 했죠."

"헉… 의미가 완전히 바뀌네요. 왜 그러는 거예요?"

"우린 같은 발음을 해도 소리가 다르게 나와요. 또박또박 발하지 않거나 말을 빠르게 해서 단어나 조사가 유실되기도 해서 그렇죠. 그러니 녹음을 통한 기록을 변환할 때는 인터뷰 직후 후처리를 하는 게 좋아요."

초록은 '그대로 기록할 것. 요약 X. 판단 X. 되도록 타이핑. 불가하면 동의받고 녹음. 후처리 필수.'라고 적었습니다.

04
인사이트 도출하기

열심히 수집하였으니 이제는 '발견'을 할 차례입니다. 인터뷰 내용을 노션이든 메모장이든 구글 독스든 어딘가에 열심히 기록했을 것입니다. 하지만 그 기록은 아직 그저 낱말의 집합체에 불과합니다. 규칙도 없고 기준도 없으니 다 읽어도 '그렇군'과 같은 반응만 할 수 있을 뿐입니다.

인터뷰 답변에서 필요한 인용구만 뽑기

인터뷰 기록은 녹음한 것을 그대로 받아 적은 것이기에 쓸데없는 말도 정말 많습니다. 사람은 AI처럼 질문에 딱 맞는 답변만 하는 것도 아니고 그 답변이 정교하지 않을 수 있기 때문이죠.

인터뷰 대상자는 이야기를 하다 보면 삼천포로 빠지기도 하고 동문서답을 하기도 합니다. 심지어는 종종 거짓말도 합니다. 의식적으로 하기도 하고 무의식적으로 하기도 합니다.

이런 대화 기록 속에서 진짜 필요한 말만 건져내는 작업이 필요합니다. 대화 기록에서 필요하다고 판단되는 인용구만 골라내고, 가능하다면 그 옆에 자신의 생각을 메모로 남겨놓는 것이 좋습니다. 그렇지 않으면 나중에 과거의 저처럼 '엥, 내가 이 인용구를 왜 중요하다고 생각했더라?' 하고 고개를 갸웃하게 될지도 모릅니다.

"인터뷰를 마치면 이제 인사이트를 내야죠. 바로 낼 수 있는 건 아니고 '발견'이라는 사전 작업이 필요해요. 초록 님, 이 인터뷰 기록을 읽어보실래요? 질문자는 저예요."

초록은 아홉이 보여준 모니터 화면 속에 빼곡히 써 있는 대화 기록을 읽기 시작했습니다.

[인터뷰 내용]

질문: 그럼 고양이에 대한 정보를 책으로는 안 보세요?

답변: 네, 책으로 보면 너무 오래 걸리고 다 읽어야 하고…. 난 당장 우리 집 고양이가 어떻게 해야 밤에 우다다를 안 하는지 알고 싶은 건데 책은 너무 구구절절해요.

질문: 그러시구나. 그럼 다른 책은 보세요?

답변: 보죠. 저 책 좋아해요.

질문: 출근 시간, 퇴근 시간, 자기 전 이 세 가지 시간 중 책을 가장 많이 읽는 시간대는 언제예요?

답변: 뭐 그냥 이것저것 보는 거죠. 책을 뭐 꼭 보던 것만 보는 건 아니니까요.

질문: (질문에 맞지 않는 답을 하시는 것 같아서 다시 물어봄)그렇죠. 저도 이것저것 봐요. 그럼 책을 주로 읽게 되는 시간대가 출근, 퇴근, 자기 전 이 세 가지 중 언제예요?

답변: 아, 아무래도 출근 시간에 많이 봐요. 아니다, 자기 전에 많이 봐요. 침

대 옆에 항상 책이 있어요. 요즘엔 좀 옛날 책이긴 한데 <베로니카, 죽기로 결심하다>를 보고 있어요. 그거 보셨어요? 아, 너무 재밌더라고요. 그 작가 거 <연금술사>는 봤는데 베로니카를 아직 안 봤었거든요. 오늘은 여기까지만 봐야지 하고 펼치는데 계속 보게 돼서 자는 시간을 놓쳐요. 지금도 사실 빨리 가서 보고 싶어요. 베로니카가 피아노를 치기 시작했는데 도대체 이게 무슨 이유일까 너무 궁금해요.

질문: 아, <베로니카, 죽기로 결심하다> 책 재밌죠. 피아노 치기 시작한 뒤 어떻게 됐는지 말씀드리고 싶지만 스포니까 참을게요. 그런데 많은 분이 자기 전보다 출근 시간에 더 많이 보시던데 순자 님은 자기 전에 더 보시네요?

답변: 네네. 출근할 땐 일부러 걸어가거든요. 자기 전엔 책 보고 출근할 땐 오디오북을 많이 들어요. 요즘 세상 좋아졌어요, 정말. 오디오로 책도 보고 말이죠. 근데 AI가 들려주는 건 좀 어색하긴 하더라고요. 성우가 녹음한 것만 듣고 있어요, 요샌.

질문: AI가 아직 사람을 따라갈 순 없나 봐요. 아니 그런데, 얼마나 걸으시는 거예요? 오디오북 들으려고 일부러 걸어가시는 거예요?

답변: 한 40분 정도 걸어요. 근데 오디오북 들으면서 가면 금방 가요. 집 앞 개천 라인 쭉 따라서 걷다 보면 금방 가더라고요. 요즘같이 날씨 좋은 날은 오디오북이 귀에도 안 들어올 정도이긴 한데 겨울은 또 춥고 그래서 오히려 가을 겨울이 더 좋은 것 같긴 해요. 맞다! 어제 저 거기서 거북이 봤잖아요! 아닌가? 남생이인가? 암튼. 세상에, 세상에…. 깜짝 놀라서…(질문과 벗어난 내용이라 임의 생략).

질문: 하하 그러셨군요. 대화가 너무 재미있지만 책 이야기로 다시 돌아가 볼게요. 자기 전에 책 읽는 시간은 얼마나 되세요? 10분? 1시간?

답변: 어우 한 시간까지는 못 가고요. 한 15분 정도 읽는 것 같아요. 졸려서 못 읽겠더라고요.

질문: (조금 전에는 자기 전에 읽는 책이 너무 재밌어서 자는 시간을 놓친다고 했는데…?)

초록은 대화 기록을 보다가 아홉을 쳐다보며 말했습니다.

"어우, 어질어질한데요…? 동문서답에, 삼천포로 빠지고 답변도 앞뒤가 다르고…."

"그렇죠? 실제 대화는 이런 식으로 이어져요. 그래서 이걸 그대로 쓰는 것이 아니라 중요한 내용만 뽑아야 해요. 보물을 발견하는 거죠. 뽑아야 하는 중요한 인용구는 뭘까요? 아 참, 여기서 인용구란 '사용자 말을 그대로 끌어다 쓴 구절'을 말해요."

"음, 여기서 중요한 인용구라…. 모르겠어요. 전혀 감이 안 와요."

"먼저 저와 경수 님이 각자 중요하다고 뽑아놓은 인용구와 메모를 한번 보실래요?"

"두 분이 따로 확인하신 건가요?"

"네, 맞아요. 인터뷰 기록을 각자 보고 확인해요. '이 부분이 중요한 것 같다'고 생각되는 부분을 형광펜으로 표시하는 거죠. 아, 물론 진짜 형광펜이 아니라 노션에 있는 기능이에요. 구글 독스로 해도 괜찮고요. 저랑 경수 님은 노션이 편해서 노션으로 했어요. 이렇게 각자 따로 확인하면 뽑아내는 게 풍부해져요. 서로 보는 관점도 다르고 생각도 다르니까요. 초록 님도 읽으면서 속으로 한번 체크해보세요. 초록 님 눈에 중요해 보이는 인용구가 무엇인지. 그걸 보고 떠오르는 생각은 무엇인지를요."

[아홉이 체크한 중요 인용구와 메모]

- 네, 책으로 보면 너무 오래 걸리고 다 읽어야 하고…. 난 당장 우리 집 고양이가 어떻게 해야 밤에 우다다를 안 하는지 알고 싶은 건데 책은 너무 구구절절해요.
  - → 아홉의 메모: 고양이 관련 책은 정보를 얻기 위해서 보진 않는 것 같다. 이유는 자신이 찾는 정보를 책 안에서 빠르고 정확하게 추출하기 어려워서다.
  - → 경수의 메모: 사용자들은 자신의 고양이에 문제가 생겼을 때만 콘텐츠를 찾아본다. 즉, 사전 정보가 아닌 사후 정보가 필요한 것이다. 책이라는 매체는 그 상황에 적합하지 않다. '냥냥북스'의 전자책을 '사전 정보' 역할로 만들 것인지 '사후 정보' 역할로 만들 것인지 고민이 필요하다.

- 출근할 땐 일부러 걸어가거든요. 자기 전엔 책 보고 출근할 땐 오디오북을 많이 들어요.
  - → 아홉의 메모: '오디오북 들으려고 걷는 거냐'고 물었지만 답을 듣지 못했다. 하지만 그 뒤의 대화를 통해 추론해봤을 때 겸사겸사인 것 같다.

오디오북 들으면서 가면 금방 간다는 말에서 미루어 봤을 때 출근길의 무료함이나 시간 낭비를 오디오북으로 해소하고 있는 것으로 보인다.

- AI가 들려주는 건 좀 어색하긴 하더라고요. 성우가 녹음한 것만 듣고 있어요.
  - → 아홉의 메모: 들을 수 있는 것만으로 만족하지 않는다. 자연스러운 오디오가 중요 포인트. 왜 오디오가 중요할까?
  - → 경수의 메모: 이건 그냥 '책 좋아해요' '오디오북 들어요'라는 단순 정보 그 이상이다. 사용자가 책을 소비하는 방식에 대한 진짜 기준이 드러나 있다. 그냥 듣는 게 아니라 자연스럽게 들리는 걸 고른다는 건 오디오북 UX에서 음성 품질이 굉장히 중요한 요소라는 걸 말해주고 있다.

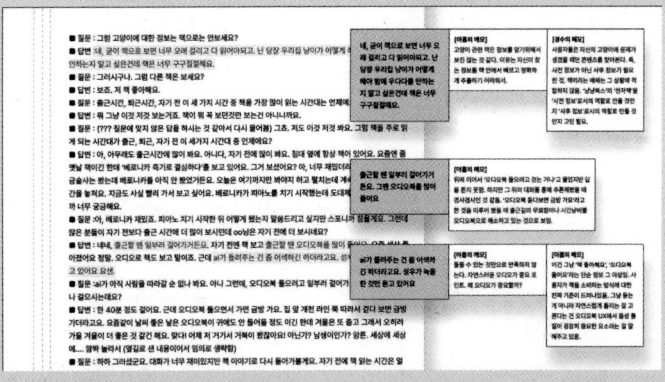

인터뷰 기록에서 인용구 발췌하고 메모하기

초록이 모니터에서 눈을 떼고 끄덕이며 말했습니다.

"이렇게 보니 단순한 문장이 아니네요. 사용자의 행동 뒤에 숨은 이유를 추측하게 해주는 것 같아요. 저도 읽으면서 체크해봤는데 전 좀 다른 부분이 궁금해졌어요. '이 분은 자기 전에 보는 책과 출근 길에 보는 책의 종류가 다를까?' 이게 궁금했어요."

"오! 그것도 좋은 발견인데요? 아주 잘 봤어요. 그렇게 하는 거예요. 인터뷰 기록을 읽으면서 '이 말을 왜 했지?' '이 말 속에 숨어 있는 행동이나 기준은 뭘까?'를 자꾸 던져보는 거예요. 이 단계에서는 '인터뷰 목적에 부합하느냐 아니냐' 또는 '인디뷰에서 얻으려는 주요 정보냐 아니냐'를 생각하지 않아야 해요. 보물이 어디 숨어 있는지는 아무도 모르거든요."

"그럼 질문자가 누구인지, 인용구를 체크한 사람이 누구인지에 따라 발견하는 게 달라지는 거예요?"

"맞아요. 같은 기록을 읽어도 누구는 '왜 오디오북을 듣는지'가 궁금했고, 누구는 '성우가 중요한 이유'를 봤으며, 초록 님은 '시간대에 따라 책의 종류가 달라질까'를 떠올렸잖아요? 그래서 누가 하느냐에 따라 정말 달라져요. 이게 인터뷰 기록을 다같이 읽어보는 이유죠."

아홉은 이어서 다음 말을 강조했습니다.

"그래서 되도록이면 이 작업은 혼자 하지 않는 게 좋아요. 각자의 시야, 살아온 배경, 중요하게 생각하는 가치가 다르기 때문에 다양한 사람과 함께 읽으면 더 풍부한 인사이트가 나올 수 있어요. 누군가는 그냥 흘려 보낼 문장도 또 다른 누군가에겐 아주 중요한 단서가 될 수 있으니까요."

"하지만 만약 제가 한다면 전 저 혼자 해야 해요. 태진 님이랑 같이 할 수 있을 것 같진 않은데… 꼭 다른 누군가와 함께 해야 하나요?"

"그건 아니에요. 저도 예전 회사였다면 함께할 수 있는 사람이 없었을 거예요. 상황이 여의치 않아 혼자 해야만 한다면 날짜나 장소를 바꿔서라도 해보세요. 사람은 시시각각 변하는 존재거든요. 아니면 꼭 인터뷰에 동행하지 않았더라도 다른 동료와 함께 읽고 토론하면서 서로의 기준을 비교해보는 것도 좋아요. 아, 사용자의 민감한 정보가 담긴 거라면 주의해주시고요. 결국 기록을 잘 모으는 것보다 그 기록에서 '왜'를 계속 물어볼 수 있는 자세가 더 중요해요. 그게 쌓이면 혼자서도 중요한 인용구를 알아보고 자연스럽게 인사이트도 떠올릴 수 있게 될 거예요. 이렇게 말하는 저도 아직 병아리이지만요. 하하"

초록은 이번 주말에 인터뷰 대상자로 참여하고 있을 자신의 모습을 상상해봤습니다. 그때 자신이 어떤 말을 하게 될지, 자신의 이야기 중 어떤 문장이 그 회사에 중요한 인용구가 될지 궁금해졌습니다.

뽑은 인용구에 속성 정보 부여

인용구를 발췌했다면 여기에 '속성 정보(메타데이터)'를 부여합니다. 속성이 더해진 인용구는 그때부터 단순한 텍스트가 아니라 '정성 데이터'의 역할을 수행할 수 있는 상태가 되어 다음 두 가지를 가능하게 해줍니다.

① 패턴 발견

비교와 그룹화를 가능하게 해줍니다. 같은 속성값이 붙은 사람을 묶어서 살펴보면 공통된 맥락이나 니즈를 찾는 데 유리합니다. 반대로 서로 다른 속성값이 붙은 그룹을 비교하면 만족 요소를 찾는 데 유용합니다.

예를 들면 '[휴일에 쉬는 사람]이라는 속성이 붙은 인용구를 모아보니 대부분 '외부 자극 없이 나만의 시간을 중요하게 여긴다'는 공통점이 보였다. 반면 [휴일에 집 밖으로 나가는 사람]이라는 속성이 붙은 인용구를 보니 이들의 대부분이 '새로운 경험이나 풍경 변화에 대한 갈증이 있다'는 것을 알 수 있었다'는 식으로 분석할 수 있습니다.

② 데이터의 의미 왜곡 방지

더욱 적절한 해석이 가능해집니다. 겉보기에 비슷해 보이는 말도 맥락이 다르면 전혀 다른 의미가 됩니다. 예를 들어 누군가 '여행 잘 안가요'라고 말했을 때, 그 사람이 20대라면 경제적인 이유일 수 있고 60대라면 건강상의 이유일 수도 있습니다. 이처럼 발화자의 상황이나 배경을 함께 기록해두면 인용구의 의미를 더욱 정확하게 이해할 수 있습니다.

"이제 열심히 뽑은 인용구에 속성 정보를 추가할 건데요."

"응? 뭘 추가해요? 어디서요? 노션에서 그게 되나요?"

"저흰 피그마에서 했어요. 노션에서 체크하고 메모를 남겨둔 각 인용구를 피그마에서 포스트잇처럼 만든 박스 안에 넣고 거기에 속성 정보를 부여했죠. 초록 님도 초록 님이 편한 도구로 하면 돼요. 쭉 펼쳐놓고 볼 수 있으며 다 같이 확인할 수 있는 걸로요."

"아, 도구가 정해져 있는 건 아니군요. 그런데 속성 정보가 뭐예요?"

"속성 정보는 각 인용구의 주인이 가지고 있는 특징을 말해요. 참고로 모든 인용구에는 동일한 속싱 기순을 부여해야 해요. 누구는 성별을 쓰고 누구는 안 쓰고 이게 아니라, 성별이라는 공통 기준을 모두에게 적용하고 각 인용구의 주인에게 맞는 성별을 써주는 거죠. 쉽게 '필터 기준'이라고 생각하면 돼요."

"필터 기준이요? 앱에서 상품 리스트 볼 때 필터 걸어서 보는 그 필터요?"

"맞아요. 필터는 리스트에 있는 모든 상품에 동일하게 부여되는 속성이잖아요. 같은 개념이에요."

아홉은 화면을 넘기며 인용구 옆에 적힌 속성을 가리켰습니다.

"네, 책으로 보면 너무 오래 걸리고 다 읽어야 하고…. 난 당장 우리 집 고양이가 어떻게 해야 밤에 우다다를 안 하는지 알고 싶은 건데 책은 너무 구구절절해요."

ID카드: 2(이름 대신 사용)
연령대: 20대 후반
직업유형: 직장인
출퇴근 방법: 출근: 도보 / 퇴근: 따릉이
출퇴근 독서: 출근: 오디오북 / 퇴근: X
[그룹 1] 독서 시 전자책도 사용하는 사람
[그룹 3] 고양이 집사

속성 정보 부여

"출근할 땐 일부러 걸어가거든요. 자기 전엔 책 보고 출근할 땐 오디오북을 많이 들어요."

ID카드: 2(이름 대신 사용)
연령대: 20대 후반
직업유형: 직장인
출퇴근 방법: 출근: 도보 / 퇴근: 따릉이
출퇴근 독서: 출근: 오디오북 / 퇴근: X
[그룹 1] 독서 시 전자책도 사용하는 사람
[그룹 3] 고양이 집사

속성 정보 부여

"전자책으로는 에세이 많이 봐요. 가게에서 손님 없을 때 틈틈이 보기 좋아요. 냥냥북스는 고양이 집사가 많아서 그런가? 가끔 추천해주는 책이 너무 제 스타일이더라고요."

ID카드: 4(이름 대신 사용)
연령대: 30대 중반
직업유형: 자영업자
출퇴근 방법: 도보
출퇴근 독서: 안 함
[그룹 1] 독서 시 전자책도 사용하는 사람
[그룹 3] 고양이 집사

속성 정보 부여

"전 인스타에서도 일상툰 많이 보는데 냥냥북스에도 좀 그런 게 있으면 좋겠어요. 아니면 그 왜, 뭐지? 그런 거 있잖아요. 아, 집사 일기였나? 그거 에세이로 만든 거. 그거 재밌게 봤어요. (책은 전자책도 보세요?) 전자책 별로 안 좋아해요."

ID카드: 6(이름 대신 사용)
연령대: 30대 초반
직업유형: 프리랜서
출퇴근 방법: 자차 이용
출퇴근 독서: 안함
[그룹 2] 독서 시 전자책은 사용하지 않는 사람
[그룹 4] 고양이 집사 아님

속성 정보 부여

발췌한 인용구에 속성 정보 부여하기

"이렇게 부여하는 거구나. 으… 그런데 너무 귀찮아 보여요. 속성 정보 이거 안 붙이면 안 돼요? 어차피 인터뷰 기록이 중요한 거잖아요. 왜 굳이 귀찮게 속성 정보를 추가하는 거예요?"

"저도 처음엔 그렇게 생각했는데 막상 진행해보니 속성 정보가 필요한 이유가 세 가지나 있더라고요."

아홉은 손가락을 펴며 설명을 이어갔습니다.

"첫째, 같은 속성이 붙은 사용자끼리 비교해서 패턴을 찾을 수 있게 해줘요. 둘째, 같은 말을 해도 '누가 한 말인지'에 따라 해석이 달라지잖아요? 그 차이를 보존해줘요. 셋째, 이걸 기반으로 나중에 세그먼트나 퍼소나를 만들 때도 쓸 수 있어요."

"아하, 그렇군요. 근데 이렇게 많아요? 한두 개 정도면 되는 줄 알았어요."

"꼭 많아야 하는 건 아니에요. 공통의 기준을 하나 이상 부여하면 돼요. 인용구끼리 비교하며 차이나 특징을 알아차릴 수 있도록 하는 게 목적이니까요. 주로 인구통계학적 속성은 기본으로 부여하고 추가로 프로젝트 목적에 맞게 부여하면 돼요. 아, 그리고 제가 처음에 '사용자 인터뷰 대상자' 정의했을 때 그룹을 네 개로 나누었던 것 기억나요? 그건 꼭 넣어줘야 해요."

초록은 '속성 정보 많이 붙이기'라고 썼던 것을 지우고 '필요한 것만 붙이기'라고 다시 작성했습니다.

"이렇게 해두면 나중에 '사용자의 출퇴근 독서 패턴'에 맞춰서 인용구를 정렬해서 본다든지 '오디오북 소비자들만 따로 분석해볼까?' 같은 식으로 분석이 가능해지는 거죠."

"아, 그래서 필터에 비유한 거군요. 그나저나 정리되지 않은 말뭉치가 기준이 생기니까 데이터처럼 다뤄지는 느낌이에요. 이제 비교와 분류가 가능해지겠네요."

"정확해요. 사용자의 말이 살아 있는 인사이트가 되려면 그 말들 사이에 기준을 세워주는 게 먼저예요. 그 기준이 바로 지금 우리가 만드는 속성 정보고요. 이 과정을 통해 말은 단순한 기록을 넘어 정성 데이터로서 UX 인사이트의 재료가 되는 거예요."

초록은 '내가 이번 주말에 인터뷰에 참여하면 인터뷰 진행자는 내가 한 말에 어떤 속성 정보를 부여할까?'라고 궁금해하며 메모를 이어나갔습니다.

인용구에서 패턴 찾기

각 인용구에 속성 정보를 부여했다면 이제 다시 인용구에 집중할 차례입니다. 인용구를 살펴보다 보면 반복되는 키워드나 주제가 눈에 들어옵니다. 그걸 그룹으로 묶은 뒤 패턴을 찾습니다.

예를 들어 다음과 같은 인용구가 있다고 해보겠습니다.

- 결제할 때 그제서야 로그인이 나오면 짜증난다
- 상품 다 넣고 살려고 하는데 카드 등록 안 했다고 결제 막으면 그냥 꺼버려요
- 장바구니에 담으려니까 회원가입하라고 해서 별로

이 세 인용구는 겉보기엔 조금씩 다르지만 모두 '결제 흐름이 끊기는 상황'에 대한 불만을 이야기하고 있습니다. 그렇다면 이 인용구들을 한데 모아 '결제 전 흐름을 방해받기 싫어함'이라는 이름의 그룹으로 묶어주는 것입니다.

이 작업은 가능하면 혼자 하는 것보다는 동료와 함께 하는 것이 좋습니다. 그래야 다양한 시선으로 인용구를 볼 수 있기 때문입니다. 단, 무작정 많은 동료를 모으는 것이 능사는 아닙니다. 우리에게 필요한 것은 '여러 시선'이지 단순히 '많은 사람'이 아닙니다. 최대한 다양한 포지션, 다양한 생활 습관, 다양한 사고방식, 다양한 성향의 사람을 섞으세요. 그래야 시선도 다양해집니다.

그러나 내가 있는 환경에 함께 할 동료가 없을 수도 있습니다(저도 동료가 없을 때는 혼자 했습니다). 그럴 경우에는 하루 만에 다 끝

내려 하지 말고 날짜를 나눠서 하거나 데스크 리서치를 통해 다양한 자료를 확인하면서 작업하면 됩니다. 비록 실행하는 사람은 나 혼자이지만 그 안에서 다양한 시선을 만들어내는 것이 포인트입니다.

"초록 님, 지금 우리가 뭘 하고 있죠?"

초록은 아홉의 기습 질문에 타이핑을 멈추고 잠깐 생각했습니다.

"음… 아! 발견이요! 사용자 인터뷰 기록지를 보면서 중요한 인용구를 뽑아 보물로 보이는 것들을 발견했고, 그 인용구에 속성 정보를 붙여줌으로써 이 보물을 알아볼 수 있는 기준을 만들었어요."

"와, 보물을 알아볼 수 있는 기준이라는 비유 너무 딱인데요? 맞아요. 그럼 이제 이것들이 어떤 보물인지 살펴볼 차례예요. 지금 여기 피그마를 보면 인용구 카드가 엄청 많죠?"

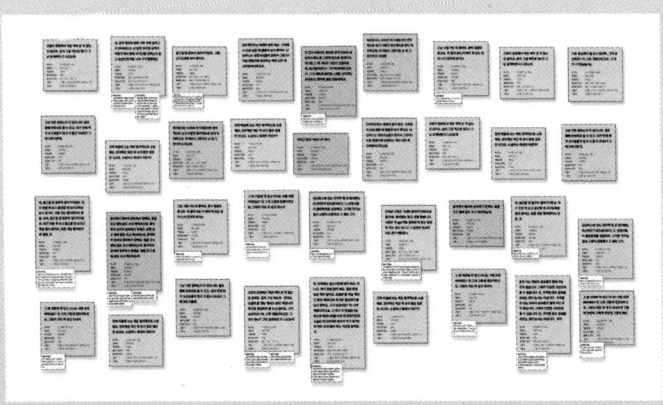

모여 있는 인용구 카드

"헉… 네. 아까 몇 개 보여주셨을 땐 몰랐는데 이렇게 보니까 정말 많네요. 이걸로 뭘 어떻게 하는 거예요?"

"그룹화를 할 거예요. 유사한 내용끼리 하나의 그룹으로 묶는 거죠."

"아! 이전에 아홉 님이 VOC 정성 데이터 분석할 때 카테고리화한 것 보여주셨는데 그것과 같은 거군요(6장 참고)."

"네, 비슷해요. 그땐 사용자의 어떤 말이 수집되어 있는지 모르는 상태에서 카테고리를 하나씩 만들었죠. 이건 우리가 뭘 알아보고자 했는지 명확히 정했기 때문에 그걸 기준으로 먼저 그룹화하면 돼요. 그리고 인터뷰로 대화를 하다 보면 자연스럽게 '알아보고자 했던 것'과 별도로 수집된 정보가 있을 텐데 그건 그대로 새로운 그룹 이름을 붙여서 묶어주면 되고요. 처음에 정의해둔 '사용자 인터뷰 목적'과 '사용자 인터뷰에서 얻으려는 주요 정보' 기억나세요?"

"아…! 맞다. 그게 있었죠? 어느새 까먹고 있었어요."

"길을 멀리 가다 보면 지도를 가방에 넣어둔 채 깜박하기 쉬워요. 그래서 중간중간 지도를 꺼내서 목적지까지 잘 가고 있는지 봐야 하죠. 이쯤에서 처음에 정의한 '사용자 인터뷰 목적'과 '인터뷰에서 얻으려는 주요 정보'를 꺼내볼게요."

[사용자 인터뷰 목적, 수집할 정보 정의]
- **사용자 인터뷰 목적**: 사용자가 냥냥북스에서 전자책을 구매해야 할 이유를 발견하는 것
- **사용자 인터뷰에서 얻으려는 주요 정보**
  - 독서를 전자책으로 하는 이유와 그 반대의 이유

- 전자책 플랫폼 이용 시 중요하게 생각하는 기준(책 종류, UX 환경 등)
- 고양이 집사가 일반 콘텐츠가 아닌 책에서 원하는 가치의 종류

"여기서 '얻으려는 주요 정보'로 정의했던 것부터 필수로 그룹으로 만들 거예요. 그리고 추가로 다양한 기준을 만들어 그에 맞춰 분류하고요."

"추가 그룹은 만드는 기준이 뭐예요?"

"VOC를 보면서 카테고리를 부여해준 것과 동일해요. 수집된 정성 데이터 안에서 반복되는 패턴을 찾는 거예요. 우리가 얻으려던 주요 정보 외에도 있을 예상하지 못한 보물을 찾는 거죠. 정답은 없어요. 뽑아둔 인용구를 보면서 패턴을 찾는 거예요."

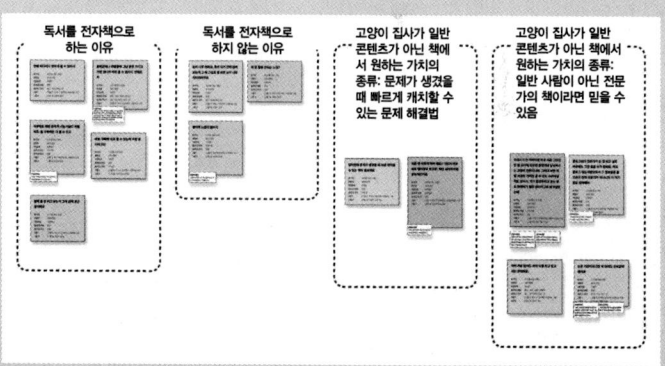

인용구 그룹화를 통한 패턴 찾기

'사용자 인터뷰에서 얻으려는 주요 정보' 그룹화 ①

독서를 전자책으로 하는 이유와 하지 않는 이유

전자책으로 하는 이유	전자책으로 하지 않는 이유
• 언제 어디서나 편하게 볼 수 있어서 • 출퇴근 때나 외출할 때 그냥 폰만 가지고 가면 되니까 언제든지 바로 볼 수 있어서 • 아무래도 매번 종이책 사는 거보다 저렴하죠. 월 구독하면 다 볼 수 있고 • 바로 구매해 바로 볼 수 있는 게 가장 좋더라고요. • 밤에 불 안 켜고 보는 거 그게 진짜 은근 꿀이에요.	• 눈이 너무 아파요. 특히 자기 전에 많이 보는데 그때 보면 눈이 너무 시리더라고요. • 아 좀 집중 안 되는 느낌? • 종이책 느낌이 없어서.

'사용자 인터뷰에서 얻으려는 주요 정보' 그룹화 ②

전자책 플랫폼 이용 시 중요하게 생각하는 기준(책 종류, UX 환경 등)

책 종류는 취향이 중요해	책 종류는 트렌드가 중요해	UX 환경은 즉시성이 중요해
• 다 아는 책 말고 생소한 책을 보고 싶다는 그런 마음. 좀 너무 다들 식상하게만 추천해주니까. • 나랑 같은 사람이 해주는 나에게 맞춘 큐레이션이 있으면 좋겠어요. • 가볍게 읽는 에세이 위주로 추천해주면 좋겠어요. 어려운 책은 잘 안 읽게	• 지금 뭐가 유행하는지 알려주는 게 좋아요. • 요즘 많이 보는 책 위주로 리스트가 나오면 그중에서 고르기 쉬워요.	• 아 종종 다른 서비스 이용할 때도 느끼는 건데 보던 페이지로 바로 들어가게 해줬으면 좋겠어요. 매번 찾는 거 좀 그래요. • 결제할 때 갑자기 로그인 시키는 건 싫다 이거죠. • 냥냥북스 검색어 자동완성 왜 이렇게 느려요? 답답해서 아 진짜.

- 돼요. 그러면 약간 죄책감이 쌓인다고 해야 하나 그런.
- 원래 좋아하던 작가님 책이 뜨면 그냥 클릭하게 돼요.

- 읽고 나서 다시 목록으로 가면 스크롤이 맨 위로 올라가 있어요. 너무 불편해요.
- 읽다가 하이라이트한 부분이 저장이 안 돼 있었어요. 그거 너무 짜증났어요.
- 인터페이스가 너무 복잡하면 아예 앱을 안 쓰게 되더라고요.

'사용자 인터뷰에서 얻으려는 주요 정보' 그룹화 ③

고양이 집사가 일반 콘텐츠가 아닌 책에서 원하는 가치의 종류

문제가 생겼을 때 빠르게 캐치할 수 있는 문제 해결법	일반 사람이 아닌 전문가의 책이라면 믿을 수 있어	집사가 집사에게 추천해주는 숨은 책 추천이 좋아
• 냥이한테 문제가 생겼을 때 바로 찾아볼 수 있는 책이 필요해요. • 이럴 땐 어떻게 해야 해요? 이런 거 바로바로 챕터별로 있으면 좋겠어요. 약간 상비약처럼 상비책인 거죠.	• 수의사가 쓴 책이라면 바로 사죠. 그런 것만 좀 모아져 있으면 좋겠어요. 냥냥북스는 고양이 전문이니까. 그리고 보면 독립서점에 가야만 볼 수 있는 수의사님 책도 있어서. 제가 팔로우하고 있는 분도 판매처가 별로 없더라고요. 보고 싶었는데. • 블로그보다 전문가가 쓴 걸 보고 싶죠. 아무래도. 그건 믿을 수가 없어요. 저도 블로그 하는 사람으로서 그 정보들은 좀 신뢰	• 다른 집사는 무슨 책 읽었는지 궁금해요. • 비슷한 상황에 있던 사람의 추천이 더 와닿지 않아요? • 댓글로 서로 책 추천하는 게 제일 믿음 가요. 광고 아닌 것 같고. 그리고 읽다 보면 아 이분이 추천해준 건 나도 재미있어 하겠다 이런 게 느껴지는. • 플랫폼이 해주는 추천보다 실제 집사들이 고른 책이라 좀 더 신뢰가 가죠. 아무래도.

가, 진짜 전문가가 아니니까. 다 자기들도 검색해서. • 딱히 리뷰 없어도 저자 이름 보고 믿고 사는 편이에요. • 논문 기반이라고만 써 있어도 신뢰감이 생겨요.	• 고양이 키우는 친구가 추천해준 책은 일단 저장해요.

'사용자 인터뷰에서 얻으려는 주요 정보' 그룹화 ④

미리 정의하지 않았지만 발견한 주요 정보	
오디오북 소비 경험에 대한 이야기	**로그인 풀려서 불편**
• 요즘 책은 다 귀로 들어요. • 오디오북 들으려고 걸어가요. • 일하면서 듣는 게 제일 자연스러워요. 눈은 다른 데 써야 하니까요.	• 오랜만에 전자책 서비스에 접속하면 로그인이 풀려서 다시 로그인하라고 떠요. 그래서 로그인해서 보던 책을 열면 첫 장에서 다시 시작해요. 로그인 좀 안 풀렸으면 좋겠어요. • 다음날이 되면 자꾸 로그인이 풀립니다. 로그인이 풀리면 제가 형광펜을 쳐놓은 게 보이지 않아요. 매번 다시 로그인해야 하는데 아이디와 비밀번호가 길어서 치는 게 번거로워요. 아이디, 비번을 저장하는 기능이 있으면 좋을 것 같아요. • 기기를 바꿔서 로그인하면 기존 기기에서 로그인이 풀려요. 폰으로 보는 책이랑 패드로 보는 책이랑 다른데 매번 로그인해야 하니까 좀 불편하더라고요. 심지어 기존 기기에서 로그인을 다시 하면 보고 있던 책 정보가 날아가니까….

패턴 그룹을 기반으로 인사이트 도출하기

마지막으로 각 그룹별로 도출한 인사이트를 문장으로 정리합니다. 인사이트는 앞서 알아봤듯이 '그래서 이 사람이 진짜 원하는 게 뭘까?'를 추론한 결과입니다. 사용자의 다양한 행동이나 말 뒤에 숨어 있는 '본심'을 대신 써주는 문장이죠.

예를 들어 '전자책을 선택한 이유' 그룹에서 숨은 의미를 이끌어낸다면 '사용자들은 '즉시성'과 '휴대성'을 전자책 선택의 가장 큰 이유로 꼽았다'고 할 수 있습니다. '전자책 UX 환경에서 중요한 기준' 그룹에서는 '사용자들은 이탈 없는 흐름을 UX의 핵심 가치로 인식하고 있다'라고 할 수 있습니다.

이처럼 각 그룹이 말하고 있는 본질적인 의미를 간결하고도 명확하게 한 문장으로 정리합니다. 그 문장이 바로 사용자 인터뷰에서 얻을 수 있는 '살아 있는 인사이트'입니다.

> **다시 한번 확인하는 인사이트의 특징**
> - 사용자 행동의 해석 포함
> - '사용자가 왜 그런 행동을 했는지'에 대한 이유 내포
> - 10명이 읽으면 10명 모두 동일하게 이해할 수 있는 명확한 문장

"인용구를 같은 주제로 묶어서 패턴을 확인했죠. 이제 이것으로 인사이트를 발견할 차례예요."

"인사이트… 그거 진짜 너무 어려워요."

초록은 난감한 표정으로 눈썹을 찌푸렸습니다. 아홉은 웃으며 고개를 끄덕였습니다.

"맞아요. 이게 참 어려워요. 왜냐하면 인사이트는 '사용자의 말' 뒤에 있는 본심을 추측하는 일이니까요."

"그럼 그냥 뉘앙스를 잘 파악하면 되는 건가요? 느낌적으로?"

"느낌만으론 안 돼요. 인사이트는 결국 UX 판단의 기준이 되기 때문에 누구나 똑같이 이해할 수 있는 구체적인 문장이어야 해요. 그래서 감이나 직관도 필요하지만 먼저 패턴을 정확하게 읽는 눈이 필요해요."

"패턴을 읽는 눈이요? 아니, 뭐야 프로파일러? 거의 그런 수준이에요, 지금. 이렇게 하는 거 맞아요? 원래 이렇게 복잡한 거예요? 인사이트를 안 내면 안 되는 거예요?"

"하하. 그렇게 느껴질 수도 있겠네요. 그런데 몇 번 해보면 생각보다 복잡하지 않아요. 그저 순차적으로 할 일이 많은 것뿐이죠. 자, 예를 들어 이 인용구 그룹을 보세요. '독서를 전자책으로 하는 이유' 인용구들요."

('사용자 인터뷰에서 얻으려는 주요 정보' 그룹화 ①의 '전자책으로 하는 이유' 참고)

"지금까지 정리한 걸 보면 다섯 개의 인용구에서 반복적으로 등장하는 키워드가 있어요. '편하다' '바로 볼 수 있다' '가볍다' 이게 뭘 말하는 걸까요?"

아홉은 초록에게 물었습니다.

"음… '즉시성' '휴대성'인 것 같아요."

"그렇죠. 그걸 문장으로 바꿔보면 이렇게 돼요."

아홉은 초록이 볼 수 있도록 모니터를 돌려놓은 채 자판을 쳤습니다.

> 사용자들은 '즉시성'과 '휴대성'을 전자책 선택의 핵심 이유로 꼽는다. 종이책보다 저렴하거나 밤에 불을 켜지 않고 볼 수 있다는 부수적 이점보다 '언제든 바로 볼 수 있어 편하다'는 점이 더 강력한 구매 동기가 된다.

초록은 눈을 동그랗게 뜨고 말했습니다.

"이렇게 쓰니까 되게 설득력 있어요. 제가 그냥 '편해서요'라고만 봤을 땐 몰랐는데 지금처럼 하나의 큰 이유로 정리되니까 다르게 보여요. 이게 인사이트라면 생각보다는 어렵진 않은 것 같네요!"

"그렇죠? 그리고 인사이트를 안 내면 안 되냐고 하셨는데요, 또 다른 걸 볼게요. 이건 사용자들에게 '기존 전자책 이용 시 불편한 점'에 대해 물었고 그에 대한 인용구를 한데 모아둔 거예요."

('사용자 인터뷰에서 얻으려는 주요 정보' 그룹화 ④의 '로그인 풀려서 불편' 참고)

"모두 냥냥북스에서 '로그인이 풀리는 것이 불편하다'고 말하고 있어요. 전자책 서비스처럼 재이용이 중요한 서비스에서 하루가 멀다 하고 로그인이 계속 풀린다면 큰 문제죠. 그렇다면 이 문제의 본질이 '로그인으로 인한 불편함'일까요?"

"네, 그거 말고 뭐가 있죠?"

"그들이 말하는 불편함의 핵심은 '로그인이 풀리는 것' 자체가 아니에요. 본질적인 문제는 로그인이 풀림으로 인해 '내 행위가 중단되는 것'이에요.

다음날 책을 다시 보려는데 로그인이 풀려 있으면 '읽는 행위'가 중단되어 불편하죠. 로그인이 풀려서 '형광펜을 치는 행위'가 중단되어 불편하고요. 동시에 2가지 이상의 기기에서 서로 다른 책을 보려 하면 한쪽 기기에서 로그인이 풀리니 '교차 독서 행위'가 중단되어 불편해요.

즉, 사용자가 직접 말하진 않았지만 사실 그들에게는 '내가 책을 즐기는 과정이 중단되지 않게 해주길 바란다'라는 마음이 내재되어 있는 거예요. 이게 해결해야 하는 문제의 본질입니다. 로그인이 풀리지 않아야 하는 것은 그 결괏값 중 하나인 거고요. 인사이트란 이런 걸 말해요. 문제의 본질을 알게 해주는 거죠. 문제의 본질에 접근했다면 로그인이 풀리는 문제뿐만 아니라 '사용자가 책을 즐기는 모든 과정에서 그 즐거움이 중단되는 다른 문제'가 있는지 확인하고 함께 조치할 수 있어요."

"아… 그래서 인사이트를 반드시 뽑아야 하는 거군요."

"맞아요. 사용자 인터뷰는 '하는 것'이나 '인용구를 뽑는 것' 그 자체에 의미가 있는 게 아니에요. 인용구를 뽑는 것도 중요하지만 뽑은 이유를 설명할 수 있어야 해요. 인사이트는 결국 '왜 이 행동을 했는지'를 해석한 결과거든요. '왜' 그 자체인 거죠."

"피해갈 수 없군요…. 알겠어요. 그렇다면 이제 이 과정을 거친 냥냥북스 인터뷰의 결과가 궁금해요. 그걸 보면 이해가 더 잘될 것 같거든요. 최종적으로 어떤 인사이트가 나왔나요?"

초록은 마치 영화의 클라이맥스 장면을 앞두고 있는 사람처럼 눈을 반짝이며 물었습니다.

"프로젝트 목적과 사용자 인터뷰 목적 기억 나죠? 사용자 인터뷰에서 얻으려는 주요 정보도 있었고요. 우리가 궁극적으로 손에 얻고자 하는 보물은 '사용자가 냥냥북스에서 전자책을 구매해야 할 이유'였어요. 이 긴 과정을 거쳐 저와 경수 님이 얻은 인사이트는 이거예요."

인사이트

고양이 집사들은 냥냥북스의 전자책에 다음 세 가지를 기대했다.

① 사전 정보보다는 문제가 생겼을 때 필요한 사후 정보

→ 고양이를 키우다 보면 예상치 못한 문제가 발생하는 경우가 많고 이미 문제가 발생한 상황에서는 빠르게 해결책을 찾는 데 집중한다. 이때 필요한 정보가 '콘텐츠'가 아니라 '책'인 이유는 블로그나 커뮤니티보다 책이 더 신뢰가 가고 체계적으로 정리된 정보를 원하기 때문이다.

② 수의사와 같은 전문가에게서 얻는 믿을 수 있는 정보

→ 정보의 홍수 속에서 어떤 것이 맞는지 헷갈릴 때가 많고 특히 반려동

물 건강과 관련된 문제는 확실한 출처가 중요하기 때문이다. 이 정보가 '책' 형태이길 바라는 이유는 전문가의 관점이 검증된 구조 안에서 정리되어 있을 것이라는 믿음이 있기 때문이다.

③ 같은 고양이 집사들의 일상 이야기

→ 위로와 공감을 얻고 싶기 때문이다. 문제 해결이 목적이 아닐 때는 '나만 그런 게 아니구나' 싶은 순간이 가장 큰 도움이 되기도 한다. 이런 이야기가 그냥 콘텐츠보다 책이어야 하는 이유는 경험들이 단순한 후기보다는 깊이 있는 스토리로, 어떤 삶의 형태로 정리되어 있기를 바라기 때문이다.

도출한 UX 솔루션

① 전자책 메뉴 첫 화면에 '지금 나의 상황'에 맞는 책 추천 기능 추가:
고양이가 새벽에 우다다를 반복하는 상황이라면? → 수의사가 쓴 『고양이 탐구 생활』과 같은 식. 이때 목차 보기 기능 필수

② 전자책 상세 페이지에 '누가 썼는가' 강조:
수의사, 행동 교정사, 유명 고양이 작가 등 신뢰도를 높이는 정보 구조 배치

③ 전자책 도서 비중을 '고양이를 키우는 사람이 쓴 에세이'를 더 늘리고(대표님과 논의 완료) 그 에세이가 어떤 재미를 주는지 카테고리로 분류

"이 인사이트를 바탕으로 저희 팀은 지금 기능을 만들고 있어요. 솔직히 말하면 사용자 인터뷰를 하기 전에는 다른 전자책 서비스를 벤치마킹해서 그들이

하는 것처럼 '새로 들어온 책'이나 '다른 집사들이 읽는 책'을 노출하면 사용자들이 좋아하지 않을까 생각하고 있었는데 전혀 아니었음을 알게 된 거죠."

"총… 얼마나 걸린 거예요?"

"많은 시간을 받진 못해서 14일 정도 걸렸어요. 인터뷰 설계, 참여자 모집, 진행, 인사이트 정리, UX 솔루션 도출까지 전부 포함해서요. 그중 의외로 참여자 모집이 5일 정도로 제일 오래 걸렸어요. 여기저기 올려놓고 기다리고 연락하고 일정도 조율해야 하니까요. 물론 질문 설계를 비롯해 다양한 일을 동시에 했고요."

"헉, 2주 만에 이걸 했다고요?"

"네, 일정이 넉넉하진 않았죠. 사실 대표님이 사용자 인터뷰를 승인해줄 분이 아니라는 거 아시잖아요. 그런 대표님에게 승인을 받기 위해선 어쩔 수 없었어요. '사용자 인터뷰라니, 지금 당장 필요한 기능도 많은데 그럴 시간이 어디 있느냐'는 말도 들었거든요. 그래서 현실과 타협했죠."

"이걸 어떻게 타협해요?"

"참여자 수를 줄였어요. 원래 최소 20명은 만나고 싶었어요. 그런데 기간을 줄이려면 20명은 불가능할 거 같더라고요. 거의 이틀 만에 모든 인터뷰를 끝내야 하는데 그러려면 10명 이하로 진행해야 했어요. 그리고 대표님에게 '이 10명만으로 무엇이 달라질 수 있는지'를 이야기했죠. 단 10명이라도 이 사람들이 왜 냥냥북스 전자책을 외면하는지 알 수 있다면 그 이후의 기능 기획과 마케팅 방향을 훨씬 빠르게 정할 수 있고 실패 확률도 줄일 수 있으니 결국 시간 대비 효과가 크다는 걸 강조했어요. 그리고 질문지도 미리 공유드렸고요. 단순히 '사용자가 뭐라고 말했어요'가 아니라 '이 질문에서 이런 인사이트가 도출될 수 있다'는 걸 미리 설명해드렸죠. 그렇게 설득했어요."

초록은 처음엔 감탄의 눈빛으로 아홉의 이야기를 듣다가 이내 의아한 마음에 물었습니다.

"그런데 냥냥북스팀은 이미 사용자 인터뷰를 한 적이 있잖아요. 그런데도 승인을 안 해주신 거예요?"

"저랑 경수 님도 우리 팀은 전에도 사용자 인터뷰를 해본 적이 있어서 쉽게 승인해주실 거라 생각했는데 아니었어요. 오히려 '전에 했는데 왜 또 하냐'고 하시더라고요? 하하. 제가 그 말을 듣고 '대표님은 몇 달 전에 먹은 음식과 지금 먹고 싶은 음식이 완전하게 똑같냐'고 물었다가 분위기가 살벌해졌던 게 기억나네요."

초록은 아홉의 말을 듣고 '나도 다음에 저 대사 써먹어야지'라고 생각하며 메모장 한 켠에 조심히 아홉의 대사를 적어두었습니다. 그러다 이내 속상한 마음이 들었습니다.

"그렇다고 2주 만에 인터뷰 설계, 참여자 모집, 진행, 정리까지 다 끝내다니…. 프로덕트 디자이너, UX/UI 디자이너가 사용자를 깊이 아는 게 결국 회사의 성공에 기여하는 일인데 이렇게까지 눈치 보면서 설득하고 시간을 쪼개 가며 해야 하는지 모르겠어요."

"아무래도 그렇죠. 속상할 때도 있고 많이 허탈하기도 해요. 하지만 현실이 그렇다면 그 안에서 할 수 있는 최선을 다하는 것도 제 몫이라 생각했어요. 회사를 위해서라기보다는 미래의 저를 위해서요. 포기하면 내가 얻는 것은 없으나 타협을 통해 최소한이라도 뭔가를 하면 내가 얻는 것은 많으니까요.

그리고 속상하긴 하지만 대표님을 이해 못 하는 것도 아니에요. 우리 대표님은 '사용자를 깊게 아는 것'이 '비즈니스 성공에 어떤 긍정적인 영향을 주는지'를 아직 모르시니까요. 어쩔 수 없이 함께 서로 조금씩 이해하고 타협해야 하는 부분 같아요. 그래도 냥냥북스팀은 조금씩 변하고 있어요. 아예 관심 없던 동료들도 이제는 사용자를 기준에 두고 이야기하고 있고, 대표님도 사용자 인터뷰 리뷰를 굉장히 관심 있게 들으셨고요. 반대해놓고 정작 IR 자료에 적극적으로 사용하시더라고요. 기능에 대해 리뷰할 때도 설득력이 올라가니 결국 결과가 증명해주는구나 싶었어요."

아홉의 말을 들은 초록은 작게 고개를 끄덕이며 '나도 도전해볼 수 있을 것 같다'는 기분이 들었습니다.

"자, 긴 시간 리뷰 듣느라 고생했어요. 아무래도 이렇게 듣는 것으로 끝내기보다는 직접 해보는 게 가장 좋아요. 냥아치잡화점도 사용자 인터뷰를 할 수 있는 기회가 생기면 좋겠네요. 태진 님도 말이 안 통하는 분은 아니니 설득하면 충분히 해볼 수 있을 거예요. 아니면 이번 주말에 참여한다는 인터뷰에서 이 과정을 떠올리면 간접 경험이 될 텐데 그것만으로도 얻는 게 많을 거예요. 파이팅!"

"아홉 님이야말로 정말 고생하셨어요. 리뷰 감사합니다. 저희 다음 주에 점심 같이 먹어요. 제가 살게요!"

초록과 아홉은 회의실을 나와 각자의 자리에 돌아가 늦은 퇴근 준비를 했습니다.

퇴근 시간은 한참 지났지만 초록의 마음은 묘하게 뿌듯했습니다. 이번 주말, 어딘가에서 설문조사를 엉망으로 마치고 좌절했을 그 사람에게, 그 상태로 사용자 인터뷰를 준비하고 있을 그 사람에게 지금 이 정리 노트가 큰 도움이 될 것입니다. 그리고 자신 역시 그 누군가를 돕고 싶은 마음 덕분에 아홉에게 더 많이 배울 수 있었습니다. 언젠가 자신도 '아홉이 경수와 함께 그랬듯, 마음 맞는 동료와 나란히 사용자 인터뷰를 하고 인사이트를 낼 날이 오겠지' 하며 초록은 기분 좋게 회사를 나섰습니다.

마치며

"당신은 이미 충분히 잘하고 있습니다. 지금 이 순간에도요."

이 책의 마지막 페이지까지 도달한 당신께 진심 어린 감사를 전합니다. 단지 '책을 다 읽어줘서 고맙다'는 인사가 아닙니다. '혼자이지만 포기하지 않겠다'는 의지를 마주한 것에 대한 고마움입니다.

어쩌면 이 책을 읽는 내내 여러 번 고개를 끄덕였을지도 모르겠습니다. 초록의 이야기, 아홉의 이야기가 마치 자신의 이야기처럼 느껴졌을 것입니다. 익숙한 상황, 혼자 감당해야 했던 일들, 말하지 못했지만 분명히 느꼈던 불균형과 책임의 무게를 누군가와 나누는 듯한 위안이었기를 바랍니다.

우리는 완벽한 도구도, 완전한 시스템도 없이 일해야 할 때가 많습니다. 하지만 이 책을 통해 알게 되었을 겁니다. 환경이 완벽하지 않아도 우리는 더 나은 질문을 던질 수 있고 더 나은 사용자 경험을 디자인할 수 있다는 것. 그 질문이 곧 문제를 정의하는 시작이 되고 그 정의는 결국 사용자 경험을 바꾸며 당신의 자리를 더 나은 방향으로 이끌 힘이 됩니다.

이 책이 바란 건 단 하나였습니다. '내가 할 수 있을까?'라는 의심 대신 '이 정도면 나도 할 수 있겠다'는 용기가 당신 안에 한 줌이라도 싹트기를 바랐습니다.

현실은 언제나 이상보다 복잡하고 예측할 수 없지만 우리는 그 안에서 충분히 잘하고 있고 이제는 감각이 아니라 근거로 말할 수 있는 디자이너로 나아가고 있습니다.

이제, 당신의 이야기가 시작됩니다. 그 시작에 이 책이 함께할 수 있다면 더없이 영광스러울 것입니다. 이 책과 함께 걸어온 시간과 마음이 분명 어디선가 더 나은 사용자 경험 디자인으로 이어지리라 믿습니다.

만나서 반가웠습니다. 언젠간 더 이상 이 책이 필요 없는 날이 오기를 바라며 긴 여정을 마칩니다.